基于CO-OP的应用型金融人才培养模式改革（之一）

主　编　储敏伟　付一书
副主编　贺　瑛　刘玉平

上海财经大学出版社

图书在版编目(CIP)数据

基于CO-OP的应用型金融人才培养模式改革(之一)/储敏伟,付一书主编. —上海:上海财经大学出版社,2013.3
ISBN 978-7-5642-1446-3/F·1446
Ⅰ.①基… Ⅱ.①储…②付… Ⅲ.①金融-人才培养-培养模式-研究-上海市 Ⅳ.①F832.751
中国版本图书馆 CIP 数据核字(2013)第 008460 号

□ 责任编辑　黄　荟
□ 封面设计　益　善
□ 责任校对　王从远　胡　芸

JIYU CO-OP DE YINGYONGXING JINRONG RENCAI PEIYANG MOSHI GAIGE(ZHIYI)
基于CO-OP的应用型金融人才培养模式改革(之一)
主　编　储敏伟　付一书
副主编　贺　瑛　刘玉平

上海财经大学出版社出版发行
(上海市武东路 321 号乙　邮编 200434)
网　　址:http://www.sufep.com
电子邮箱:webmaster @ sufep.com
全国新华书店经销
上海华教印务有限公司印刷装订
2013 年 3 月第 1 版　2013 年 3 月第 1 次印刷

710mm×960mm　1/16　15.5 印张　278 千字
定价:44.00 元

丛书编委会

主　编

储敏伟　付一书

副主编

贺　瑛　刘玉平

编委会成员

储敏伟　贺　瑛　付一书
刘玉平　李　叶　毕雪阳

丛书策划

王永长

前　言

　　为进一步深入贯彻落实科学发展观,深入学习、落实教育部"全面提高高等教育质量工作会议"和《关于全面提高高等教育质量的若干意见》精神,围绕服务上海"四个中心"建设,探索、总结卓越金融人才培养模式改革,有效推进本科合格评估整改工作,保障学校"十二五"内涵建设项目取得实效,上海金融学院面向全校举办了教育教学理论研究与改革论文征集活动。这次征文活动得到了全校广大教学科研管理人员的积极响应和参与,涌现出了许多真知灼见,我们择优将其汇编出版,以飨读者。

　　胡锦涛同志在庆祝清华大学建校 100 周年大会上的重要讲话指出,我国高等学校要把提高质量作为教育改革发展最核心、最紧迫的任务,完善中国特色现代大学制度,创新教育教学方法,强化实践教学环节,形成人才培养新优势,努力出名师、育英才、创一流。这次征文活动正是对讲话精神的一次深入学习和领会过程。

　　上海金融学院自建校升本以来,遵循高等教育规律,依托社会资源优势,发挥行业背景特色,坚持教学中心地位,积极探索人才培养模式改革,为地方经济社会发展特别是上海国际金融中心建设提供了有力的应用型人力资源保障和智力支持。近年来,学校大力开展以"多层次、应用型、国际化的卓越金融人才培养模式改革"为主题的内涵建设,以"CO-OP 人才培养模式"改革等为亮点的内涵建设取得初步成效。征文以"高等财经教育:质量提升与内涵发展"为主题,以人才培养质量和教学改革为核心内容,从学校顶层设计到院系具体操作实施,从教师教学方法的改进到学生能力培养的加强,从课堂内到课堂外,内涵建设的改革实践和成果在本次征文中得以集中体现,一些改革的思绪、睿智的火花屡屡闪现。

　　本次征文活动由学校发展规划处、教务处和科研处共同主办,活动期间得到了学校各级领导和有关部门的大力支持,体现了学校重视教育教学科学研究的传统。这次征文活动是上海金融学院升本尤其是本科教学合格评估以来一次教育教学水平和实力的集中展示,也是上海市高等学校"十二五"内涵建设项目——"多层次、应用型、国际化的卓越金融人才培养模式改革"——的阶段性成果之一。征文内容涉及广泛,涵盖了人才培养模式、师资队伍建设、课程和教学、学生和团队以及校园文化、产学研合作的各个方面,总结了发展取得的成绩,分析了工作中存在的问题,提出了问题解决和未来发展的建议和对策。同时也有国外相关教育教学改革的成功经验介绍,对于高等学校和从事高等教育工作者改进教育教学工作、提高人才培养质量具有重要的参考借鉴意义。征文研究方法多样,既有对文献资料的历史性梳理,也有对教学过程的理性分析,更有运用计量方法对数据进行实证性研究,对于广大教师尤其是青年教师开展教育教学研究方法训练、提高教育教学研究水平不失为好的参考借鉴。

　　上海金融学院发展规划处付一书、张立新、程新奎参与了本书的选编工作,校长储敏伟对全书作了审定。由于经验有限,难免存在许多纰漏,在此诚请读者提出宝贵意见,使之更臻完善。

编　者
2013 年 3 月

目　录

1. 本科应用型金融人才培养的 CO-OP 教学体系研究与改革实践

教务处 刘玉平

一、理论研究与改革背景

国内大学在应用型金融人才培养上的改革实践相当丰富,培养模式可谓多元,学术界关于应用型金融人才培养模式研究的文献也不少,但是从合作教育(CO-OP,Cooperative Education)视角探寻应用型金融人才培养模式的大学却没有。

应用型金融人才的教育是市场经济的产物,最早发展成长于美国。迄今为止,美国、英国及西欧、北欧诸国的金融教育和培养模式仍领先世界。目前,国际上流行的应用型金融人才培养模式主要有四种:一是以德国为代表的"双元制"模式,即由金融机构和学校共同担负培养人才的任务,按照金融机构对人才的要求组织教学和岗位培训;二是以加拿大、美国为代表的 CBE 模式,这种人才培养模式以能力为基础,它的核心是从金融职业岗位的需要出发,确定能力目标;三是以英国为代表的资格认证模式,英国用人制度的核心环节就是从业人员必须先获得全英职业资格委员会(NCVQ)的资格认证;四是以澳大利亚为代表的 TAFE 模式,这是一种国家框架体系下以产业为推动力,政府、行业与学校相结合,相对独立的、多层次的综合性人才培养模式。

在国内,有很多大学在金融专业人才的教育教学上进行改革探索与研究,且涌现出了不少的成果,与此同时,提出了地方性应用型本科院校金融专业人才的培养目标及培养模式要突出应用性、实践性和操作性,服务的着眼点放到区域经济或地方经济的建设和发展上。

这些改革探索与研究对应用型金融人才的培养提供了一定的理论依据和

实践向导,但是从大学培养出的金融专业人才的现实看,这些实践探索和研究还没有真正起到应有的作用。鉴于这些改革探索与研究的不足,上海金融学院尝试从以下方面着手:在对金融专业人才培养的传统模式进行剖析,以及对目前金融机构人才的需求现状分析和未来金融服务业发展对应用型金融人才的需求进行预测的基础上,提出并创新了一种本科应用型金融人才培养的 CO-OP 教学体系。

基于 CO-OP 的本科应用型金融人才教学体系研究与实践,是在现代教育教学理念的指引下,根据金融服务业发展特别是上海国际金融中心建设对应用型紧缺人才的需求,研究和设计应用型金融人才的培养目标和人才规格,研究和设计特色鲜明、相对稳定的教学内容、课程体系、管理制度和评估方式。项目研究与实施,为国内应用型金融人才培养模式的改革提供理论依据,为深化学校培养与金融行业深度合作、促进传统金融人才培养迈向卓越金融人才培养提供政策建议,对于引领国内同类院校全面提高应用型金融人才培养质量具有重要意义。

根据上海国际金融中心建设"十二五"发展目标,2011 年 8 月,中共上海市金融工作委员会、上海市金融服务办公室、上海市人力资源和社会保障局联合制定并颁布了《上海市金融领域紧缺人才开发目录》(简称《目录》)。《目录》将金融领域紧缺人才划分为金融管理人才(2 个人才子类)、金融研究人才(4 个人才子类)、金融业务人才(27 个人才子类)、专业服务人才(6 个人才子类)四大类,并对每个子类的金融紧缺人才的服务单位与职业能力需求作出了概括。本科应用型金融人才培养的 CO-OP 教学体系改革中的"应用型金融人才",是指品质优秀、业务精湛的现代金融人才,主要聚焦于《目录》四大类金融紧缺人才中的金融业务人才和专业服务人才。这种金融人才突出应用型和国际化。应用型要求在人才培养中,坚持以经济社会特别是现代金融服务业的变革为导向,努力适应高等教育大众化对应用型人才的职业道德和职业精神需求,强化对学生专业教育和职业生涯指导,注重学校培养与金融行业背景的结合,强化金融、法学、信息技术、数理统计、管理工程知识的交叉培养,注重人文素养教育。国际化要求在人才培养中,坚持以学生的国际视野为导向,努力适应经济金融全球化对应用型人才的国际交流能力和素质需求,强化国际交流能力和跨文化知识素质的培养,注重国际金融规则与行业惯例教育。

表 1.1　　　　金融领域紧缺人才中的金融业务人才分类及其职业能力需求

机构类型	人才子类	职业能力需求
银行类机构	物流金融业务人才	熟悉物流金融相关业务操作流程;掌握供应链物流、物流金融业务的结算、融资等专业知识和技能;熟悉物流金融业务的相关法律、法规和政策。
	航运金融业务人才	熟悉航运金融相关业务操作流程;掌握航运金融业务的融资、结算、保险等专业知识和技能;熟悉航运金融业务的相关法律、国际规则。
	中小企业融资服务人才	熟悉中小企业融资业务及相关政策;具有对中小企业进行信用分析与评估的能力;精通公司金融的相关操作业务。
	离岸金融业务人才	熟悉离岸金融相关业务操作流程;熟悉离岸金融业务的相关法律、国际规则;深刻理解和熟练掌握外汇业务的政策法规;独立进行财务分析。
	私人银行业务人才	熟悉货币市场、资本市场、外汇市场、黄金市场、保险市场、房地产市场及相应的金融产品;掌握税务筹划、理财规划等相关知识和技能;沟通能力强。
	银行卡鉴证人才	通晓银行卡制作和管理的标准;掌握银行卡检验、鉴别和评定等专业知识和技能;有较强的沟通协调能力。
	授信审批人才	熟悉金融监管政策和要求;精通商业银行授信业务种类、产品功能和业务流程;熟练运用信用风险识别与计量方法和工具;精通财务分析、项目评估、组合风险管理、国际贸易融资风险管理等。
	资金业务人才	对金融市场运行和形势有较好的分析判断能力,市场感觉敏锐;熟练运用有关交易系统,掌握各类交易业务的策略要求和控制要点;熟练运用各类交易风险管理系统,能自主设计交易量化分析模型。
	信托项目研究开发人才	熟悉金融市场;精通各类投资产品(如股票、债券、黄金、能源、对冲基金、房地产信托基金、直接投资)等;通晓信托计划发行成立和投资运作的法律法规及运作流程;人际沟通能力强。
	移动金融业务人才	通晓金融支付、投资理财、电子银行等金融业务;熟悉移动通信领域的主流技术、发展趋势;对市场需求和创新金融产品感觉敏锐;善于整合资源、集成创新。
证券类机构	基金(投资)经理人才	熟悉货币市场、资本市场的现状和发展趋势;熟练掌握投资组合、资产配置、投资估值等方面的技术工具;市场感觉敏锐;风险控制意识强。
	投资银行业务人才	熟悉经济、金融法律法规和政策;熟悉海内外金融市场;精通企业融资、兼并收购、资产证券化或财务顾问、银团贷款等业务;善于沟通协调。
	证券经纪业务人才	熟练掌握证券经纪业务政策法规和运作流程;了解各种投资产品和投资分析工具;对经纪业务的创新发展有深刻的认识;市场感觉敏锐;人际沟通能力强。

续表

机构类型	人才子类	职业能力需求
保险类机构	保险精算人才	熟悉海内外保险市场和保险产品;具有较强的研究分析、产品精算及风控能力,出具的精算报告能为公司财务、资产、投资、销售和业务管理部门提供较为强大的技术支持。
	再保险业务人才	熟悉海内外再保险市场和产品;熟练掌握再保险专业技能;能主持并开展再保险业务;具有较强的业务开拓能力。
	核保核赔人才	精通核保核赔业务流程,能对所保标的进行风险评估、决断;能独立主持并开展承保、核保及理赔工作。
	航运保险人才	熟悉海内外航运保险市场;精通航(货)运保险业务;谙熟保险产品;能主持并开展航运保险业务。
	保险经纪业务人才	对保险经纪业务的创新发展有深刻认识;熟悉海内外保险市场;通晓保险经纪业务的基本运作流程;保险业务展业能力强。
	保险资产管理人才	精通有关投资的法律法规及政策;掌握和具备财务分析、投资组合、投资估值、风险控制、资产配置等方面的技术和能力;市场感觉敏锐。
	养老金创新产品开发人才	了解养老金及投资相关政策和知识,熟悉国内金融市场及监管政策;熟悉各项社会保障理论和国内社会保障现状及发展趋势;熟悉国内外市场的各种金融工具和金融理财产品;掌握产品设计和管理的方法和程序;具有敏锐的市场感觉、创新能力、良好的文字功底,熟练掌握办公软件和常用统计软件。
	养老金受托管理人才	掌握中国养老金相关法规政策及业务运作,能承担行使养老金管理的服务职能,负责受托计划整体管理;具有较强的组织协调、沟通、表达、逻辑思维能力,有强烈的责任感和服务意识。
银行、证券、保险及其他机构	创新金融产品研发人才	熟悉金融行业的发展趋势和市场状况;通晓国内外金融产品及金融交易业务;市场感觉敏锐,创新意识强,能结合市场需求主持设计开发新金融产品。
	市场营销人才	熟悉海内外金融市场和产品;掌握金融产品营销的基本规律和运作模式;具有负责主持订制营销计划以及组织实施的能力;人际沟通能力强;客源资源丰富。
	绿色产业金融支持人才	熟悉低碳、能源等绿色产业现状和发展趋势;熟练运用定价、结算、融资、交易、保险等工具为绿色产业发展提供服务与支持;能主持开发与创新相关金融产品。
	融资租赁业务人才	对国内外融资租赁业务的发展现状有清晰的了解;熟练掌握融资租赁业务政策法规以及操作规范;具有较强的投资评估、风险控制和国际交往能力。
	融资担保业务人才	对国内外融资担保业务的发展现状有清晰的了解;熟练掌握融资担保业务政策法规以及操作规范;具有较强的投资评估、风险控制和国际交往能力。
	私募股权与风险投资专业人才	对产业发展现状和趋势有清晰的了解和敏锐的洞察力;掌握项目筛选、项目评估、项目融资、项目交易退出等方法和工具;通晓相应的法律法规和政策;拥有一定的资源。

资料来源:中共上海市金融工作委员会、上海市金融服务办公室、上海市人力资源和社会保障局:《上海市金融领域紧缺人才开发目录》,2011 年 8 月。

表 1.2　　　　　　金融领域紧缺人才中的专业服务人才分类及其职业能力需求

机构类型	人才子类	职业能力需求
银行、证券、保险及其他机构	信息技术人才	了解并掌握信息技术发展趋势及技术特点;熟悉金融机构业务流程及运作;精通主流数据库、网络技术和数据库环境;谙熟金融行业网络安全及维护;具有较强的项目管理能力、组织推动能力、沟通协调能力。
	支付结算体系人才	具备现代金融市场支付结算理念;通晓支付结算体系的支付工具、支付系统、支付服务组织和相关的法规制度;主持组建并运营大额支付系统或小额批量支付系统。
	法律人才	精通金融或经济法律法规和政策;熟悉金融机构的运作和金融业务;独立承办法律业务;有较强的人际沟通能力。
	财会人才	掌握金融财税政策和会计准则;熟练运用财会工具;在财务管理、会计核算等方面具有较丰富的经验。
	合规、风控、审计人才	掌握金融法律法规和政策;掌握金融合规、风控和审计方面的专业知识;熟练运用金融风险控制的模型和工具;主持开展企业内部合规、风控、稽核、审计活动;出具报告客观真实,提出建议切实有效。
	征信评估人才	熟练掌握信用评估的模型、方法;通晓征信业务的流程和规则;具有较强的信息收集、分析及综合处理能力。

　　资料来源:中共上海市金融工作委员会、上海市金融服务办公室、上海市人力资源和社会保障局:《上海市金融领域紧缺人才开发目录》,2011 年 8 月。

　　一般认为,CO-OP 即合作教育,是指某个学院或大学把课堂学习与薪金、产品及某一相关领域真实的工作体验结合起来的一种教育教学模式。CO-OP 的真正意义在于使学生获得工作经历,增加就业率。CO-OP 项目把学生送到金融机构工作,如果学生在工作中有较好的表现而金融机构有雇人计划,此时就比别人更具竞争力。基于 CO-OP 的卓越金融人才培养模式,就是指金融行业与金融高校各自依托自身优势,联合培养高素质、高技能金融人才的一种产学合作人才培养模式。这一模式内容涵盖四个方面:教育教学设计的 CO-OP、教育教学内容的 CO-OP、教育教学过程的 CO-OP、教育教学评价的 CO-OP。这一模式的特色在于学校依托行业背景与国际化优势,贴近现代金融业的发展,对接以 AFP(金融理财师)、CFP(理财规划师)为核心的职业资格课程体系,实现人才培养与金融行业的深度合作(CO-OP)。

二、全球金融业发展呈现出的变化与应用型金融人才培养面临的挑战

(一)全球金融业发展呈现出的变化图景

根据 2011 年度 IFCD Index 报告(新华—道琼斯国际金融中心发展指数)，全球排名前 10 位的国际金融中心依次是：纽约、伦敦、东京、中国香港、新加坡、上海、巴黎、法兰克福、悉尼、阿姆斯特丹。与 2010 年度相比，前 10 位城市位次没有大的变化，上海提升 2 位至第 6 位，悉尼提升 1 位至第 9 位，第 10 位的华盛顿被阿姆斯特丹取代。

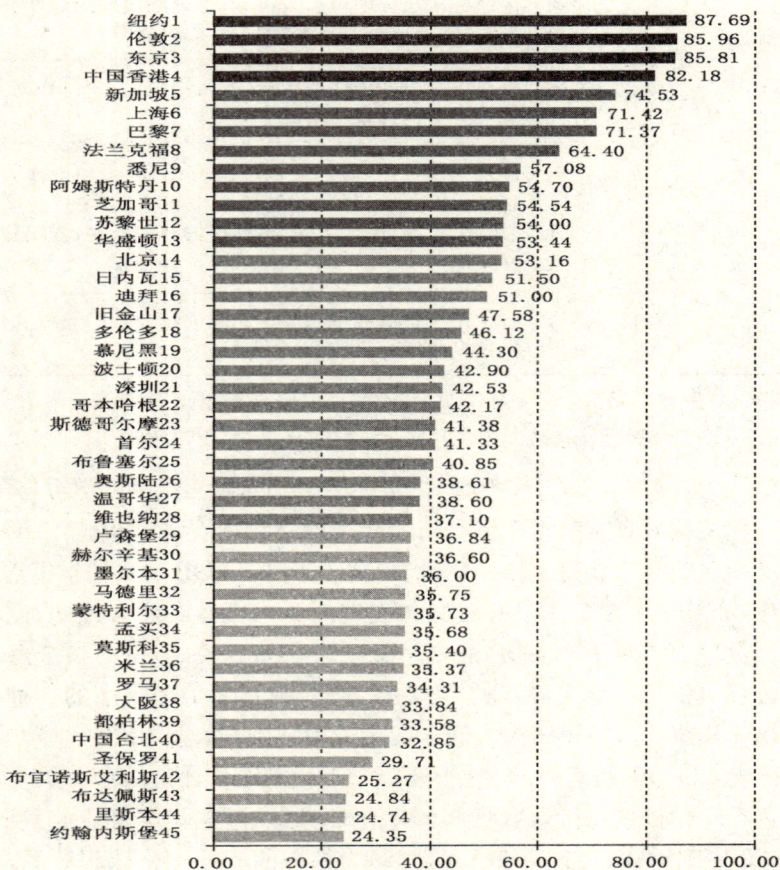

城市	指数
纽约1	87.69
伦敦2	85.96
东京3	85.81
中国香港4	82.18
新加坡5	74.53
上海6	71.42
巴黎7	71.37
法兰克福8	64.40
悉尼9	57.08
阿姆斯特丹10	54.70
芝加哥11	54.54
苏黎世12	54.00
华盛顿13	53.44
北京14	53.16
日内瓦15	51.50
迪拜16	51.00
旧金山17	47.58
多伦多18	46.12
慕尼黑19	44.30
波士顿20	42.90
深圳21	42.53
哥本哈根22	42.17
斯德哥尔摩23	41.38
首尔24	41.33
布鲁塞尔25	40.85
奥斯陆26	38.61
温哥华27	38.60
维也纳28	37.10
卢森堡29	36.84
赫尔辛基30	36.60
墨尔本31	36.00
马德里32	35.75
蒙特利尔33	35.73
孟买34	35.68
莫斯科35	35.40
米兰36	35.37
罗马37	34.31
大阪38	33.84
都柏林39	33.58
中国台北40	32.85
圣保罗41	29.71
布宜诺斯艾利斯42	25.27
布达佩斯43	24.84
里斯本44	24.74
约翰内斯堡45	24.35

资料来源：2011 年度 IFCD Index 报告(新华—道琼斯国际金融中心发展指数)。

图 1.1　2011 年全球国际金融中心发展状况

表 1.3

城市	金融市场	成长发展	产业支撑	服务水平	综合环境
纽约	1	4	1	1	2
伦敦	2	7	3	2	1
东京	3	3	2	3	3
中国香港	4	2	4	4	4
新加坡	8	5	5	6	6
上海	7	1	6	7	19
巴黎	5	14	7	5	6
法兰克福	6	12	8	8	8
悉尼	12	13	12	11	9
阿姆斯特丹	16	17	13	13	7

　　从金砖国家金融中心资金与人才吸引力比较看,IFCD Index 也设计出了考察的指标与问题,并作出了分析。

　　(1)资金要素:如果您是大型跨国金融机构的领导者与决策层,想要在金砖国家金融中心城市拓展金融业务,那么,这五个城市对您的吸引力排名与得分是?

　　(2)人才要素:如果您有机会到金砖国家金融中心城市工作或发展,那么,这五个城市对您的吸引力排名与得分是?

表 1.4　　　　　　　　**金砖国家金融中心资金与人才吸引力比较**

城市	资金吸引力			人才吸引力
上海	3.51	1	1	3.44
圣保罗	2.94	4	2	3.02
约翰内斯堡	2.99	3	3	2.98
莫斯科	3.03	2	4	2.98
孟买	2.85	5	5	2.85

　　在"2011 陆家嘴论坛"上,中欧国际工商学院副院长兼教务长约翰·奎尔奇提出:"上海国际金融中心建设道路漫长,问题主要出现在包括金融人才在内的金融生态系统上。"

　　机构遇到的挑战:金融机构的中心需要往上海方向转移,跨国银行将总部转移到上海。

　　市场遇到的挑战:人民币没有实现完全兑换,上海金融产品多样化程度比较窄,比如财富管理、私人银行才刚刚开始,投资银行、M&A、IPO、资产管理这些主要业务大多集中在香港地区。

生态系统遇到的挑战:各种类型的服务对于一个国际金融中心发展非常重要。其中很重要的一块就是人才教育、保证这种人才的存在,以及大层面对于金融知识的了解。

(二)上海国际金融中心建设中的人才需求

(1)作为具有创新动力的知识、智力和技术密集型行业,金融业的人力资源存量水平和发展状况决定了国际金融中心的综合竞争力和可持续发展能力。

(2)作为全球权威的金融中心竞争力指标体系的研究报告,伦敦金融城市政厅出版的、Z/Yen 咨询机构编制的 2009 年《全球金融中心指数》(*The Global Financial Centres Index*)指出:"高素质从业人员在国际金融中心竞争力指标中列第一位。"

(3)集聚相当规模的金融人才、保持合理的人才结构、建设金融人才高地,是上海国际金融中心建设目标的重要保证。

(4)上海金融人才的密度和质量,较之于纽约、伦敦、东京等国际金融中心差距明显,与上海建设国际金融中心的国家战略要求不符。

表 1.5   上海、中国香港和纽约金融业从业人员状况

指　标		上海	中国香港	纽约
金融业从业人员总量(万人)	2005 年	18.24	17.95	26.96
	2010 年	26.91	19.10	26.12
金融业占城市就业人员的比例(%)	2005 年	1.4	5.5	6.9
	2010 年	1.8	6.1	6.8

表 1.6   上海金融业从业人员总量情况与需求总量预测(2000~2020 年)

年度	分析与预测指标		实际金融业从业人员数量(万人)
	人均 GDP(元)	金融业增加值(亿元)	
2000	29 671	685.03	10.05
2005	51 529	675.12	18.24
2010	80 938	1 931.73	26.91
2015	110 429	2 260.00	32.88
2020	157 841	3 345.00	46.62

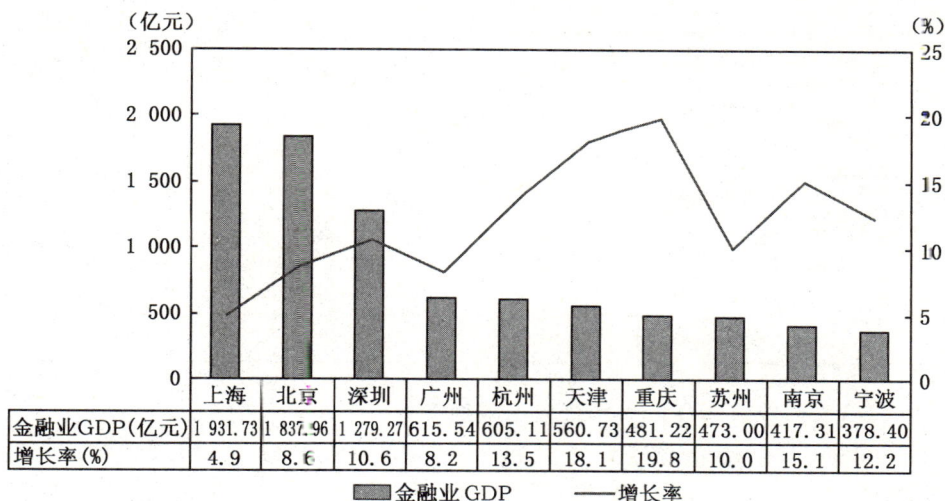

资料来源:各城市统计局。

注:苏州的增长率为预计数。

图 1.2 2010 年"金融业 GDP"前 10 名城市

表 1.7 　　　　　　上海金融机构从业人员教育背景结构(2007~2010 年)　　　　　　单位:%

受教育程度	机构类别	2007 年 12 月	2008 年 12 月	2009 年 12 月	2010 年 12 月
博士	内资机构	0.96	1.23	1.89	2.01
	外资机构	1.89	1.92	2.44	3.39
硕士	内资机构	8.56	9.87	10.93	12.45
	外资机构	20.67	22.01	23.12	23.96
本科	内资机构	39.93	43.16	44.4	46.44
	外资机构	64.35	63.18	61.86	61.56
大专及以下	内资机构	50.55	45.74	42.78	39.01
	外资机构	13.09	12.89	12.58	11.09

表 1.8 　　　　　　上海金融机构从业人员年龄结构(2007~2010 年)　　　　　　单位:%

年龄	机构类别	2007 年 12 月	2008 年 12 月	2009 年 12 月	2010 年 12 月
30 岁以下	内资机构	30.28	30.30	32.07	28.92
	外资机构	54.28	53.72	58.84	62.80

年龄	机构类别	2007 年 12 月	2008 年 12 月	2009 年 12 月	2010 年 12 月
31～40 岁	内资机构	41.49	40.90	38.66	39.85
	外资机构	34.29	33.91	31.70	29.04
41～50 岁	内资机构	22.00	22.27	22.46	22.86
	外资机构	8.68	8.99	7.14	6.46
51～60 岁	内资机构	6.23	6.10	6.81	8.37
	外资机构	2.75	2.73	2.32	1.70

(三)国内应用型金融人才培养面临的挑战

2000 年特别是近几年来,中国的大学在本科教育的人才培养理念、教学团队、专业建设、管理体制、运行机制等方面进行了一系列的改革探索,改革探索中的一个核心问题就是应用型人才培养模式的问题。

围绕着"培养什么样的应用型人才"、"怎样培养应用型人才",不同类型的高校在模式上是有所区别的,各有侧重。对应用型人才培养模式改革中所遇到的各种问题进行分析,是当前中国高等教育必须要解决的一个重要课题。以德国为代表的西方发达国家,早在一个世纪以前就已经开展了对应用型人才培养的研究与实践,积累了非常多的经验。应用型人才培养从国民教育体系到成人教育,从社区大学到名牌大学,从专科到本科一直到研究生,形成了一整套的应用型人才培养的理论和实践体系。我国对应用型人才培养的关注是从 20 世纪 90 年代开始的,这一阶段所解决的主要是应用型人才培养的实践性和多样化问题。事实上,对应用型人才培养模式进行深入研究是从我国开展了高等职业技术教育以后才开始的,目前对于专科层次应用型人才培养的理论研究与实践探索比较多,对于本科层次应用型人才培养的研究才刚刚开始。

应用型人才,是指能将专业知识和技能应用于所从事的专业社会实践的一种专门的人才类型,是熟练掌握社会生产或社会活动一线的基础知识和基本技能,且主要从事一线生产的技术或专业人才,其具体内涵是随着高等教育历史的发展而不断发展的。

表 1.9　　　　　　　　　　　**应用型人才的一般要求**

应用型人才的一般要求		
(1)	职业技能	某种职业方面的专才,业务操作能力强。
(2)	操守把持	在职业操守上把持住分寸。

续表

应用型人才的一般要求		
(3)	团队精神	经过不断地协调、沟通、商议,集合众人的力量。
(4)	敬业乐群	对工作乐观开朗、积极进取,具有百折不挠的毅力和恒心。
(5)	环境适应	能在最短时间内了解工作环境,能愉快地与大家相处在一起。
(6)	对人态度	为人诚恳、和蔼可亲。

目前存在的主要问题:

从学生的角度来审视目前的应用型人才培养模式,以及这种模式所信奉的质量标准和这种模式最终能够形成的培养人才质量,我们就会发现,目前的应用型人才培养模式之间存在着以下几个问题:计划进市场出、专业设置过窄、理论课程过多、教学方法刻板、评价标准单一。

同时,目前国内大学在应用型人才培养上,经常会在通识教育与专业教育、第一课堂与第二课堂、教学研究与学术研究的关系问题上出现偏差。

通识教育(general education)有着久远的历史,同时又是现代社会的产物。从古希腊的亚里士多德到英国的纽曼,都倡导自由教育(liberal education),注重培养一种探索求知与优雅高尚的心智。

随着现代工业社会的出现,教育日益承担起为社会和经济培养专门人才的任务,专业化的教育(specialized education)开始成为现代大学教育的总体性特征。在崇尚实用主义的美国,工业和经济发展成为高等教育发展的主要推动力。

过去,人们总是认为第二课堂活动只是课堂教学的一种补充。然而,国外许多大学的证据表明,所有对学生产生深远影响的重要的具体事件,有 4/5 发生在课堂外,即第二课堂。在第二课堂中,学生除了个人学习外,还能够积极参加各种社团活动,在活动中激发创新精神,强化了实践能力。"斯坦福导读"(Stanford Introductory Studies)无疑是一个在第二课堂中培养应用型人才的成功典范。

为了实现应用型人才培养,目前国内大学所采取的途径主要有:

第一,以"职业元素"为核心的课程体系。强调以市场需求和企业需要为导向,紧随产业发展步伐,突出行业适用性和现实针对性的课程活动模块组合。根据产业和企业界不断变动的职业和岗位需求,设置灵活性专业和构建课程。由行业代表、学科专业专家、教师代表和学生代表等组成的专业及课程设置和教学指导委员会,根据不断变化的市场以及社会对人才培养目标、规格、模式的要求,结合行业人才的"职业元素"需求和本学科专业的具体要求,灵活制定和修改专业设置和课程体系。

第二，以"产学融合"为特征的培养过程。以产学融合为主要特征和途径，实现人才培养计划与行业用人计划的"零距离"融通，使人才培养模式和方案与行业的岗位设置相匹配。充分利用学校长期办学积淀下来的地方与行业背景，在聘请行业专家加入专业建设与教学指导委员会的基础上，通过校企共同开发课程、奖教奖学金、校企交替培养、企业外挂等多种模式培养人才。

第三，以"学生社团"为载体的实践育人机制。调动教师积极性，加强对学生社团的指导。通过举办优秀社团评比等方式，扩大社团在学生中的影响。以社会考察、项目调查、专业实习、志愿者工作、科技创新、勤工助学、挂职锻炼、支教助学、社区服务、专业实习为主要方式，将社会实践推向长期化、项目化。

第四，以"能力本位"为导向的多元评价方式。实施能力为本的教育教学，改变传统的仅凭一张试卷成绩评价学生质量的做法，实行知识、技能、能力的综合考核，建立以应用能力考核为主的质量考核和评价体系，重视企业技术人员的参加，重视学生实践能力评价，倡导开放式、灵活性、个体性的质量考核与评价方式。

三、本科应用型金融人才培养的 CO-OP 教学体系改革实践

上海金融学院是一所具有 60 年办学历史的上海市属全日制本科院校。目前，学校形成了"本科为本、教学为本、质量为本、特色为本"的办学理念，设有金融学、金融工程等 25 个本科专业，覆盖经、管、法、文、理、工 6 大学科门类。全日制本科在校生 8 200 人。2008～2011 届本科毕业生平均就业率 98.4%，其中，面向金融机构就业达到 55%。学校坚持走国际化办学之路，目前，学校在校留学生近 500 人，其中，本科生 200 人。2009 年学校开始建立海外教学点，开始向国外输出优质教育教学资源。

"为什么我们的学校总是培养不出杰出人才？"《国家中长期教育改革和发展规划纲要》提出，中国的中长期高等教育改革将实施 2 个计划 。"珠峰计划"，即"基础学科拔尖人才培养计划"，目前涵盖数学、物理、化学、生物、计算机科学五大学科。"卓越计划"，即"应用学科卓越人才培养计划"，涵盖卓越工程师教育、卓越教师教育、卓越医学人才教育、卓越法学人才教育四大领域。

教育部于 2011 年 1 月 8 日下发《关于实施卓越工程师教育培养计划的若干意见》，从 2011 年开始正式启动的卓越工程师教育培养计划，目前覆盖了 61 所高校，"985"、"211"、省重点、省一般四个层次的本科院校各有 10 所左右开始首批试点，进行人才培养模式的改革。覆盖的 61 所高校中，上海有 7 所（上海交大、同济大学、上海工程技术大学、东华大学、华东理工大学、上海大学、上海

电力学院)。2010 年底,北京理工大学、大连理工大学、东南大学、哈尔滨工业大学、华南理工大学、天津大学、同济大学、西北工业大学同意全方位合作并签署《卓越人才培养合作框架协议》。

作为推进招生改革的第一步,2011 年这 8 所高校将实行自主选拔录取联考。根据协议,这 8 所高校今后将本着"追求卓越、共享资源"原则,共同推进大学教育改革与卓越人才培养,主要合作内容涵盖以下方面:探索卓越人才培养规律和模式、推进招生改革、本科生和研究生交流与联合培养、国际合作与交流、产学研合作。

上海地方高校的发展,已从外延建设阶段进入了内涵建设阶段。内涵建设的核心在于人才培养模式的改革与人才培养质量的提高。2011 年以来,26 所地方高校利用"085"工程项目的申报,都在努力寻求 1~2 个改革平台,力图在"十二五"期间实现内涵建设的突破。

(一)优质本科教育的 5 个内涵,需要一个好的教学体系来支撑

(1)"本科应用型金融人才培养的 CO-OP 教学体系改革",是为贯彻落实《国家中长期教育改革和发展规划纲要》、适应上海加快国际金融中心建设所实施的重大教育教学改革项目,也是促进我校迈向卓越应用型金融人才培养的重大举措。

(2)"本科应用型金融人才培养的 CO-OP 教学体系改革",是在现代教育教学理念指引下,根据金融业发展对人才的需求,制定应用型金融人才的培养目标和人才规格,形成特色鲜明、相对稳定的教学内容、课程体系、管理制度和评价标准。

(3)"本科应用型金融人才培养的 CO-OP 教学体系改革",将努力改变传统的金融人才培养方式,深化学校培养与金融行业深度合作,深化金融人才培养的国际化内涵,为国内同类院校全面提高应用型金融人才培养质量发挥示范和引领作用。

(二)本科应用型金融人才培养的 CO-OP 教学体系改革的特征

(1)人才培养的合作性:实现与行业深度合作的 CO-OP,增加就业率和提高就业质量。

(2)人才培养的对接性:依托行业背景与国际化优势,贴近现代金融业的发展,对接金融职业资格课程体系。

(3)人才培养的交叉性:强化学生专业教育和职业生涯指导,注重学校培养与金融行业背景的结合;以学生的终身发展为导向,强化金融、法学、信息技术、管理工程知识的交叉培养,注重人文素养教育;强化创新课程的开设和创业活动的开展,注重第二课堂等广义教育实践服务体系建设;强化国际交流能力和跨文化知识素质的培养,注重国际金融规则与行业惯例教育。

(4)人才培养的渗透性:致力于金融向贸易、航运的渗透,为上海国际贸易中心建设、上海国际航运中心建设提供卓越的金融业务人才和专业服务人才。

(三)本科应用型金融人才培养的 CO-OP 教学体系改革涉及专业

2010 年先行试点涵盖的学科专业范围包括金融保险、金融会计、金融法学与财政税务,试点专业占全部 25 个本科专业(32 个方向)的 50%,学生占 70%。2011 年改革延伸到金融信息技术、金融数理统计、物流金融、贸易金融与金融英语,2012 年改革覆盖学校所有的本科专业。

(四)本科应用型金融人才培养的 CO-OP 教学体系改革的目标设计

在现代教育教学理念指引下,根据金融服务业发展特别是上海国际金融中心建设对应用型紧缺人才的需求,研究和设计出基于 CO-OP 的应用型金融人才培养模式,包括金融人才的培养目标与人才规格、课程体系与教学过程、管理制度与评估方式。研究和厘清本科应用型金融人才培养的 CO-OP 教学体系有效运行的保障条件。

(五)本科应用型金融人才培养的 CO-OP 教学体系改革的内容

一是为什么要建立基于 CO-OP 的应用型金融人才培养教学体系? 传统的金融人才培养教学体系实际上是一个"学院式"的教育教学模式,与现代金融服务业发展对应用型人才的需求严重脱节。现代大学的金融人才培养需要颠覆这种教育教学模式,建立起基于 CO-OP 的应用型金融人才培养教学体系。

二是基于 CO-OP 的应用型金融人才培养教学体系包括哪些内容? 基于 CO-OP 的应用型金融人才培养教学体系的内容包括教育教学设计的 CO-OP、教育教学内容的 CO-OP、教育教学过程的 CO-OP、教育教学评价的 CO-OP。

三是基于 CO-OP 的应用型金融人才培养教学体系的特色是什么? 其特色在于学校依托金融行业背景,贴近现代金融业发展,对接以 AFP(金融理财师)、CFP(理财规划师)为核心的职业资格课程体系,实现人才培养与金融行业的深度合作(CO-OP)。这一人才培养模式具有不可替代性。

四是 CO-OP 培养模式下教学改革的着力点和抓手在哪里? 围绕基于 CO-OP 的课程体系改革、教学方式改革、师资结构改革、评价机制改革。

五是 CO-OP 培养模式下应用型金融人才培养需具备哪些条件? 需要具有雄厚的金融行业背景、相对稳定的金融机构实践实习教学基地、健全的金融行业教学指导委员会,具有行业背景和双师型的师资占比较高。

(六)本科应用型金融人才培养的 CO-OP 教学体系改革的实践方法

贯彻实验方法,通过应用型金融人才培养教学实验班的模式,探寻基于 CO-OP的应用型金融人才培养教学体系的运行机制、特色以及运行条件。我校

"CO-OP 教学实验班"从 2005 年开始组建(每个年级组建 1 个),已经有 6 个教学实验班,其中已毕业 2 届,学校今后每年都将建立教学实验班。从已经毕业的 2 届学生的情况看,教学实验班的改革已取得了卓越的成绩。教学实验班改革的核心在于,建立并推广基于 CO-OP 的应用型金融人才培养教学体系。通过教学实验班改革,可以获得 CO-OP 培养模式下教育教学设计的 CO-OP 数据、教育教学内容的 CO-OP 数据、教育教学过程的 CO-OP 数据、教育教学评价的 CO-OP 数据;在对这些数据进行处理的基础上,可以提炼基于 CO-OP 的应用型金融人才培养教学体系的特色,找出 CO-OP 培养模式下教学改革的着力点和抓手,揭示 CO-OP 培养模式下应用型金融人才培养需具备的条件。

(七)本科应用型金融人才培养的 CO-OP 教学体系的改革路径

(1)坚持教学型导向,探索 CO-OP 培养模式,着力实现人才培养与上海国际金融中心建设的对接。学校制订了《上海金融学院关于积极响应上海加快建设"两个中心"的行动计划》,不断加强与金融企业的合作,主动参与《上海金融领域紧缺人才开发目录》的研制,为学校培养 4 大类金融紧缺人才(金融管理、金融研发、金融业务、专业服务)中的金融业务人才和专业服务人才提供了依据。学校的 CO-OP 人才培养模式改革,贯彻"大金融专业群"人才培养理念,首先在金融保险、金融会计、金融信息技术等专业(方向)中组建教学实验班(卓越班、信达班)进行探索,包括教学设计、教学内容、教学过程与教学评价的 CO-OP。

(2)坚持国际化导向,进行教学模式改革,搭建起层次齐全、内容丰富、师生互动的国际教学平台。学校充分利用建设项目的支持,不断深化人才培养的国际合作机制,相继与国外 21 所高校及研究机构建立了合作关系。学生可根据学习成绩、经济条件、兴趣爱好和职业发展规划,在这个平台上挑选出国项目。其中,学历项目包括专科、本科、研究生(MBA)等,非学历项目包括交换、交流或带薪实习等方式;时间跨度从 3 个月到 2 年。学校通过全英语教学体系建设,在金融学等 4 个专业进行了全英语教学。学校还在越南设立了国际金融专业海外教学点,实现了优质教育资源的输出。

(3)坚持行业性导向,构建集银行、保险、证券等为一体的校内大金融综合实验实训教学平台。项目坚持以提高教学质量为目标,"一切为了学生",从人才的岗位需求出发,学校制定了应用型人才培养的行业专业标准与实践能力标准,构建了集银行、保险、证券等为一体的大金融综合实验教学平台,在这个平台上,"实验课程体系"与"开放性实验项目体系"相得益彰。初步建成的校内专业实践实训基地——当代金银币博物馆,积极吸纳社会知名收藏家参与建设、研究和投资。校内专业实践实训基地的建成是创新合作的结晶,经《解放日报》、《文汇报》、《新民晚报》、上海电视台等主流媒体广泛报道后,知名度迅速提升,目前已接待美国教育代表团、中国香港大学生访问团等多个团体参观考察。

本项改革较好地解决了 2 个问题:一是在基于 CO-OP 的应用型金融人才培养教学体系下,如何实现与以 AFP(金融理财师)、CFP(理财规划师)为核心的职业资格课程体系的对接;二是如何实现金融机构参与应用型金融人才培养教学体系改革的全过程。

参考文献

[1]2011 年度 IFCD Index 报告(新华—道琼斯国际金融中心发展指数)。

[2]中共上海市金融工作委员会、上海市金融服务办公室、上海市人力资源和社会保障局:《上海市金融领域紧缺人才开发目录》,2011 年 8 月。

[3]伦敦金融城市政厅:《全球金融中心指数》,2009 年。

[4]上海金融学院:《本科教学评估自评报告》,2011 年 12 月。

2. 本科应用型人才 CO-OP 模式探索研究

国际经贸学院 陈霜华

CO-OP 英文全称是"Cooperative Program",称为"产学合作教育"或"带薪实习教育",又称为"与工作相结合的学习模式"、"边工作边学习模式"、"CO-OP 人才培养模式"、"产学结合"、"半工半读"。CO-OP 教育思想近年来备受我国理论界的关注,同时也引起了政府的重视,但从总体上说,CO-OP 模式无论是理论研究还是实践中的工作推进,在国内较多地集中在职业院校的专科层面,本科层面的研究较少,工作推进相对比较缓慢。现行的校企合作模式仍存在不少问题,如合作的企业多数是靠感情和人脉关系维系,缺乏规范性和稳定性;合作过程中校企双方没有形成利益共同体,尤其是企业的利益没有得到体现,企业在合作过程中表现出严重的动力不足;合作仍处于较浅的层次,真正意义上的业务实习和顶岗实习难以有效开展。国外 CO-OP 模式的做法非常成熟,但对教学设计、教学过程、教学管理和教学环境等诸方面提出了较高的要求。我校教学型大学的发展定位和"行业性、国际化、信息化、精致化"的办学定位以及"应用型、复合型、创新型和国际化"的人才培养目标定位要求我们把应用型人才培养放在首位,实现与行业、企业的紧密合作。因此,探索 CO-OP 人才培养模式将有助于推进我校应用型人才培养模式的改革,切实提高应用型人才的实践操作和创新能力。

一、国外高校 CO-OP 人才培养模式的对比分析

CO-OP 人才培养模式最早出现在英国。英国桑德兰技术学院(Sunderland Technical College)工程系和土木建筑系于 1903 年开始实施三明治教育模式(Sandwich Education)。1906 年,美国俄亥俄州辛辛那提大学(University of

Cincinnati)教师赫尔曼·施奈德(Herman Schneider)提出并开始实施,并称之为合作教育(Cooperative Education)。其主要模式是,参加 CO-OP 的学生以学年(或学期)为单位进行产学交替,学生在校学习和在企业工作进行定期轮换,通过学习与工作相结合实现理论与实践的结合、学校与社会的结合,从而提高学生的专业实践能力,为应用型人才的培养提供了很好的模式选择。

目前,CO-OP 模式的理念越来越多地得到认同,欧洲和亚洲的不少大学都有不同形式的实践,北美地区最为集中,其中加拿大最为普及。如加拿大的能力本位教育(Competence Based Education,CBE)、美国的合作教育(Cooperative Education)、德国的双元制模式(Dual System,DS)、英国的三明治模式(Sandwich Education)、澳大利亚的技术与继续教育模式(Technical and Further Education,TAFE)、新加坡的"教学工厂"和韩国的高校产学合作模式等都已形成了较为成熟的做法,目的都在于提高学生的职业素养,使学生从学校步入职业生涯时就有一定的工作经历和经验,具有一定的社会适应能力。

(一)加拿大的能力本位教育

加拿大 CBE 模式是指以能力培养为中心的教育教学体系。CBE 产生的经济背景是 20 世纪七八十年代,由于产业界更需要技能型人才,以满足社会分工日趋详尽的岗位需要,以能力为基础的教育应运而生。

CBE 模式分为四个阶段:职业分析形成 DACUM(Develop a Curriculum)图表、学习包的开发、教学实施与管理、教学评价。CBE 模式以职业能力作为进行教育的基础、培养的目标和评价的标准,通过职业分析确定的综合能力作为学习的科目,根据职业能力分析表所列的专项能力从易到难的顺序,安排教学内容和学习计划。能力本位教育是以能力而不是以学历或学术知识体系作为教学基础,对入学学员经验所获得的能力经考核后予以承认。

教师是学习过程中的管理员和指导者,负责按职业能力分析表所列的各项能力提供学习资源,编出模块式的学习包(学习指南),集中建立起学习信息室。CBE 强调学生自我学习和自我评价,学生要对自己的学习负责,按学习指南的要求,结合自己的实际制订学习计划并实施。完成学习后,先进行自我评价,自查认为达到要求后,再由教师进行考核评定。

CBE 模式体现的 CO-OP 人才培养模式特色主要在于其课程开发。在课程开发中,由行业、企业专家组成团队,从职业岗位分析入手,分析职业岗位所需的知识、技能和态度,每一种专项的知识、技能、态度构成专项能力,以此作为受教育者的知识构成。教育专家将这种知识结构组成教学模块,多种性质相近的模块组合成课程。学生在学习课程时,围绕岗位所需的知识、技能和态度进行学习。通过课程开发,使学与用达到统一。

CBE 运行模式可以归结为以下几点：(1)专业学习学期与工作学期相穿插，并根据专业需求合理安非结构；(2)要求学生有相应的职业素养，并为学生提供求职辅导和职业素养的培训；(3)学校设置系统的 CO-OP 项目机构，进行科学的研究和提供良好的服务；(4)该模式是一种高校、学生、企业、政府多方共同参与的项目体系，该项目正常运行需要各方的利益得到保证。目前，加拿大 200 多所高等院校中有 90% 开设了 CO-OP 课程，CO-OP 模式教育已经成为加拿大高等教育的一个显著特色。[1]

(二)美国的合作教育模式

美国高度重视合作教育，专门成立了国家合作教育委员会。该委员会对合作教育的基本界定是：合作教育是把课堂学习与通过相关领域中生产性的工作经验学习结合起来的一种结构性教育策略，学生工作的领域是与其学业或职业目标相关的。合作教育通过把理论与实践结合起来提供渐进的经验。合作教育是学生、教育机构和雇主间的一种伙伴关系，参与的各方有自己特定的责任。美国高校对合作教育的表述是，"合作教育是把课堂学习和与学生专业或职业目标相关的领域内的有报酬的、生产性的(有成效的)工作经验结合起来的一种教育计划"。

美国第一个合作教育计划在 1906 年始于辛辛那提大学，基本模式是把学生分为两组，一组在校内进行理论学习，另一组在当地工厂参加工作，一段时间后，两组学生互换位置，如此学工交替循环下去。随后合作教育推广到其他学校，到 1960 年，合作教育模式又出现了两个方面的变化：一是合作教育平行计划模式的出现，典型的做法是学生上午在课堂学习，下午和晚上进行兼职工作，这种模式可以视为半天交替制；二是将合作教育经历计入学分。至此，合作教育的两种主要模式已经趋于成熟，即交替模式(一般是每周 40 小时/全职工作)和平行模式(每周 20 小时/兼职工作)，其他模式都是以此为基础进行变化和发展的。

在具体的管理方式上，合作教育模式的多样性也促使管理的多样化，具体可分为集中管理、分散管理以及集中与分散相结合的管理。小规模的往往是分散管理，这种模式是以院(系)管理为主，主要是由教学人员承担合作教育的管理和指导工作；规模相对较大的则实行集中管理，以校级管理为主，学校设立一个专门机构负责合作教育的管理和指导工作，配有专职合作教育协调员；集中与分散管理相结合模式.由协调员和教员共同承担管理和指导工作，通常是由

---

〔1〕 朱雅丽.注重实践,加强教育与劳动力市场之间的联系——Co-op 模式及其对中国大学教育的启示.科技资讯,2010.

协调员确定岗位,由教员认可,评价学习,给予学分。合作教育把教学与实践结合起来,从而把教育延伸到社会,实现了教育面向社会、社会参与办学的双向参与。

美国的合作教育是以企业为主导的 CO-OP 人才培养模式,其主要特征为:(1)没有系统化的职业学校教育模式;生产一线劳动者的培训主要由企业、社会培训机构或者短期培训职业学校承担。(2)CO-OP 模式的供需关系主要由市场决定、由企业决定。(3)培训内容与方式主要根据企业的职业要求确定,具有显著的"订单导向"特征。(4)培训者主要是企业、社会培训机构或者短期培训的职业学校,企业参与培训,并且注重监控培训结果。

(三)德国的双元制模式

19 世纪中后期,德国的工业化逐步推进,传统的学徒培训虽提高了学徒的技能,但在提高学徒的知识素质及适应需求方面日益显出其弊端。因此,德国许多企业明确要求学徒到职校接受必需的理论知识学习。青少年在学徒期在职业学校学习,并到企业参加职业培训,企业承担培训主要责任。与此同时,又以职业学校教育与企业实践相互补充,两者相互合作,形成了 CO-OP 模式的双元制。

双元制也称现代学徒制度,在培训的组织方式上,采用由企业进行实际操作方面的培训,培训学校完成相应的专业理论和普通文化知识教育,企业与职业学校两方面共同完成对学生的培训教育工作。这是一种将企业与学校相结合、理论知识与实践技能紧密结合,以培养高水平专业技术工人为目标的 CO-OP 模式制度。在双元制中以企业为主、学校为辅,教学以实践为主、理论为辅,受训者有 1/3 的时间在学校接受理论教学,2/3 的时间在企业内进行培训。这种人才培养模式实现了多个双重结合:企业与职业学校两个学习地点结合,受训者的学生与学徒双重身份结合,实践教师与理论教师两类教师结合,职业培训条例与理论教学大纲两种指导文件结合,实践教材与理论教材两种教材结合,实践技能考试与专业知识考试两种考试结合,企业与国家出具经费的两条经费渠道结合。

双元制模式是"企业与职业学校共同承担学生的职业培训与文化理论教育"模式,其主要特征为:(1)CO-OP 模式呈现明显的"双元"特点,企业与职业学校共同承担学生职业培训与文化理论教育,企业承担 CO-OP 模式的重要责任。(2)"双元制"模式的供需关系由政府按照企业提供的培训岗位确定。(3)培训内容与方式注重教育性与经济性。学生具有两个身份(学徒与学生)、两个学习场地(企业与学校)、两个教育培训模式(企业与学校)。(4)培训者有企业培训机构和职业学校,具有明显的"双元"特征。企业参与培训并起决定性作用。

（四）英国的三明治模式

英国采用的三明治模式是一种学生在学习期内先在校学习，再到企业实践，又回学校学习，进行产学交替的人才培养模式，即学校课程学习与企业实践训练相结合。该模式最早是在1903年英国桑德兰技术学院的工程和船舶建筑系中实施的。

在英国，传统的以学习知识为主的教育不能使学生获得实际工作经验，桑德兰技术学院要求在教学工作中穿插工作训练。这一模式要求学生在整个学习期间有很长一段时间走出校门，到企业参加实际工作训练。在校学习犹如两片面包，到企业实践犹如一块肉夹在在校学习中间，类似于三明治，由此而得名。在学制安排上，三明治模式比一般学位课程和文凭课程多一年，多出的这一年用于工作实践。在具体教学实践中的时间安排上，三明治式教学方式有的以学年为单位交替，有的以月为单位交替。课程上，三明治课程不少于一般学习的课程。另外，学生实习期间还可领取企业的报酬。

（五）澳大利亚的技术与继续教育模式

技术与继续教育模式是澳大利亚全国通用的职业技术教育形式，由澳大利亚政府开设的 TAFE 学院负责实施，高等文凭由澳大利亚政府颁发。TAFE 是澳大利亚高等教育的重要组成部分，TAFE 每年能够提供数以千计的职业和非职业课程，这些课程是根据产业的需要，由行业培训咨询机构（ITAB）制定，按照经国家培训局（ANTA）批准的能力标准来开发的。这种课程经过认证和注册，注重实用，可以提供学生未来就业所需的知识与技能。TAFE 的学制一般为1～2年，都采用小班制，平均每班15～30名学生，教师大多为经验丰富的专业人士，学生可得到较多老师的帮助，而且学校的设施相当完善且现代化。在教学上比较注重小组学习和讨论，教学内容是实践工作和课堂教学相结合，也有些课程采取了大学的授课方式。学校和培训机构对学生进行教育，按照能力标准评估所规定的评估指南对学生教育结果进行评估，并对评估合格的学生颁发国家资格证书。

技术与继续教育模式是"由行业、企业主导和国家主管的，以行业标准为依据、理论知识学习和技能训练并重、以技能培训为主"的模式，其主要特征为：(1)建立全国统一的 CO-OP 模式与培训系统，将 CO-OP 模式与继续教育整合在一个系统下，将职业资格证书与文凭（全日制教育）结合起来，与学历教育相呼应。在这个系统中，全日制学生不到40％，大部分为25岁以上的成年人接受职业继续教育。(2)供需关系主要由政府会同行业共同依据市场需求确定。(3)培训机构主要是国家为企业提供 CO-OP 模式和培训的官方公共服务机构——TAFE（技术与继续教育的简称）系统，也称 TAFE 学院。(4)培训内容主要是政府按照经济界与企业的要求,制定国家资格框架、认证框架和培训包。

(六)新加坡的"教学工厂"和韩国的高校产学合作模式

这是以职业学校为主导的 CO-OP 人才培养模式,其主要特征是:(1)具有完善的职业学校教育系统;(2)CO-OP 模式的供需关系主要由教育行政机构来平衡;(3)培训内容注重教育性与经济性,学生毕业具有学历与就业双重资格;(4)培训者以职业学校为主,强调企业的参与但不起决定性作用;(5)培训方式主要采用"理论学习+校内仿真模拟+校外企业顶岗实习"的模式。

二、国内高校 CO-OP 人才培养模式的对比分析

国内在探索实践中创造了许多 CO-OP 的有效模式,目前较为流行的有订单培养模式、校企互动模式、半工半读模式、产学研相结合模式、企业委托学校进行职工培训、举办"企业杯"专业技能竞赛、共建学校实验基地、成立专业指导委员会等。不管采用哪种人才培养模式,其共同的特征都是通过校企合作,充分利用学校和企业两种教育资源和环境,把课堂教学与工作经验获取贯穿于学生培养全过程。北京联合大学已成为本科层次校企合作的标杆学校,杭州师范学院的校企合作积累了一定的成功经验,兄弟院校广东金融学院也开始了有益尝试,并取得了一定成效。

(一)订单式教育

所谓订单式教育,即企业按其发展规模预测人才需求量,向学校下订单,学校与企业在某个专业共同挑选学生,共同制订教学计划,部分课程由企业派专家讲授,部分教学实习也由企业承担。培养结束后,学生直接进入企业工作。这种教育模式充分坚持双向选择的原则,这既是为满足合作企业的要求,也是为尊重学生及其家长的利益,从而实现企业、学校和学生的共赢。在培养过程中,根据学生的学习情况及时淘汰不具有适应性的学生,从而建立对学校、学生的逆向激励机制,使学生学习有动力,增强竞争意识,也确保给企业提供合格人才。紧密型订单式教育能实现校企零距离合作办学,确保毕业生和企业的高配对率。

在实际操作中,由于企业要求不同,订单模式也有变化。例如,有的企业重点要求专业基础知识和职业素质,学校针对这一要求,调整教学内容,多开设专业课,增加专业基础知识的讲授;在企业文化和职业素质培养方面,开设专门的就业指导课程,根据企业提供的资料,开展企业文化教育。有的企业对技能操作和人文素质要求比较高,学校就根据企业要求,修订教学大纲,将企业的岗位培训内容纳入教学体系,将实验作为实际生产调整到教学中,强化针对性技能;挑选教师指导开展音乐、舞蹈、文学欣赏、演讲等各类活动,进行人文素质的培

养。对特定技术定向班,可以采取学校教学、企业实践的循环方式进行专项教学,在理论课程结束后,由公司派专业人员进行实践性质的课堂授课,然后学生到企业实践,找到不足,再返校学习。通过不断测试、不断实验,提高学生的职业能力,直至达到企业满意的效果。

(二)校企互动模式

这是一种比较深入的做法,由企业提供实习基地,参与学校的教学计划制订,并指派专业人员指导学校的专业教学。学生在实验中做到六个合一:(1)车间、教室合一。强化企业意识,让学生真刀真枪动起来,确保技能训练到位。(2)学生、学徒合一。学生实习时,既是技能学习者,又通过训练成为合格产品的生产者,学校与工厂、学生与岗位零距离。(3)教师、师傅合一。专业教师既是理论的传授者,又是操作实习的师傅,克服了理论教师灌一套、实验工场不对号,甚至相互矛盾的问题。(4)理论、实践合一。实施一体化教学、模块化实验,在实践中学理论,用理论指导操作。(5)作品、产品合一。学生实验时的作品就是为企业加工的产品,直接接受市场的检验。(6)育人、创收合一。学生技能训练的过程既是提高专业技能的过程,也是创造价值的过程,真正实现在育人中创收、在创收中育人。

(三)半工半读模式

半工半读是指学生在校学习期间,总的教学课时不变,实行产学交替。一周内三天在学校上课,两天在公司上班。这种半工半读的方式使学生不仅能完成自己的学业,也能作为准员工通过劳动获得报酬。这是考虑到生源差别和学生的家庭经济情况而提出的。对于学习成绩相对较差的学生来说,一边学理论一边实践,更容易理解学科知识;对于家境比较困难的学生来说,准员工的身份能够让他在企业中获得劳动报酬,缓解生活和学习上的物质压力。现在已经在逐步实行学分制,学生可以根据自身情况延长或是缩短学习时间,例如,企业中如果有更好的进修机会,学生可以办理休学手续,等进修回来以后再继续学业。各专业根据自身实际与企业合作,共同对学生技能进行训练。在近几年的实践中,各专业产学交替内容不断完善,形式日趋多样化。

(四)产学研相结合模式

产学研结合的主体依托是教师、科研人员,主要是以科研项目作为载体,通过科研成果的转化提高生产,同时也提高科研与教学水平。学校本着优势互补、互惠互利、产学相长、共同发展的原则,以实体或公司的形式汇集相关行业的资金、人才,发挥政府、行业、企业等社会教育资源的教育功能,有力地促使学校把握产业发展方向,提高人才培养、使用的效果。同时,发挥学校先进的设施设备和专业师资优势,加强校企合作研发,帮助中小型企业解决相关的科研难题,走利用专业优势办专业、办好产业促专业的新路,使专业建设与产业发展紧密结合,最终使学校和中小型企业实现资金、技术和人才优势互补,获得最佳的经济效益。

(五)企业委托学校进行职工培训

随着现代企业制度的逐步完善,实施职工培训是企业的必然选择。它是从企业经营和发展需要出发,合理利用培训资源,有效地开发企业人力资源,为企业改革发展服务。学校应急企业之所急,想企业之所想,为企业提供咨询、技术指导,承担企业员工内部培训,建立横向联合体。同时按照企业生产、工作岗位需要的知识、能力和素质要求,共同制订专业教学计划。学校根据各专业的培养目标,建立实践教学的整体观念,以技术应用能力培养为主线,充分考虑社会发展需要、行业背景、学生应用能力和可持续发展能力的培养,打破各个实践环节各自为政的局面,促使实践教学与理论教学有机结合。

(六)举办"企业杯"专业技能竞赛

学校每年可以举办两次由企业冠名的专业技能竞赛,评出一、二、三等奖,由企业提供奖学金或者奖品以及荣誉证书,并且由企业领导来校发奖。这种形式既调动了学生主动学习的热情和苦练技能的积极性,确立了他们的自信,提高了他们的技能,也宣传了学校,提高了社会知名度。同时也为企业做了广告和宣传,尤其在广大大学生中,甚至在社会上也会产生一定的影响,也为企业挑选优秀毕业生创造了机会、提供了平台。

(七)共建学校实验基地

校企共建实验基地,增强了学校的实验实力,同时让学生感受校园的企业文化,培养学生的企业意识,为将来就业做好准备。学校积极主动地参与企业的技术革新和新产品开发,参与企业的技术攻关,针对企业的发展需要设立科研课题,并将研究成果转化为现实生产力,提高企业的经济效益。这种产学合作,在最大限度上实现了学校和企业资源、环境的共享,有效地发挥了学校和企业各自的优势。学校在为企业发展提供各种技术、营销、管理、咨询服务的过程中可获得企业经济发展状况和需求的第一手资料,为课堂教学提供案例,使理论与实际有机结合。

(八)成立专业指导委员会

成立校企合作指导委员会、校外专家顾问委员会和专业建设指导委员会,参与教学计划、教学内容的制订。聘请企业或行业的顾问、专家及部分有丰富实践经验的专业技术人员参与学院有关专业培养目标、课程设置和教学计划的制订及具体现场教学工作,对各专业课程体系和教学计划进行指导。在制订教学计划时,充分听取专家的意见,突出实践教学特色。根据企业、行业的用工要求调整实验计划,并派专业教师到企业参观学习,组织学生参观企业的生产实践。学校真正为企业培养急需的技能人才,满足企业不断发展的需要。

三、启示

(一)校企共同设计人才培养方案

邀请行业、企业专家担任专业指导委员会成员,参与人才培养方案设计,共同论证专业设置与调整,共同设计、审定专业人才培养方案,共同探讨教学建设与改革,使人才培养更符合职业岗位的需要。从教育与社会需求的结合点入手,把企业岗位、技能要求与学校的专业设置、课程体系、课程内容有效结合起来,让企业由配角变成主角,参与到学校的教学、管理和决策中。有条件、有特色的专业可以与行业、企业共建,如以企业来命名一个专业或一个系,该专业(系)的全部毕业生都作为企业的准员工,企业从学生一进校就全程介入教学过程。

企业向学校提出不同岗位的用人标准,校企双方共同制定培养目标,按照企业的用人标准培养能顶岗进行熟练操作又爱岗敬业的员工,使其培养的学生思想素质高、操作技能娴熟,学生一毕业就能迅速适应企业的岗位要求。学校需要根据企业需求动态调整专业,并随时做出调整。

教学计划和课程设置以学生实践能力为目标,建立以就业为导向、面向岗位群的应用型人才培养体系。科学安排实践教学为了实现"能力为本",保证实践教学需要,专业实践教学学时占总学时的比例应在 50％以上,构建"企业见习—课内实验—集中实验—综合实验—顶岗实习"的实践教学体系。建立从课程实验到综合实验,从基本技能训练到职业技能训练,从课堂教学到社会实践,从专业见习到专业实习,从校内实验到校外实习,贯穿整个人才培养全过程的专业实践教学体系。

建立以行业为主的专业评价预警机制。学院聘请行业专家、企业高级管理人员担任专业建设信息员,定期向他们收集信息、征求意见,然后根据他们的意见调整、优化专业结构。学院不断完善毕业生跟踪调查制度,了解用人单位对毕业生的知识、能力、素质要求,根据了解到的信息不断调整人才培养方案,使培养出来的毕业生更符合市场的需要。

(二)校企共建课程体系

以企业业务活动和职业岗位能力分析为基础,校企双方真正构建起"基于岗位职业能力和工作过程为导向"的课程体系,根据职业岗位的要求和企业真实的工作流程调整专业教学设计和课程教学体系,设计教学过程和教学模块。"基于工作过程"的课程改革一般采用对所学专业的就业岗位群进行分析,确定工作内容、工作方法、需掌握的知识和技能以及职业素质等要求,组成若干项目课程,实施项目化教学。以行业制定的职业能力标准和国家统一职业资格等级证书制度为依据,以培养学生的职业能力、职业道德及可持续发展能力为出发点,把岗位职业能力标准作为教学核心内容,同行业、企业合作开发与生产实际紧密结合的核心课程和实验教材,并根据产业需求、就业市场信息和岗位技能要求组建课程群。

CO-OP 人才培养模式课程设计的核心问题在于学校和企业之间的合作。企业可以根据市场的需求,针对职业岗位(群)或技术领域来参与学校人才培养的专业设置,通过参与人才培养目标的制定,参与课程开发,形成以能力为本位、以职业实践为主线的 CO-OP 模式课程体系,共同确定学生的知识、能力和素质结构。通过企业参与,确保学校的专业设置和课程体系符合企业和市场的需要。

学校在课程开发和设计时,进行广泛的社会调查。从区域和学校实际、学生的需求、教师的现状、社会与企业的需求出发,调查已经在实际工作岗位上工作的毕业生和用人单位的感受、意见和要求,并且对正在实行 CO-OP 人才培养模式的学校和企业开展调研,吸收宝贵经验。

注重确立人才培养的行业标准性。实行"CO-OP 人才培养模式"教学,保证教学计划和课程体系的整体性,保证同一学校培养出来的学生能够达到基本统一的标准,以及保证现有的教学管理制度与之相适应。如国际经济与贸易专业构建课程体系时,可以考虑采取按照专业岗位来设置课程,如外销员、业务员、单证员、货代员、报检员、报关员等。再加上专业基础知识、法规与职业道德等内容,使这个课程体系趋于完整,按岗位设置课程最利于采用 CO-OP 人才培养模式教学,从而保证教学过程的顺利进行。

在确保专业知识具备系统性的基础上,重视实用性。以社会需要作为课程设计的目标,以社会需要的适用性强的业务技能和知识为授课内容,鼓励学生自己动手,提高学生学习的积极性。因此,课程体系应当遵循社会需要,增加提高实践动手能力的课程,使动手能力与兴趣相结合。

现代教育强调以学生为主体,有一定的空间让学生根据自己的实际情况、兴趣和爱好来设计自己的课程计划。CO-OP 人才培养模式的教学安排看重学习活动的成果。而成果的转化建立在知识和能力双重提高的基础上,所以在构建新的课程体系时,除了注重知识和业务能力外,还应重视学生的素质能力、社会适应能力、发展能力,加大选修课比例,让学生自己依据兴趣和爱好去选择课程。这就要求在设计课程体系时,力争做到课程体系的开放性,为学生提供充足的选择空间。

(三)校企共同设计教学内容

在进行课程设计时,教师首先应深入企业调查研究,了解这一专业岗位知识技能的实际需要,然后请企业的专业人员参与讨论,根据企业实际和专业人员的成长经历,对知识点进行选择,对技能训练的内容进行组合,从而确定教学的内容。

在课程的难度和广度方面,遵循"实用为先、够用为度"的原则。邀请企业相关人员合作开发课本教材,建设与课程体系相配套的教材体系,鼓励教师积极编写出版具有特色的高水平教材、辅导教材、实验教材、电子版教材和讲义。

把岗位职业能力标准作为教学核心内容,在教学过程中突出实践技能的学习,在选择课程教学内容时遵循四个原则:(1)根据职业岗位实际工作任务的需要选取内容;(2)选取技能培养、知识传授、价值观(态度)三位一体的综合教学内容;(3)以工作任务及工作过程为依据,整合教学内容;(4)能为学生可持续发展奠定良好基础,即教学内容既包含基础学习领域,又包含专业学习领域,还有拓展学习领域的要求。

(四)实施"双元教学"模式和循环式项目教学方法

在 CO-OP 模式下,改变过去"从理论到实践"的教学程序、"教师讲学生听、教师指导学生练习"的教学模式、单一的课堂教学环境、"满堂灌"的教学方法,积极探索"从实践到理论再到实践"的教学程序,尝试"教、学、做"一体、"边学边做、亦工亦学"的教学模式,实现教学课堂与实验地点一体化、学习环境与工作情境一体化,灵活运用任务驱动、项目导向、案例分析、分组讨论、角色扮演、启发引导等教学方法。

企业全过程参与教学,专业教师和企业兼职教师共同参与课程标准、教学计划、授课内容等规划、建设和实施,开展教研活动。企业专家和专业教师共同授课,既解决兼职教师讲课系统性不强、讲课内容随意、管理难度大等问题,也使专业教师通过和企业专家联合授课,提升教师的实际操作能力,丰富教师的实践教学经验。

在教学过程中,采用基于真实的运营工作模式开展理实一体化的循环式项目教学,运用项目管理的原理,把整个课程作为一个大项目,然后按照工作过程进行工作分解,每个模块是一个小项目。每个模块也是基于工作过程。以国际贸易实务为例,第一循环:首先通过"国际贸易实务"模块的教学和实验,使学生能用专业术语和基本原理分析国际贸易现象和运作模式,掌握国际贸易运作的基础技能。第二循环:通过"市场调研、建立外贸关系、选择和了解产品、寻找国外客户、跟进订单、索赔等后续问题处理"六个模块,形成真实的工作过程,培养学生国际运作的职业能力。第三循环:开设了"外贸创业"模块,学生可以注册外贸公司,开展外贸创业,培养学生的创新意识和创业能力。此外,吸收一些优秀的大二、大三学生在校内开展"顶岗实习",同时担任大一新生的实验指导助理,培养其沟通能力和管理能力。

(五)构建多元化、开放性评价体系

由于教师和学生兼有双重身份,教师既是教师又是管理者和员工,学生既是学生又是员工,因此,要对教师和学生实行多元化考评:一方面按照教师和学生的考核指标进行考核;另一方面以公司管理者和企业员工的身份,按经营业绩等指标进行考核。

改变考核评价标准:一是加大形成性考核在评价体系中的比重;二是企业参与实验环节的考核,形成学校、社会、企业、学生共同参与的多元化考核体系;三是使考核形式更具开放性,考核内容更具实践性。

1. 评价主体

评价主体包括学校内部教师评价、企业评价、学生家长评价、社会权威部门评价(如国家职业资格鉴定)、学生自己和学生相互间的评价等。多元的评价主体有利于提供多角度、多层面的评价信息,尤其是来自企业和社会的评价,不仅使对学生实践能力的评价更为真实、科学、恰如其分,而且可以帮助学校和教师利用评价结果及时诊断教学中出现的问题,影响教学导向,使实践教学更贴近企业和社会的需求。邀请企业参与制定考核标准,参与考核评价,将企业内部人力资源管理的机制与学校评价体系结合起来,共同制定合理的评价学生职业能力的评价体系,可以较好地为用人单位进行录用考核时提供参考。

2. 评价标准

培养目标是检验评价标准的基本准绳。在 CO-OP 人才培养教学模式下,注重对学生的"社会适应能力、行业通用能力、专业核心能力和岗位专用能力"四种能力的培养,所以评价内容和标准必须以这四种能力是否达到预期效果为主要内容,不但要注重这四种能力所要求的对学生理论知识的传授,还要关注对四种能力外在表现的引导和启发。

(1)根据不同主体制定不同的评价标准。在 CO-OP 模式下,应着力调动学生的积极性和主动性,提高学生学习的潜能,培养学生可持续发展能力,通过在校学习能够由初学者晋升为高级初学者,从而培养学生的职业认同感,为进一步在本专业发展成为高技能者、熟练者和行业专家奠定基础。所以在教学评价标准中,尤其是专业课教学评价中应加上一项"通过本课程学习是否产生了对从事专业工作的浓厚兴趣"标准。对行业专家评价的内容应以是否与行业需求相适应为标准,通过学生在与行业专家的亲密接触(比如顶岗实习、毕业综合实习等)过程中实际工作的具体表现来展示。对教师本人评价则应以对高校教育教学理念、课程内容、教学手段、教学方法是否不断有新的认识、不断提高为标准。具体表现在,通过对教师单元设计、课程设计和说课、听课等活动进行监督检验。

(2)根据不同课程制定不同的评价标准。为了保证评价结果的科学性和严谨性,不同的课程应采用不同的评价标准,比如对社会适应能力教学效果进行评价,可以以书面的考评标准,也可以将培养的学生在 CO-OP 人才培养模式实践活动中对社会适应能力的具体表现作为教学效果评价的标准。而对于旨在培养学生专业核心能力的课程,必须通过学生对专业知识的掌握程度以及在 CO-OP 人才培养模式实践工作中所完成专业任务的熟练程度加以考核。

(3)加大过程性评价比重。一般而言,考核评价主要分为过程性评价和终结性评价。在 CO-OP 模式下,应重视和强化过程性评价,加大对学生出勤、课堂、实验、实习环节的表现、作业以及课外教学活动的考核,加强过程的测试,才能清晰地考查学生知识、技能等综合素质情况。企业可以与学校共同实施教学任务,承担学生实践实习环节的教学。企业参与教学可以克服课堂教学重理论、轻实践的弊端,强调理论联系实际,并根据企业制定的职业能力标准对学校的教学质量进行评价。

3. 评价内容

CO-OP 人才培养模式下,教学质量评价是从多角度进行的全面评价,不仅评价专业技能,而且把学生的自我管理能力、学习能力、团队合作能力等现代职业人基本素质要求列入评价目标;不仅关注学生学习成果,还关注学生学习的动机和过程,关注学生的心灵,关注在情感、动机、信念、价值观、生活态度等非智力方面发展的评价。

借鉴国外先进 CO-OP 模式经验,教学评价的内容应该包括四个方面:(1)自我管理。主要是评估个体在组织纪律、道德规范、心理调节等自我约束方面的表现。(2)专业技能。其中的"顶岗技能定位",主要是评估学生在具体岗位上学习的技能、在职业需求中覆盖范围的大小和地位的高低,以及是否为职业需求的关键技能。同时应鼓励学生培养主动参与意识和创新意识,在评价"业务合理化建议"和"技能改善与创新"中应得到体现。(3)职业意识。职业意识对于学生顺利进入职场、施展专业技能、做好本职工作、实现职业发展具有重要意义,树立职业意识需要学生具备认同感、责任心、适应性以及合作与竞争的观念。(4)人际沟通。主要是考查学生在多大程度上具备良好的人际适应能力,能否因此产生对专业技能学习的促进作用。

考核指标可以分为三个部分:第一项主要考核指标包括遵章守纪、爱护财产,尊重师傅、文明礼貌,熟悉岗位、动手能力强,合计占 20%,由企业指导教师确定成绩;第二项工作业绩以企业下达的任务为基准,完成指标的为良好,超额完成指标 10%以上(含 10%)的为优秀,完成指标 80%以上(含 80%)的为中等,完成指标 60%以上(含 60%)的为及格,低于 60%的为不及格,此项指标占 40%,由企业指导教师确定成绩;第三项教学业绩,包括实习周记(占 10%)、专题报告(占 20%)、实习总结(占 10%),此项指标占 40%,由学校指导教师确定成绩。

4. 评价方式

在进行教学评价时,全面关注学习者在知识、技能、感情、价值观、学习过程与方法等方面的变化,综合使用形式性评价、终结性评价和诊断性评价,形成以教师评价、学生互评、用人单位评价和社会评价为主体的及时反馈的多元化评价体系,通过用人单位反馈的信息不断优化教学内容与结构。注重过程评价并据此及时反馈的评价信息,设计"过程+结果"的评价机制,以鼓励学生在学习过程中注重对职业道德、职业规范及团队精神的培养,提高学生的学习效率。

(1)不同的教学内容采取不同的评价方法。在不同的教学阶段采取不同的考试方法。专业理论课程的考核以对知识的理解为主,采取开放式考题,考核学生的理解能力;校内实验的考评成绩由学生之间的评价与教师评价结合进行。对于专业教学中与职业资格证书相一致的课程,则可以采取外部评价替代的方式,即用是否取得职业资格证书,以及职业资格证书的等级高低来确定其成绩,实行学历文凭和资格证书并重的"双证书"制度。以国际经济与贸易专业为例,在教学过程中,按照国家制定外贸有关岗位规范和录用标准来要求学生,培养的学生除了获得毕业文凭外,还必须获得相应的职业资格证书。如在学完国际货物与运输、报关实务、报检实务等课程后,不再单独进行期末考试,而是在安排集中综合的强化训练之后,组织学生参加由相关部门统一组织的货代员、报关员、报检员等资格证考试,从而加强大学教育与职业标准的衔接。

(2)实验实习环节的评价采用表现性评价方法。表现性评价是目前世界上许多发达国家广泛采用的一种评价方法,是在一个真实的或者模拟真实的情景中,通过让学生完成一项具体任务,对学生的知识、技能进行价值判断的一种评价方式。在学生完成一项学习任务的过程中,教师对学生在学习活动中表现出的参与意识、合作精神、探究能力、分析问题的思路、知识技能的掌握水平等方面进行评价。表现性评价的特征是动态性和过程性,关注学生做了什么,评价的过程就是根据观察以及对学生行为表现的记录,对学生已经掌握的知识内容、技能水平以及情感给予评价。由于工作本身具有较强的复杂性,因此,实验、实习期间最佳的评价方法是学生在工作中的具体表现。

（六）提供环境支撑

1. 政府主导与支撑作用

政府对 CO-OP 教育的倡导和支持是显而易见的，但是这种倡导和支持只停留在口头和纸面上，没有真正落实到各级政府的工作中。同时，也缺乏与政府文件精神配套的可操作的政策法规和实施细则。法规并没有明文规定企业应承担接纳实习学生的责任和义务，没有远见和社会责任感的企业当然不会有很高的积极性。许多体制和制度尚未确立，缺乏统筹规划和统一布局，缺乏强有力的政策措施。

（1）制定推动 CO-CP 模式的可操作的政策法规和实施规则。明确各参与方的责任、权利和义务。作为校外实习基地的企业，承担学生入厂后的一切生产、教育、培训活动。其中，包括挑选业务技能素质好的专业人员来担任学生的指导教师，和带队教师共同完成对学生的培训任务。结合企业实际，组织现场教学和技能训练，并组织学生完成任务。参与企业可实行税收减免等物质激励，如按照国家有关规定，可以将企业支付实习学生的报酬以及相应的投入计入生产成本，即予以税前扣除。鼓励企业按照国家规定提取的教育培训经费用于实习的支出，计入教育培训经费总额等，并加大非物质方面的激励，如政府的公开宣传和表扬、树立典型、颁发荣誉证书等，以此提高企业的信誉和知名度。

（2）建立校企合作的政府投入机制。为保证管理体系的正常运作，将校企合作管理经费列入财政预算，并设立校企合作的政府奖励资金和补助资金，综合运用导向资金，充分发挥政府的管理职能，促进校企合作快速发展。可以通过政策和舆论宣传导向，鼓励大企业集团、公司以及社会各界出资设立各类基金，用于资助 CO-OP 人才培养模式的开展。

（3）制定职业标准，规范约束学校与企业。职业标准是 CO-OP 模式的总目标，是社会对职业人才质量规格的要求，它必须要由一个国家的政府来制定。国家的职业标准一旦制定出来，就对 CO-OP 模式和企业具有同等的约束力，CO-OP 模式必须以职业标准为依据来培养人才，企业必须以职业标准为依据来选拔人才。

（4）建立健全学生培训备案制度，保护学生利益。政府应提供相应的劳动环境和劳动保护，尽可能避免校企合作过程中出现的劳动纠纷。一是学校按照我国《劳动法》的有关规定，对参加企业培训学生的年龄、工作场所和环境等进行审核与检查；二是与企业签订符合法律规定的培训合同并办理相关保险，确保学生每天及每周的工作时间，这是德国实施"双元制"模式的一条重要的经验；三是重视学生工作前的安全教育，使学生熟悉相关防护设施，增强自我保护的能力；四是教育行政部门加强对 CO-OP 人才培养模式活动的管理和服务，建立健全学生培训备案制度,保障 CO-OP 人才培养模式教学培训活动的正常开展。

2. 实践环境

实践环境是影响实践教学效果的最重要因素之一,是 CO-OP 人才培养模式的核心要素,主要包括实践场地、实践设备、指导教师、职业氛围 4 个方面。建立由学校提供场地,由企业提供设备、技术和平台的校内业务实验基地是当前高校解决实践教学较为可行的形式。

实践场地是指学生实践教学的开展环境,包括企业工作场所、校内业务性实验基地、校内实验室等。依据工作流程和岗位职业要求,建设"四个合一"(课堂与实验点合一、工作与实验合一、教学与业务开展合一、教学与服务合一)的校内实验基地和校企联系紧密、具备多专业实验功能的校外实习基地。在实验基地建设过程中,引入企业的交易平台和设备,探索教师和专业工作人员融通、教学实验和工作过程结合,使实验基地产生自我造血功能。

3. 师资队伍

高素质的师资队伍是 CO-OP 人才培养模式顺利开展的保障,可以通过以下几个渠道建立专兼结合的"双师"结构师资团队。

(1)从行业、企业引进有丰富实践经验的业务人员充实教师队伍,这些业务人员常年从事国际贸易实际业务,具有丰富的经验和对外贸规则条例的理解力。

(2)重视专业教师实践能力的培养。派专业教师到企业学习锻炼、培训进修,提高实践技能,鼓励教师考取相应的职业资格证书,加入相关行业协会,努力成为行业领域内的专家。对"双师素质"教师可实行倾斜政策,比如报销考证费用、提高课酬等,形成培养"双师素质"教师的良好氛围。

(3)采取企业高薪聘请+学校提供事业编制的方式与企业"共引共享"高层次专业人才,即学校根据专业建设、课程开发以及企业的岗位需要确定引进对象,由学校和企业共同组成人才引进考核小组进行考核,引进人员享有学校在编在岗教师的待遇,他们既在企业上班,又能保证有足够的时间参与学校的专业建设和课程开发,定期来学校开展专题讲座和指导青年教师实践等工作。

(4)聘请资深专家为客座教授。除为学生和教师讲座外,还参与社会调研、教学改革、专业建设、招生就业等工作。

4. 制度保障

CO-OP 人才培养模式要取得实效,必须有一套严格的管理制度。学校负责制度设计,企业参与,包括建立与 CO-OP 人才培养模式相适应的教学管理运行体系、教学质量保障和监控体系。

（1）明确职责。如教务处全面协调和指导各专业开展 CO-OP 人才培养模式的实施工作，督导组对 CO-OP 人才培养模式的教学质量进行监控。

（2）建立与 CO-OP 人才培养模式相适应的教学管理运行体系。根据 CO-OP 人才培养模式的要求，修订或重新制定相关政策，不断提升教学管理内涵，提高服务质量。如制定加强实践教学质量管理办法，教师指导手册和工作日记，学生实习任务书、实习指南和工作日记，考核制度，安全责任制度，课程教学大纲，告家长书，退回学生处理规定，住宿管理规定等。同时制定实习的考核办法，把教师到岗率、学生评教、企业评教作为对指导教师考核的主要依据，把学生到岗率、教师评学、企业评学作为对学生考核的主要依据。

（3）建立与 CO-OP 人才培养模式相适应的教学质量保障体系。根据 CO-OP 人才培养模式的要求，完善教职工工作考核、奖惩条例，强化激励机制和考核机制，建立一系列相应的教学质量保障制度。如制定《双师型教师资格认定办法》，修订《兼职教师聘任与管理办法》，修订《校内津贴分配办法》，分配制度的改革应保证实践教学环节的课时费不低于理论课等。

（4）建立适合 CO-OP 人才培养模式的教学质量监控体系。建立以工作预防、实时监控与及时纠偏为主线的教学质量监控体系，完善院督导、系督导、学生信息员和督教、督管、督学的"3＋3"教学督导体系，发挥教学质量监控档案的作用，提升管理的有效性和执行力。同时建立社会综合评价系统，吸纳学生及家长、用人单位、行业专家、政府部门及新闻媒体等的反馈信息，不断改进教学与管理。另外，根据 CO-OP 人才培养模式的需要，积极调整学习制度，采取学年学分制学籍管理办法，实行学生不放暑假、每周休息 2 日的制度。

CO-OP 人才培养模式在我国高校教学改革中还处在探索阶段，尤其是在文科类院校中更是一个有待深入研讨创新的课题。只要继续深化改革、开拓探索、不断创新，CO-OP 人才培养模式必将极大地推进高等 CO-OP 模式的发展。

参考文献

[1]《国家中长期教育改革和发展规划纲要》(2010～2020 年)。

[2]《上海市中长期教育改革和发展规划纲要》(2010～2020 年)。

[3]《关于全面提高高等职业教育教学质量的若干意见》(教高[2006]16 号)。

[4]《教育部　财政部关于实施国家示范性高等职业院校建设计划加快高等职业教育改革与发展的意见》(教高[2006]14 号)。

[5]《教育部关于职业院校试行工学结合、半工半读的意见》(教职成[2006]4 号)。

[6]《国务院关于大力发展职业教育的决定》(国发[2005]35 号)。

[7]《国务院关于大力推进职业教育改革与发展的决定》(国发[2002]16 号)。

[8]陈霜华,杨智峰."二本"院校教学工作对大学毕业生就业质量的影响分析[J]. 华东经济管理,2012(12).

[9]蒋松. CO-OP 模式所要求的大学生职业素养[J]. 金融高教研究,2011(2).

[10]叶正欣. 国际经贸学院开展校企 Co-op 合作探索[J]. 金融高教研究,2011(2).

[11]朱雅丽. 注重实践,加强教育与劳动力市场之间的联系——Co-op 模式及其对中国大学教育的启示[J]. 科技资讯,2010(35).

[12]王玉莲. 校企合作的工学结合模式探析[J]. 漯河职业技术学院学报,2010(11).

[13]王凤基. 文科专业实施工学结合人才培养模式的新途径[J]. 教学研究,2010(9).

[14]陈燕,石昊昱,余燕,陈文. 在示范建设中实践工学结合人才培养模式[J]. 昆明冶金高等专科学校学报,2010(4).

[15]吴寒,周刃. 中国语境下的工学结合人才培养模式内涵研究[J]. 天津职业大学学报,2010(1).

[16]张彬,余振,申皓. 创新与实践——国际经贸人才培养模式探析[M]. 武汉:湖北人民出版社,2008.

[17]林松柏. 推行"工学结合"的困惑与对策[J]. 黎明职业大学学报,2008(2).

[18]龚小勇等."工学结合,校企互动"人才培养模式的实践[J]. 职教论坛,2007(6).

[19]孙伟宏. 探索校企合作模式 培养优秀技能人才[J]. 教育发展研究,2006(7).

[20]张立伟,张庆久,鄂文. 北美"能力本位教育"模式与我国高等教育的比较研究[J]. 黑龙江高教研究,1999(6).

3. CO-OP 合作教育与财经类应用型本科人才培养

财税与公共管理学院 王 莹

一、CO-OP 合作教育的缘起与实施

CO-OP 是 Cooperative Education 的简称,译为"合作教育",定义为一种"带薪实习合作教学",即与工作相结合的学习(Work-Integrated Learning),它是基于高校、行业单位与学生三方之间的一种合作关系。CO-OP 的基本特征是理论与实践相结合、知识与经验相结合、高校与行业单位相结合。[1] CO-OP 的主要功能是保证学生在毕业之前有足够的实践经验,并让学生在校期间就真正了解行业单位的人才需求以及本专业的职业发展状况。

(一)缘起

CO-OP 兴起于美国,并迅速向其他国家的高校扩展。1906 年,辛辛那提大学工程学院教务长赫尔曼·施耐德首创合作教育,首批 27 名工程专业的学生参加了合作教育计划。施耐德教授把学生分成两组,一组在学校学习,一组到工厂去工作,一周后两组相互交换,由此形成了合作教育的最早模式。1909 年,美国东北大学在波士顿建立了一所新的工程学院,并且采纳了辛辛那提大学的合作教育计划,让所有的学生参加了此项合作教育计划。1917 年,辛辛那提大学合作教育从工程专业扩展到经济管理专业;1921 年,安蒂奥克学院将合作教育拓展到文科专业。1958 年,美国成立了专门的校企合作委员会。1968 年在该合作委员会的推动之下,成立了全国性的校企合作教育协会。美国于 1965

---

[1] 陈萍. 美国 Co-op 合作教学与我国应用型本科人才培养的契合[EB]. 中国期刊网. http://www.chinaqikan.com/yc/2010/.

年修订的《高等教育法》中明确规定,可以使用专项资金发展校企合作教育,并可得到联邦政府的财政支持。1972 年美国在修订的《高等教育法》中设立了第41 条款,第一次拨出单列款项支持合作教育。1976 年,美国的《高等教育法》又规定政府必须专门设置合作教育资金。1992 年在美国联邦政府的支持下,全美实施合作教育的学校达到 1 000 所以上。CO-OP 合作教育计划同年终止了合作教育基金。[1] 在美国的带领下,英国、德国、日本、中国台湾等国家和地区也开始在本科教育层次开展 CO-OP 合作教育,并逐渐被世界 40 多个国家的高校学习借鉴。

CO-OP 模式之所以能持续百余年经久不衰,主要归功于它切合实际的理念,即以职业为导向,以提高学生就业竞争能力为目的,以市场需求为运作平台。美国曾于 1961 年进行了一次合作教育模式的调查,形成了"威尔逊—莱昂斯报告",该调查报告认为,工学结合教育模式给学生带来了几个方面的利益:(1)帮助学生将理论学习与实践经验相结合,加深对所学专业的认识;(2)帮助学生了解理论与工作之间的联系,提高理论学习的主动性和积极性;(3)帮助学生加深对社会和人类的认识,体会到与同事建立合作关系的重要性;(4)为学生提供了考察自己能力的机会和提高环境适应力的机会;(5)为许多贫穷学生提供了经济来源和接受高等教育的机会;(6)帮助学生经受实际工作的锻炼,提高了他们的责任心和自我判断能力;(7)有助于学生的就业选择,使他们有优先被雇主录取的机会,其就业率高于未参加合作教育的学生。[2] 除了学生可以获得的利益之外,校方和行业单位同样可以受益。校方通过与行业单位的联系,可以更好地了解市场、改进教学、提高就业率,并宣传学校,树立学校形象;行业单位则可得到优秀员工并得到校方的相关技术支持。

(二)实施

CO-OP 是学校和企业合作,共同对学生实施教育。一般情况下,合作教育以学校一方为主,接受合作教育的学生由学校招生并负责学籍管理。合作教育的校企双方共同制订合作教育计划,并根据培养计划,学生、行业单位和教师共同签订合作训练计划协定,明确各自的责任。学校与行业单位共同负责学生的实习工作,评定学生的成绩。学生通过半工半读同时获得学分和报酬;行业单位则通过充分的实际考察,从合作教育的毕业生中择优选拔自己需要的新雇员。

CO-OP 的时间从 6 个月到 18 个月不等。在学生学习一定的专业知识,通

---

〔1〕 刘平,张练. 产学研合作教育概论[M]. 哈尔滨:哈尔滨工程大学出版社,2000.
〔2〕 百度百科,http://baike.baidu.com.

常为一学年后,开始第一个阶段的 CO-OP 教育。在校学生获得 CO-OP 机会必须经过以下几个程序:

第一,申请。有意进行 CO-OP 的学生必须在 CO-OP 学期开始的前一个学期的某一周(一般为第一周)提出申请,填写相关表格,上交材料。

第二,资格审查。不是每一位提出申请的学生都可以获得 CO-OP 机会,各校通常对课程成绩有相关要求,比如只有在"B-"以上的学生才有基本资格课程培训。通过资格考查的学生必须参加 CO-OP 前期预备课程的学习,包括如何撰写简历、如何进行面试,以及职场中必须遵循的道德规范、安全守则等。

第三,递交简历。通过上述课程的学生可在学校内部的 CO-OP 系统网中查询行业单位信息,并就自己感兴趣的工作岗位递交自己的简历。

第四,面试。行业单位有自己满意的学生时,将通知校方,然后由校方通知学生接受由行业单位安排的面试。

第五,实习工作。当学生通过面试后,才正式获得了 CO-OP 工作与学习的机会。随后学生的 CO-OP 工作,除了接受行业单位的常规管理外,学校也有严格的过程管理和考核,并给予相应学分。

二、财经类应用型本科人才的内涵与培养

按照不同的标准,人才有不同的分类方法。但不管哪类人才,都指的是有德行、有才干的人。[1] 如一些学者的表示:人才＝丰富的知识技能＋强烈的创造意识＋显著的工作业绩＋优良的思想品德。[2]

(一)财经类应用型本科人才的内涵

近几年,越来越多的人按照知识的用途将高等学校人才培养模式划分为学术型(研究型)和应用型,并从狭义和广义给予不同的定义。从狭义来看,应用型人才是指技术型、技能型人才,是高等职业教育培养的人才。如李桂霞等人(2005)认为,应用型人才是指能将专业知识和技能应用于所从事的专业社会实践的一种专门人才类型,是熟练掌握社会生产或社会活动一线的基础知识和基本技能、主要从事一线生产的技术或专门人才。[3] 从广义来看,应用型人才不仅可拓展到本科教育层次,而且更多地强调掌握理论基础之上的实践应用能力。如纪宝成(2006)认为,所谓应用型人才,就是指相对高精尖理论型、学术型

---

〔1〕 钟祖荣.现代人才学[M].浙江教育出版社,1988.
〔2〕 肖鸣政.能绩人才观的人文资源开发学分析[J].北京大学学报(哲学社会科学版),2004(4).
〔3〕 李桂霞等.构建应用型人才培养模式的探索[J].教育与职业,2005(20).

人才而言,掌握直接应用型知识和具有更具体实践能力的人才。[1] 刘维俭 (2006)提出:"应用型人才主要是指从事利用科学原理为社会谋取直接利益工作的人才,他们的主要任务是将科学原理或新发现的知识直接用于与社会生活密切相关的社会实践领域。"[2]对比狭义和广义的观点,我们不难发现,广义观点更适合财经类本科教育的特征。

实际上,按照联合国教科文组织的《国际教育标准分类法》,将国际教育从学前教育到博士生教育共分为六级,其中序数 5 相当于大学专科、本科和硕士生教育阶段。其中又区分为 5A 和 5B 两类:5A 是理论型的大学教育,相当于大学本科;5B 是实用技术型教育,相当于我国的高职高专。而 5A 类又具体分为 5A1 和 5A2 两种类型:前者是按学科分设专业,一般为研究做准备;后者按行业分设专业,一般是指从事高科技要求的专业教育,培养各行各业的高级专业人才。根据联合国的分类法,应用型人才包括两大类:一是本科层次,二是高职高专层次。所以,结合中国的实际情况,应用型人才可以分为两类:一类是本科以上高等教育机构培养通用型人才,这主要是按学科设计专业;另一类是高等职业技术教育培养岗位技能型人才,这主要是按岗位设计专业,培养人才。可见,应用型人才培养不是高职高专的专利,我们也不能把应用型本科人才混淆成高职高专人才的培养。实际上,高等教育对人才形成的一个主要作用在于知识传授,即使是纯理论的知识,当它被用于解决具体问题时,它就具有了应用的特性。

具体到财经类应用型本科人才,其内涵可以概括为具备一定的财经类专业知识和财经类专业技能,能够将财经领域的科学原理、学术成果转化为社会生产力,或将这种生产力直接运用到社会生产实践中并直接创造物质财富的人才。

(二)财经类应用型本科人才的培养

对于财经类专业而言,因其自身的一些特点,如理论内容偏多、实务偏少,缺少工科普遍可操作的设计规划,所以应用型本科人才的培养一直处于艰难的探索当中。以下一些要素在培养财经类应用型本科人才时不妨予以考虑:

(1)科学的办学理念。办学定位是否符合实际;为确定办学定位而采用的办学理念是否先进;确定的发展战略是否具有科学性。

(2)按需的专业设置。是否符合社会需要;是否对接行业需求;是否吻合学生期望;是否锁定就业导向。

---

〔1〕 http://tech.163.com。
〔2〕 刘维俭,王传金.从人才类型的划分论应用型人才的内涵[J].常州工学院学报,2006(3).

（3）合理的培养方案。人才培养方案是否合理，是否与行业发展保持同步；课程体系设计是否考虑知识获取的层次性和递进性，是否有利于理论应用能力和实践能力的培养。

（4）先进的教学内容。单个课程的内容是否先进新颖、概念清晰、逻辑性强、重点突出、结构合理，是否突出理论应用能力的教育训练。

（5）优秀的教学团队。是否形成师资梯队；职称结构、学缘结构是否合理；团队精神如何；教学研究能力如何；是否建立了双师型师资队伍。

（6）达标的教学设施。基本的教学设施是否达标；图书馆藏结构是否与办学定位契合；实验教学软件是否符合课程体系需要；实践实习平台是否有利于提升学生职业素养和就业能力。

（7）有效的校企合作。是否搭建了与行业单位在人才培养、科学研究、技术开发、生产经营以及人员交流、资源共享、信息互通等方面的互利互惠、互补互促的联合和协作关系[1]。

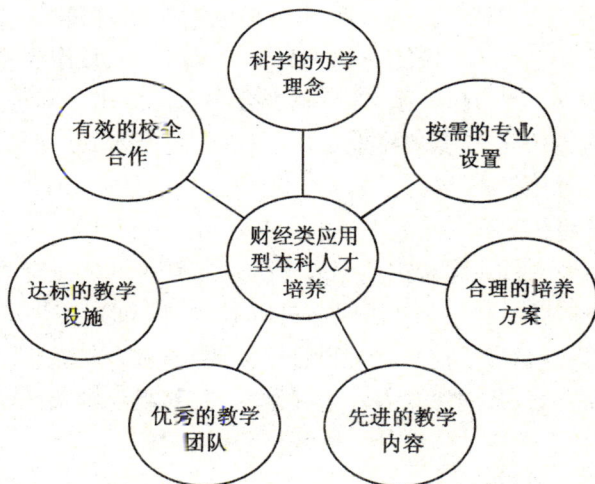

图 3.1　财经类应用型本科人才培养要素

三、CO-OP 合作教育与财经类应用型本科人才培养的契合

适应财经类应用型本科人才培养的模式应该是一个包含教育理念、培养方案、课程组织与实施、师资队伍建设、实践实习基地建设等在内的点、面、体完整

〔1〕王章豹,祝义才.产学合作:模式、走势、问题与对策[J].科技进步与对策,2000(9):117—119.

的系统,而 CO-OP 就是这个系统中颇具代表性的一个点,它与财经类应用型本科人才的培养要求达到了相当高的契合度。

(一)教育理念的契合

财经类应用型本科人才培养的教育理念体现在:应用型人才教育不仅是技能教育,而且是理论应用能力的教育;不仅是动手能力的教育,而且是理论应用层面的创新教育;不仅是满足特定岗位要求的职业技能教育,而且是自学能力、自立能力、自强能力全面提升的素质教育。[1] CO-OP 是将学生的课堂学习与参加实际工作结合在一起,使他们能学到课堂中学不到的东西,并接受一定的职业训练,取得一定的工作经历,从而顺利地进入职业生涯,有利于今后更好地发展。它的教育理念体现在学生职业素养的提高之上,体现在学生理论应用能力的实践之上。

(二)培养目标的契合

财经类应用型本科人才的培养是立足地方、面向行业的应用型高级专门人才,该类人才的特征体现在两个方面:其一是理论、技术和职业三者的结合;其二是学生社会适应能力和工作能力的提高。[2] 而 CO-OP 作为基于学生、学校和行业单位三方的一种合作关系,本身就契合了这一要求。高校因为与行业单位的长期合作,让学生在行业单位里运用理论,学习技术,并在带薪工作过程中提升团队合作能力和职业胜任能力。

(三)培养过程的契合

财经类应用型本科人才着重培养人才的创新精神和实践能力,其主要载体或途径在于加强实践性教学,包括课内外和校内外试验、实训、实习和毕业设计。而 CO-OP 恰恰符合了这一培养过程的需要,通过合作教育,学校和行业单位共同制订培养方案、共同建立人才培养基地、共同组建师资队伍、共同承担人才培养任务,有利于提高学生综合素质和核心竞争力。

(四)师资队伍的契合

作为应用型人才培养的高校师资,不仅需要具备较高的学术水平,同时要有丰富的实践经历和较强的应用能力,需要通过企业实践、挂职锻炼等各种途径加强培养。而 CO-OP 直接由行业单位委派高级技术人员或资深工作人员担任学生的指导老师,他们直接来自实践,弥补了高校教师的不足。双方可共同为财经类应用型本科人才的培养提供基本保障。

〔1〕 杨斌.为什么走教学应用型本科大学之路[J].福建高教研究,2004(4):23.
〔2〕 王洪,高林.应用型大学是高等教育大众化的必然结果[J].教育与职业,2006(12):5.

四、CO-OP 合作教育的国际视野

该部分遴选了美国、加拿大和英国的三所有代表性大学的 CO-OP 合作教育进行介绍和比较分析。之所以选择这三个国家，是因为其合作教育各具特色，广泛的国际视野可以帮助我们获得更为丰富的经验。

(一)美国辛辛那提大学的 CO-OP 合作教育

美国辛辛那提大学为 CO-OP 的发源地，该大学位于俄亥俄州辛辛那提市，建于 1819 年，是美国中西部名牌大学，位列全美公立研究型大学的第 25 名，在世界 2 500 所著名研究型大学中位列前 5%。1906 年，辛辛那提大学工程学院的教授赫尔曼·施耐德首创了带薪合作实习教学，即 CO-OP，随后 CO-OP 逐渐发展成为该校的一大办学特色。目前辛辛那提大学的带薪实习合作教学在全美规模位居第 2，综合排名第 4。1 500 家企业与辛辛那提大学合作，合作单位有联邦银行(US Bank)、世界银行(World Bank)、大美洲保险(Great American Insurance)、英特尔(Intel)、苹果(Apple)、微软(Microsoft)、戴尔(Dell)、萨普(SAP)、甲骨文(Oracle)、保洁(Procter & Gamble)、通用电气(General Electric)、英国石油(BP)、丰田(Toyota)、本田(Honda)、耐克(Nike)、阿迪达斯(Adidas)、德尔塔航空(Delta Airline)等。辛辛那提大学的本科教育实行 5 年制。进行 CO-OP 的学生，在 5 年中学习与工作交替进行，5 年之内会有 6 个学期(按 Quarter 计算)到企业工作和实习，学生人均收入为每年 3 万～5 万美元，平均每年大约有 5 000 名学生参与合作项目。

(二)加拿大滑铁卢大学的 CO-OP 合作教育

滑铁卢大学是一所著名的综合性公立大学，位于加拿大安大略省滑铁卢，下设文学院、理学院、工程学院、数学院、环境学院、应用健康科学学院。该校的数学院是北美唯一也是全世界最大的数学和计算机的教育及研究中心。同时，在北美洲，该校是最早采用计算机教学的学府，而这所大学的计算机学科在整个北美洲也是极有名气的。滑铁卢大学是加拿大第一所提供 CO-OP 教育的学府。通过该种教育模式，学生能在所修读的学科中获得学习与实习并重的机会，现在学校大约有 1 万名本科生接受该类教育。例如，CO-OP 令计算机系学生在学习的同时，有机会在 IBM、Nortel、Bell 等著名公司获得工作经验，现在已经被很多大学竞相效仿，近十多年来滑铁卢大学的计算机本科毕业生极为抢手，各大公司排队聘请。多年来在微软工作的滑铁卢大学毕业生比其他任何北美大学都多。微软公司优先录取毕业生的 8 所美国大学和 5 所加拿大大学中，滑铁卢大学名列榜首。

(三)英国贝尔法斯特女王大学的 CO-OP 合作教育

英国贝尔法斯特女王大学由维多利亚女王于 1845 年成立,在 1908 年获得爱德华七世颁发的皇家特许证书,现在是英国顶尖的强化研究型大学之一。20 世纪中期,该大学就和工业部门联合开设了工程教育和职业教育结合的课程,率先实施所谓的"厚三明治"合作教育。学生先在企业实践 1 年,然后在大学完成 3 年制的理论课程,毕业后再到企业实习 1 年,即"1+3+1"的教育计划。这种模式要求有非常细致、周密的组织,使得学校学习和企业实习融为一体,同时对教师也提出了比较高的要求。实践证明,这一模式有利于学生更好地理解理论知识,掌握生产技巧和生产过程中较为重要的管理知识,熟悉自己所从事的生产活动在整个生产过程中的地位以及前后衔接的生产程序和关系。[1] 随后,英国一些大学又开发出"薄三明治"培养模式,即在大学前三年规定每一个学年为两个学期,学生一个学期在学校学习理论,另一个学期在工厂接受实际训练。第四年为三个学期,学生在学校取得学位。

(四)国际经验的总结

通过对上述三所高校 CO-OP 合作教育的了解,我们可以得出以下基本结论:

(1)合作教育模式可以广泛地应用于本科生教育中。不论是研究型大学还是应用型大学,不论是理工科学生还是文科类学生。

(2)合作教育以提高学生的就业能力为前提。让学生在校期间就有大部分时间去企业参加工作,积累经验,而且在学校的教学考核中,不再把目光仅仅放在考试成绩上,而是更加注重学生的全方位发展和综合素质的提升。

(3)行业单位全程参与教学过程。在学校管理、专业设置、师资培养、教学计划、课程改革、教学条件建设等环节,行业单位都有权并负责提供良好建议,同时亲力亲为。

(4)合作教育需要政府的支持。政府可以用法律手段保证合作教育的合法性,可以采取财政措施支持合作教育的普及和发展。

五、财经类应用型本科人才培养与 CO-OP 合作教育的实施路径

改革开放之后,我国学习国外合作教育的经验,在"八五"和"九五"期间在全国进行了校企合作的试点,取得了很多宝贵的经验,但真正意义上的 CO-OP 合作教育在国内高校中还非常稀少,财经类高校少之又少,这可能由于以下原

〔1〕　石丽敏.国外校企合作办学模式的分析与研究[J].高等农业教育,2006(12):82−83.

因：

其一，在高校一方，一般认为校企合作教育包括工学结合、订单式培养，是中等教育或高职高专教育应该实施的教育模式，高等教育尤其是本科教育以课堂学习理论为主，半工半读与本科教育有差距。

其二，在行业单位一方，行业单位参与积极性不高，认为接受学生会增添单位的麻烦，也增添了成本，致使学校为学生安排工作有一定困难，要安排专业对口的工作更为困难，学生工作要取得报酬更是难上加难。

其三，在学生一方，部分学生认为外出工作减少了理论学习的学识，影响了书本知识的学习；部分学生怕辛苦，不愿意较早进入工作模式。

面对 CO-OP 的发展困境，需要考虑多方齐动、多管齐下的措施来促进和推动，从而保证财经类应用型人才培养的转型和发展。

(一)加强政府引导

政府可以为 CO-OP 合作教育创造良好的法制环境。目前我国倡导校企合作的政策文件不少，但上升到法律层面的文件不多，涉及 CO-OP 合作的具体内容则更少。为此，政府可以考虑制定国家级的法律法规，明确规定 CO-OP 合作教育中各方的责任和义务，从而把学校与行业单位的合作以法规的形式固定下来。例如，美国政府自 1958 年以来先后通过了《国防教育法》、《职业教育法》、《生计教育法》、《职业训练写作法》、《伯金斯职业技术教育法》、《从学校到工作机会法》，这些法律法规的签署和实施对规范和促进美国的合作教育起到了极大的指导作用。[1]

政府还可以为 CO-OP 合作教育提供良好的政策环境。政府可以出台相关政策措施激励各方参与合作教育。比如在财政拨款中设置专项基金用于合作教育，又如制定各种税收优惠政策鼓励企业参与合作教育。加拿大政府就对承接合作教育的企业给予减免税优惠，鼓励企业作为协办方积极参与合作，同时减轻企业负担。

总之，在整个 CO-OP 合作教育中，政府可在宏观层面通过维护合作各方的合法权益，约束可能发生的机会主义行为，对着力降低合作各方的交易成本起到主导和激励作用，具体如图 3.2 所示。

---

〔1〕 尹庆民等.校企合作研究——基于应用型高校的模式及保障机制［M］.北京：知识产权出版社，2012.

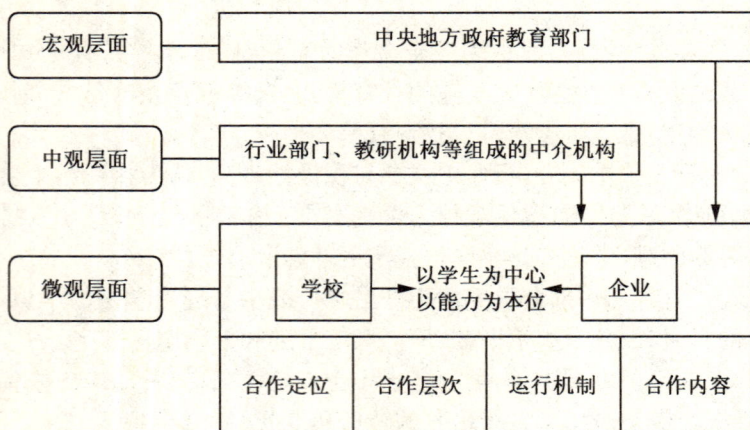

图 3.2　合作教育人才培养模式的运行框架[1]

(二)加大高校作为

高校的一切工作都是为了学生,只要学生受益,可以不断创新和不断克服困难。作为 CO-OP 的主体,高校必须树立"以他方为中心"的理念,把困难留给自己,把方便留给别人,在开拓合作资源的同时也要考虑减轻企业负担。

高校可根据实际情况采取多种 CO-OP 合作模式,如图 3.3 所示。全面合作是学校与行业单位在教学、科研、社会服务和文化领域的多方合作,实现共赢格局;实体合作是以产养学、以学促产;工学结合是工学交替、半工半读、带薪工作;订单式培养则是为企业定做人才。

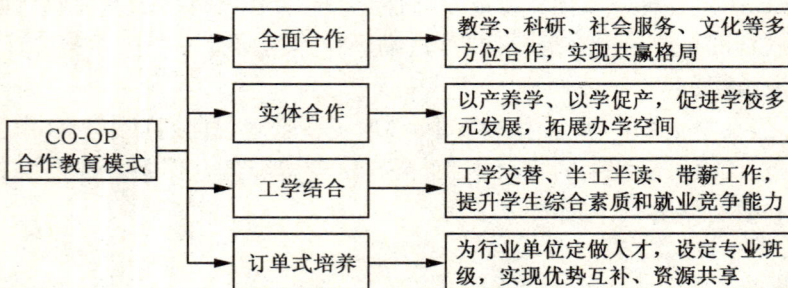

图 3.3　CO-OP 合作教育模式

---

〔1〕　尹庆民等.校企合作研究——基于应用型高校的模式及保障机制[M].北京:知识产权出版社,2012.

　　高校还可根据实际情况设计适宜的合作教育运行机制,如图 3.4 所示。CO-OP 合作教育委员会设定合作教育的培养目标和定位;专业建设委员会在按需设置专业的基础上,审核专业发展规划和人才培养方案;科技合作委员会负责科技的创新、推广和应用;职工培训委员会则负责师资和岗位培训。该运行机制将高校各个层面和行业单位各个部门纳入其中,可最大限度地调动高校和行业单位推动合作教育的积极性。

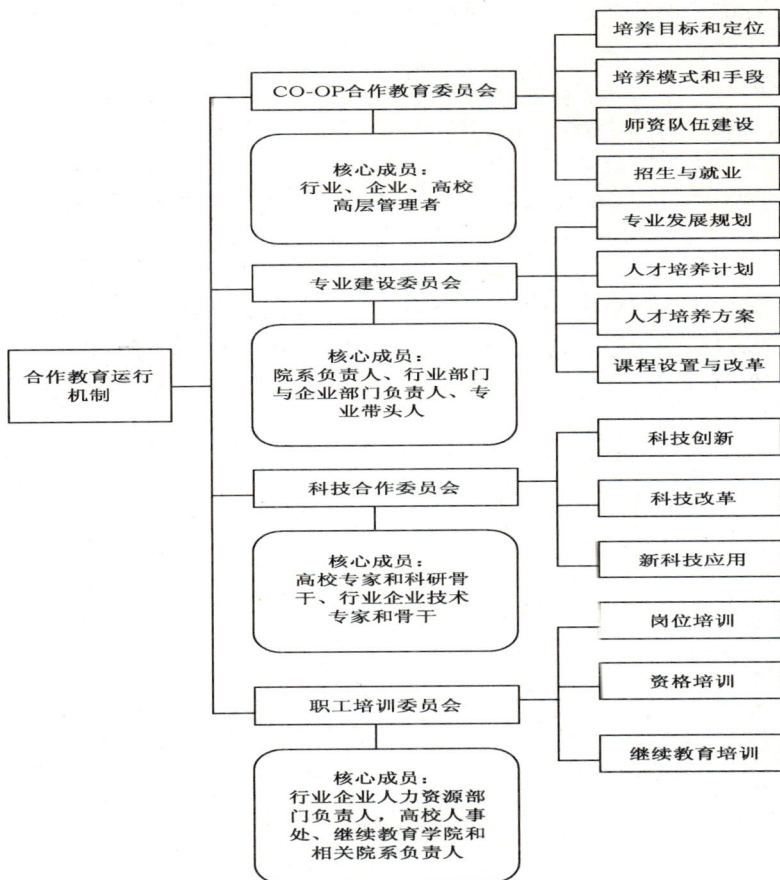

图 3.4　合作教育的运行机制[1]

　　[1] 殷英.高职教育"校企合作"办学模式创新研究[D].湘潭:湘潭大学,2009:24—26.部分内容根据财经类应用型高校特色作了调整。

(三)促进行业单位有为

行业单位是合作教育的另一主体,它们是否投入、投入程度高低直接关系到合作教育的成功与否。除了通过政府主导以法律法规形式规范行业单位行为、以财政税收手段激励行业单位行为之外,还需要通过宣传培训等方式让行业单位了解合作教育对于人才培养的重要性、对于本行业科技创新和长远发展的必要性、对于行业单位自身竞争优势提升的必然性。由此,通过外因和内因的促动,将行业单位行为从被动调整为主动,真正实现合作教育的多赢格局。

参考文献

[1]陈萍. 美国 Co-op 合作教学与我国应用型本科人才培养的契合[EB]. 中国期刊网. http://www. chinaqikan. com/yc/2010/.

[2]储敏伟. 应用型金融财经人才培养模式探索[M]. 上海:上海财经大学出版社,2008.

[3]刘维俭,王传金. 从人才类型的划分论应用型人才的内涵[J]. 常州工学院学报,2006(3).

[4]石丽敏. 国外校企合作办学模式的分析与研究[J]. 高等农业教育,2006(12).

[5]尹庆民等. 校企合作研究——基于应用型高校的模式及保障机制[M]. 北京:知识产权出版社,2012.

4. 注重 CO-OP 教育项目，
加强应用型创新人才培养
——加拿大滑铁卢大学 CO-OP 教育项目及其启示

教务处 应小陆

一、滑铁卢大学 CO-OP 教育项目的现状与特征

所谓 CO-OP 教育，就是 Cooperative Education，加拿大 CO-OP 教育协会将其诠释为由雇佣单位参与、学校教育和工作实践相结合的本科培养模式。滑铁卢大学是加拿大第一所进行 CO-OP 教育项目的大学，自 1957 年建校之初，就将发展 CO-OP 教育项目作为重要的办学策略，经过 50 多年的发展，CO-OP 教育已成为滑铁卢大学办学的最大特点，并取得成功而闻名世界。学校最初开设了合作技术教育(工程学)，很快增加了理科和文科，2009~2010 年，注册参加 CO-OP 教育的全日制学生人数已达 15 800 人。6 个学院共 100 多个 CO-OP 教育项目以供选择，3 500 多个 CO-OP 教育项目所涉的用人单位遍布世界。目前，加拿大滑铁卢大学有世界上规模最大的、综合性最强的 CO-OP 教育项目，成为世界高等教育界 CO-OP 教育项目领域当之无愧的领头羊。

(一)滑铁卢大学 CO-OP 教育项目的优势[1]

CO-OP 教育项目是将理论学习与相关工作经验正式结合的一种理想教育模式。通常的计划是学生在商业、工业、政府、社会服务和专业等适当领域轮流体验，并有一定的标准：(1)每一个工作环境都由 CO-OP 教育项目机构建立或批准，适合作为学习环境；(2)学生致力于多产性的工作而不是单纯为了钱；(3)学生完成工作任务并获得报酬；(4)教育机构实时掌握学生在工作上的进

---

〔1〕 刘洋.加拿大滑铁卢大学合作教育及其改革.世界教育信息，2007(6).

步;(5)学生在工作中的成绩由用人单位进行管理和评价;(6)学生工作学期的时间至少是学术课程学习时间的 30%。

与其他学校相比,滑铁卢大学的 CO-OP 教育项目具有以下优势:(1)能够使学生赚钱,在毕业之前学生能够有 2.3 万~7.7 万加元的收入,基本上可以支付本科阶段的全部学费;(2)在完成学术性课程的同时,为学生提供 4~6 个工作学期、总时间长达 16 个月到 2 年的有价值的工作经历;(3)学生在工作学期内尝试不同的经历,并建立毕业后求职的联系,在选择职业道路时,能够以实践阅历的大量信息作参考;(4)使学生能够将课堂上获得的理论知识在现实工作中得到实践和加强;(5)滑铁卢大学 CO-OP 教育项目深受企业界和政府的好评,许多用人单位与滑铁卢大学保持了长期良好的关系,即使在经济不景气时也同样雇用滑铁卢大学 CO-OP 教育项目的学生,且待遇比非 CO-OP 教育项目的毕业生要高;(6)CO-OP 教育项目的学生就业率较高,即使就业市场疲软,其CO-OP 教育项目毕业生就业率也保持在 96% 以上,而且其 CO-OP 教育项目毕业生的工作岗位比较稳定持久。

(二)CO-OP 教育项目的运行机制

CO-OP 教育项目的基本原则之一就是学术学期与工作学期的结合在各学期轮流进行,需要有效的学术准备。工作学期职位在不同部门、不同地区进行调整,让学生在他们职业兴趣的范围内获得较为丰富的阅历;学术学期主要是基础的和理论的学习,实践经历和学术学习互为补充、互相促进。

CO-OP 教育项目体系需要学生学习时间和工作时间交替,工作的时间被称为工作学期,通常每个工作学期是 4 个月。在第一学年,一般有两种情况:一组是在 4 个月的学习之后开始第一个工作学期;另一组是在学习 8 个月之后进入第一个工作学期。两组的学习和工作时间是相同的,不同的是,第一组在最后一个阶段是 8 个月的学术学期,而第二组在第一阶段是 8 个月的学术学期。第二学年,不同学术项目的学术学期与工作学期的顺序各不相同。

(三)CO-OP 教育项目的管理及职业服务

学校常设 CO-OP 教育项目与职业服务部负责管理 CO-OP 教育项目。其主要职责是:监控劳动力市场和人口统计学的趋势;发展新的教育项目时评估工作机会;鉴别适合需要的工作岗位;帮助学生准备工作学期的事项,提供职业训练、个人和职业发展的研讨会、加强学生继续提高竞争力的资源;保持和加强与现有用人单位的联系;发展新的工作机会;为每个学生建立并保存成绩档案;促进学生和用人单位的匹配;在工作学期内为学生和用人单位服务;评估分析用人单位对学生的成绩评价。

(四)CO-OP 教育项目对学院、用人单位及学生的要求

学生、用人单位、学院、CO-OP 教育项目与职业服务部、学校管理部门五个部分的人员参与 CO-OF 教育项目，必须明确各自职责，并保持有效的交流和联系。

1. 对学院的要求

准备相关的挑战性课程；参与学生对工作的适当评价；理解学生在工作学期内的学习经历；把学习经历与课程联系起来；参与评价学生工作学期的经历；培养与现有用人单位的关系，并帮助建立和寻找新的用人单位。

2. 对用人单位的要求

提供与滑铁卢大学教学领域相关的可行职位，并必须得到滑铁卢大学校方的认可，能够满足 CO-OP 教育项目学位的需要；支持学校工作，为学生提供综合的实践性和理论性教育；确保在工作学期内对学生适当监管，在采取纪律措施或解雇学生之前，征求相关领域协调者的意见；学生工作学期内，提供适当的工作条件、监督、训练、评价和报酬；参与对学生工作学期成绩的评价；为课程修改提供内容和建议等。

3. 对学生的要求

从第一到最后一个学术学期，学生必须全日制注册，按照项目安排参加学习和工作，根据项目规定，保持一定的学术水平，并及时、清楚地更新学习档案，参加与职业发展有关的会议，以清楚理解和掌握求职技巧；提供完整而准确的履历，申请符合要求的工作职位，参加面试直到选好适合的工作；在工作学期内，批判性地反省学术性学习的经历；工作学期内，在做出任何会影响用人单位的决定前，先征求该领域协调者的意见，使 CO-OP 教育项目与职业服务部及时了解他们的工作状况；在工作中专业地表现，遵守学校和工作场所的各种制度和工作程序，全力完成任务，为用人单位提供有价值的服务，帮助用人单位实现公司或组织目标；工作学期结束后，请用人单位填写工作成绩表，并按学院具体要求提交工作学术报告；等等。

滑铁卢大学的 CO-OP 教育项目学术计划被认为是最好的，而且其良好的声誉吸引了世界各地的优秀学生。学生们认为，这种 CO-OP 教育项目加强了他们的学术知识，同时也带来了他们毕业后的高收入。同时，用人单位希望滑铁卢大学 CO-OP 教育项目的毕业生加盟，许多用人单位与滑铁卢大学保持了长期良好的关系。CO-OP 教育项目的理念在滑铁卢大学因为其多年成功的 CO-OP 教育项目实践而获得普遍认可，已经成为学校文化的重要内容。

二、滑铁卢大学 CO-OP 教育项目的改革动向[1]

尽管滑铁卢大学 CO-OP 教育项目具有良好声誉,但随着用人单位和学生的需要和期望不断变化,而且许多大学和学院也开始采取 CO-OP 教育项目计划,致使滑铁卢大学的学生在工作机会上的竞争加剧。滑铁卢大学认为这种状态将影响其 CO-OP 教育项目方面的领导地位,于是成立了 CO-OP 教育项目与职业服务调查委员会,并于 2005 年 8 月发布了《从经验中学习——加强滑铁卢大学 CO-OP 教育项目和职业服务》的研究报告,指出 CO-OP 教育项目应该继续成为滑铁卢大学品牌的核心,应继续努力保持其 CO-OP 教育项目的国际领导地位,同时职业服务也应该使工作的重点反映出学校的 CO-OP 教育项目导向。根据这一精神,滑铁卢大学 CO-OP 教育项目进行了六个方面的改革。

(一)巩固和加强 CO-OP 教育项目的重要地位

学校在未来的发展中更加强调发展 CO-OP 教育项目,将继续巩固和发扬 CO-OP 教育项目作为滑铁卢大学的品牌目标。

1. 加强 CO-OP 教育项目与职业服务部和各学院的协调与合作

在每个院系、每个学术计划中,都关注与 CO-OP 教育项目相关的各个事项。每个院系都确定一名教员或工作人员对 CO-OP 教育项目承担领导责任,并给以较高的任务和职位,这一职位应该为院系副主任一级。

2. 成立 CO-OP 教育项目理事会

学校成立一个理事会以总结和交流良好的实践经验,监控 CO-OP 教育项目质量,为学校和院系创造发展机会,并负责审批新的 CO-OP 教育项目计划。CO-OP 教育项目理事会的成员包括各个院系、CO-OP 教育项目部、学生、非CO-OP教育项目的用人单位等方面的代表。理事会对学术事务副校长负责。

3. 为新教员提供指导

很多新教员并不是来自以 CO-OP 教育项目为中心任务的大学,也不理解CO-OP 教育项目的本质及职业服务的责任。因此,当雇用新教员时,任命书中要强调学校 CO-OP 教育项目的重要性。学校、学院、部门和研究所应相互协调,为新员工提供相关信息,帮助他们理解 CO-OP 教育项目与职业服务的本质及其在 CO-OP 教育项目计划中的职责。

(二)提升职业服务工作

学校应当对职业服务提出同等的期望,职业服务办公室的工作要不断改进

〔1〕 李君. 我国基于卓越工程师培养的产学研合作教育研究. 天津大学 2010 年硕士论文.

以提升在校园内的形象,其服务应该面向所有学生(普通学生和 CO-OP 教育项目学生)以及校友。但是,因为 CO-OP 教育项目在学校占支配地位,其服务应该主要针对 CO-OP 教育项目学生,与 CO-OP 教育项目保持紧密联系。

(三)巩固 CO-OP 教育项目作为教育经历的主要功能

滑铁卢大学认为,在 CO-OP 教育项目中需要保持明确的教育目标。CO-OP 教育项目和工作学期设定的目标是让学生进行批判性的思考和变化的学习。尽管学术的教育目标和工业的生产目标之间存在矛盾,但教育目标应保持极为重要的地位。

CO-OP 教育项目与职业服务部通过咨询教师监控现有计划,以确保他们能够自始至终提供高质量的工作经历。质量监控的结果应每年向 CO-OP 教育项目理事会报告,然后综合 CO-OP 教育项目与职业服务部提供的数量结果,结合定性分析形成学院的自查报告。当教育项目不能维持工作经历的数量和质量时,应通过增加工作学期的数量或其他相关措施,或从适当的学术单位提供的资源等方面进行调整。

在滑铁卢大学,整合工作和课堂学习的主要方式是工作学期报告,这一报告需要学生系统地、批判性地反映工作学期的一些情况,并与其前期课堂学习的内容相联系。评价工作学期的重要目标是每一个学生的批判性反映,如工作中能够运用所学知识,评价一个人的职业选择;探索工作选择机会,分析用人单位的期望,发展人际交往技能;等等。

(四)提供足够的、高质量的工作学期岗位

滑铁卢大学 CO-OP 教育项目面对的最大挑战是在学术计划的第一年为学生安置职位。用人单位也指出,高年级学生具有切实的优势,滑铁卢大学的学生比其他毕业生有更多的工作经历,对用人单位很有吸引力。如果学校推迟开始第一工作学期,就会降低工作学期总数,学生的比较优势就会削弱。因此,研究报告认为,滑铁卢大学只有继续或扩大现有的计划,或者增加新的 CO-OP 教育项目计划和其他的实践学习机会,才能确保高质量地、与工作相统一地学习。

研究报告认为所有院系有责任彼此合作,创造足够数量的、高质量的工作岗位,并在学生申请工作时提供帮助。每一个学院都应该制定一种战略,以满足工作岗位数量和质量上的需要,并且每两年向 CO-OP 教育项目理事会汇报工作和进程。

关于 CO-OP 教育项目中学生必须付给报酬的原则应该调整。只要通过 CO-OP 教育项目与职业服务部和相关学院审核,具有适当的实践学习机会的志愿者服务工作也可以作为工作学期,通常是在慈善组织或非政府组织参加生产性的工作,但没有报酬。

另外,用人单位指出,它们倾向于灵活有弹性的工作学期,学校可以适当设置 4 个月或 8 个月的工作学期。这就要求 CO-OP 教育项目的基本原则之一即"学术学习和工作经历系统轮流"必须适当调整,学习和工作的时间长短、混合和次序应灵活安排。

(五)加强学校内外部的合作

滑铁卢大学 CO-OP 教育项目与职业服务委员会提出,应成立新的工作小组为 CO-OP 教育项目与职业服务部和院系提供关于用人单位需要、招生模式变化、工作机会等方面的建议。CO-OP 教育项目与职业服务部和滑铁卢大学其他招生人员应建立 CO-OP 教育项目和具体 CO-OP 教育项目的综合的市场规划,院系和学术单位的参与在市场规划中必须明确。另外,应该为潜在学生及其父母准备完整的市场资料,帮助他们更好地了解和认识 CO-OP 教育项目。

(六)使合作教育与职业服务部的服务更加高效和透明

合作教育与职业服务部应明确其职责和功能,明确与其他伙伴的关系,确定监控其成功实现目标的标准和指导思想。合作教育与职业服务部每年都应列出服务项目并发布在网站上,提供详细的服务细节,使学生能够清楚地了解付费所得到的服务。合作教育的所有学费需要不断地接受评估,费用的任何变化都应及时公布。随着消费指数、工资的增长以及服务要求的增加,合作教育的费用可能提高。

三、滑铁卢大学 CO-OP 教育项目的启示

(一)坚定信心,创造特色

由于我国的 CO-OP 教育刚刚起步,企业对人才的重要性认识尚未达到应有的高度,用人观念上还存在着一定的误区,与学校共同培养人才方面的内在动力不足,所以,我校在 CO-OP 教育的实施过程中会遇到这样或那样的困难。但是,CO-OP 教育已成为许多高校的办学特色,也是世界各国高等教育改革与发展的大趋势。CO-OP 教育已成为许多高校的办学特色,吸引着越来越多的考生,学校也以此在高等教育竞争中谋取到了一席之地。作为实施 CO-OP 教育的应用型人才培养的金融类本科院校,我们必须坚定信心,克服困难,积极探索,形成自己的办学特色,使学校 CO-OP 教育之路越走越宽广。

(二)立足校情,建立机制

实施 CO-OP 教育的内在动力是利益驱动。滑铁卢大学 CO-OP 教育项目能够顺利实施的根本原因是,学校、企业和学生三者都从中得到了他们必须得到的好处。动力不足是我国实施 CO-OP 教育的难点。在目前我国企业尚未把参与人才培养作为其自觉行为的情况下,学校如能发挥自身优势,帮助企业转

变观念, 帮助解决它们急需解决的技术、管理、生产以及劳动力问题, 使其切身感受到 CO-OP 教育非常重要, 将会产生极大效益。友谊是校企合作的纽带和桥梁。滑铁卢大学派出大量的 CO-OP 教育外勤人员以及各专业专家教授经常深入企业, 与企业沟通, 在宣传学校和学生的同时, 多方位地帮助企业, 甚至帮助科技开发资助等, 重视与合作单位的密切联系, 重视建立友谊。这些对我们应有所启发。

(三) 加大投入, 强化管理

CO-OP 教育对我校来说是一项探索性工作, 在教学内容的设计、合作单位的选择标准、顶岗实习岗位如何选择、企业指导教师如何选聘及考核、教学组织有何要求、对学生的管理考核如何进行等许多方面还缺乏系统、完善、可行的规定, 教育教学实施过程中尚有很多问题需要解决, 学校应该加大人力、物力和财力投入, 抽出得力骨干, 必要时设置专门机构专职负责合作教育工作。

(四) 更加重视毕业生就业工作

犹如企业的产品, 如果学校的毕业生不能就业, 那么学校为人才培养所付出的劳动就是无效劳动, 高等学校的社会价值将无从体现。随着社会主义市场经济的发展和高等教育体制改革的深入, 高校毕业生就业状况将成为学生择校的首选因素。随着毕业生人数的增加, 以及高校扩招后入校学生的陆续毕业, 毕业生就业的形势将越来越严峻。因此, 我们在努力提高人才培养质量的前提下, 必须更加重视并下大力气做好毕业生就业工作。

参考文献

[1]张昌凡. CO-OP 教育模式探析——加拿大滑铁卢大学与湖南工业大学之比较[J]. 高等教育研究, 2007(11).

[2]崔庆玲, 王汉青, 彭建平. 加拿大滑铁卢大学合作教育体系初探[J]. 纺织教育, 2008(3).

[3]尚军, 罗建奇. 以滑铁卢大学为例谈加拿大的 CO-OP 教育及启示[J]. 教育与职业, 2011(4).

[4]尹晖. 滑铁卢大学 CO-OP 教育理念对测绘工程人才培养模式的启示[J]. 中国大学教学, 2011(11).

[5]杨金林, 杨晓玲, 罗宁. 加拿大滑铁卢大学 CO-OP 教育模式研究[J]. 教育教学论坛, 2012(16).

5. 新建本科院校的学科专业群建设研究

发展规划处 程新奎　付一书

当前,新建本科院校已经成为我国高等教育格局中独具特色的院校类型。新建本科院校在学校定位、发展路径、社会功能等方面逐步成型。相应地,关于新建本科院校的实践探索和理论研究也逐步从宏观设计转向微观领域的落实和创新。学科专业建设因其在人才培养和科学研究等方面的龙头引领作用,而成为新建本科院校的发力点。学科群和专业群是我国高校学科专业建设的重要方向和发展重点,并在相关领域取得了突破性成果和可推广性经验。本文从新建本科院校的自身特点出发,借鉴不同类型高校学科专业群建设的实践经验和相关理论成果,提出了新建本科院校应开展学科专业群建设的新观点,探讨了学科专业群建设的意义和逻辑等问题。

一、学科群与专业群建设的实践内涵与差异

当前,学科群与专业群建设已成为我国高等教育创新发展的重点探索领域,并逐渐成为相对独立的实践范式和学术概念。

学科群建设最早诞生于 20 世纪 70 年代日本的筑波大学,对 20 世纪后半叶的全球大学教育产生了极大的影响,吸引了许多国家高等教育研究者的关注和研究,也有不少大学模仿这种学科制度,应对知识发展和人才培养的全球化挑战。在我国,20 世纪 90 年代,随着"211 工程"的实施,许多高校对学科群有了实际的建设需要,不少一流大学兴起了学科群建设的高潮。[1] 根据现有研究

---

〔1〕 梁传杰等.学科群研究的回顾与思考[J].学位与研究生教育,2006(7).

和实践,学科群主要是指根据研究对象或知识逻辑的相关性,若干学科以一定结构(一般由带头学科—支撑学科—相关学科递进构成)集聚成群,各学科资源共享、优势互补、交叉融合,实现重大科研攻关、知识集成创新或产生新的学科增长点。

专业群建设的研究与实践,20 世纪 90 年代中期已在职业高中或中专学校进行。2006 年,教育部、财政部提出实施国家示范性高等职业院校建设计划,以加快高等职业教育改革与发展,强调在 100 所示范性高职院校中建设 500 个左右的专业群。此后,陆续有不少院校开始关注专业群建设,在实践上做出了积极的探索。[1] 专业群一般是指面向企业中的岗位链或根据某种共同专业技术基础,由若干相关专业围绕某一个或以上核心专业共同组成的专业集群。专业群既是组织课程开发和教学活动的"教学基本单位",也是组建二级学院和实现资源优化组合的基本依托。[2]

学科群与专业群在建设目标、组织机制和建设主体等方面存有差异。学科群的组建,主要是围绕着重大科研攻关项目,或者某一具体的系列研究来组织实施的。学科群建设的本质是科研,是搭建一种更为灵活的研究机制,而不是学科自身。[3] 在实践中,学科群的建设主体主要是研究型或教学研究型大学。专业群建设主要指向基于岗位工作、职业能力的人才培养,其核心特征是课程教学组织单位。专业群建设主体主要是高等职业学校,建设重点在于培养满足社会需要的专业技术实践人才。在此意义上我们认为,我国高等教育在学科专业建设方面基本形成了学科群建设和专业群建设两条道路的格局。

二、新建本科院校应开展学科专业群建设

对于新建本科院校学科群建设问题,学界经历了从早期不适合开展学科群建设到如今需要开展学科群建设的观念转变。容易达成共识的是,专业群建设是高等职业教育的发展之路。在本文中,我们认为新建本科院校应寻求第三条道路,即借鉴学科群与专业群建设经验,开展学科专业群建设。

(一)学科专业群概念的初步界定

目前,"学科专业群"一词在研究论述中虽有提及,但一般是作为学科群或专业群的模糊同义表达。作为一个概念,鲜见专门探讨和研究。在实践中,学科专业群建设尚未成为一个明确界定和切实实施的领域,在此意义上可称为一

---

〔1〕 肖冰,韩秋莹."无界化"理念与高职院校专业群建设[J].教育评论,2009(3).
〔2〕 沈建根,石伟平.高职教育专业群建设:概念、内涵与机制[J].中国高教研究,2011(11).
〔3〕 王鲜萍.资源的结构性整合与高校学科群的产生[J].教育评论,2009(2).

个全新的教育实践,尚待积极探索。本文中的学科专业群概念是特别针对新建本科院校提出的。学科专业群是学科群、专业群和岗位群(产业链)互动发展的有机统一系统,其要义是将高校宏观的科学研究、人才培养和社会服务三大功能的统一,落实和根植于新建本科院校学科专业建设的具体实践中。学科专业群是一个整体概念,不能简单按照"属加种差"的公式来定义,其丰富具体的内涵不可能在研究开端给出,而必须是在讨论过程中逐步呈现。

(二)学科专业群建设的学理依据

学科群与专业群虽然是两个相对独立的概念,但学科、专业、课程之间的交叉复合关系表明,学科群和专业群之间在相互有别的同时,蕴含着有机的联系。因此,研究者在讨论学科群建设时一般都要涉及专业群建设问题。

一般认为,学科、专业、课程处于不同的层次和范畴,遵从不同的逻辑,相互之间是非线性、非确定对应的关系。[1] 学科是专业的基础,一个学科可以支撑多个专业,一个专业也可能需要多个学科的依托。专业的本质可以理解为一组相互联系的课程组合[2],既是联系知识开发(学科)和知识传授(课程、教学)的中介,也是联系学校人才培养计划与社会需求的纽带。[3] 课程是对学科知识的选择、传承和发展,一门课程可以包含多个学科的知识,一门学科也可以分解为不同的课程。[4] 在制度化学科的视野下,高校中的学科、专业、课程之间不存在必然的包含、从属和单向递推关系,而是一种动态的多点设定、相互建构和有机循环的关系。三者关系的多样性取决于观察视角和具体教育语境的特殊性。学科群与专业群建设可以根据学科、专业、课程之间的密切关系,实现统筹。

(三)新建本科院校的特征

新建本科院校在历史传统、学科专业现状和建设基础等方面的特征,客观要求开展学科专业群建设。

新建本科院校一般由高职高专升格而来,一般按照三级学科划分专业,在培养实践性专门人才方面拥有大量的历史经验和比较优势,在专业设置、课程教学、师资建设以及教育资源配置等方面也具有制度上的惯性。转型后的发展不应隔断历史的联系,但也不能重复先前的实践。强化专业建设,开展学科专业群建设既能保留传统优势和历史积淀,又能克服重复建设、专业面狭窄和人

〔1〕 刘小强,彭旭. 理顺关系 打破对应——关于高等教育学科、专业与课程改革的思考[J]. 中国高教研究,2012(3).

〔2〕 陈昌耀. 非研究型高校如何加强学科、专业和课程建设[J]. 江苏高教,2008(6).

〔3〕 叶志明等. 对学科、专业和课程及其在高校发展中作用的再认识[J]. 中国大学教育,2010(1).

〔4〕 陈昌耀. 非研究型高校如何加强学科、专业和课程建设[J]. 江苏高教,2008(6).

才知识结构单一的弊端。

新建本科院校一般学科面较窄,学科门类较少,学科结构不太合理,学科发展也不平衡。学科资源较为分散,缺乏高水平的学科带头人,缺少必要的交叉和融合,缺乏前沿的科学研究。在脱离行业、部委条件下办学经费短缺,在扩张发展过程中教学科研条件建设投入明显不足,跨越发展与资源限制之间形成了尖锐的矛盾。积极开展学科专业群建设有利于克服学科资源的离散性和办学基础薄弱的发展劣势,有利于推进学科专业资源重组共享,形成学科综合优势和学科增长点,满足经济社会发展和产业结构调整对复合型人才和专业发展型人才的需要。[1]

(四)高等教育的分类格局

新建本科院校已逐步成为我国高等教育格局中的一个相对独立的教育类型。从高等教育的分类格局来看,无论是开展学科群建设还是开展专业群建设,两者都不能适应新建本科院校发展的迫切要求。

中国的大学一般可分为三种类型———研究型大学、教学研究型大学和教学型大学。作为高等学校,共同的任务是人才培养、科学研究和社会服务,但不同的大学具有不同的任务侧重点。研究型大学或者教学研究型大学突出学科群建设,强调学科群建设的知识生产功能。正如有论者所言,研究水平越高的大学,越注重学科自身研究,学科建设脱离本科教育的倾向越严重。[2] 而新建本科院校一般是以本科教育为主体的教学型大学,主要任务是为地方社会经济文化发展培养服务地方的应用型人才。不同于传统教育模式下所培养的人才,应用型人才在知识层面上注重对科学知识应用性的能力,在应用能力层面上注重适应能力与实践能力。新建本科院校单一地开展偏重于科学研究的学科群建设,将难以满足培养适应能力较强的应用型人才的需要。

另一方面,新建本科院校也不同于高等职业学校,其本科也是学科教育,强调系统掌握本学科专业相关的理论知识,要求厚基础、宽口径,这对提升学生的专业能力和可持续发展能力至关重要。应用型本科人才的培养要将学术性和职业性很好地结合起来,必须明确学科群建设的根本任务,不断提高学术研究水平,吸收学科前沿成果并融化为培养满足社会需求人才的知识内容,使学科群建设不脱离专业群建设,使学科群建设成果转化为课程建设成果,进而形成人才培养的优势。因此,在这种情况下推进新建本科院校的学科建设、专业建设以及课程建设,我们必须齐头并进,必须根据三者的相通性进行"学科—专

〔1〕 许四海.学科群:新建本科院校学科建设的现实选择[J].高教探索,2008(5).

〔2〕 陈昌耀.非研究型高校如何加强学科、专业和课程建设[J].江苏高教,2008(6).

业—课程"一体化的学科专业群建设。[1]

三、应用型学科专业群的构建原则

新建本科院校学科专业群建设的构建不能是学科群与专业群的拼盘式叠加，而要在尊重学科群和专业群各自建设逻辑的基础上，深入挖掘和发挥学科群的专业教育功能和专业群引领学科发展的作用，实现学科群和专业群的有机整合。

（一）以产业链、岗位群为参照构建专业群

新建本科院校的核心任务是培养符合社会需要的应用型人才。人才培养的目标和规格需要以社会需求为导向进行设计。故学科专业群构建的逻辑起点应是劳动力市场的知识、能力和素质需求。同时，以产业链、岗位群为参照构建专业群，在产学研合作、资源利用、专业影响力和社会适应能力等方面将产生许多优势。另外，许多新建本科院校原先隶属于行业，在经历了管理体制改革和转型发展后，呈现出与行业联系松散、发展趋同以及特色弱化等发展态势。因此，对照自身资源优势和办学条件，认真梳理、确定行业和产业中的若干链环作为学科专业群建设和发展的背景与依托，深度融入行业的发展，全面介入行业共性技术和关键技术的研发，人才培养应全面对接行业企业实践前沿，有利于构建区别于普通本科的鲜明特色。

从一般经验来看，专业群的组建一般有如下几种类型：（1）以专业涉及的核心技术或相关技术相同/相近为组建原则的技术基础型专业群；（2）以项目（最好是现实问题或企业的真实项目）为纽带的项目导向型专业群；（3）以学科基础相同为构建原则的学科主导型专业群；（4）以核心专业为构建基础的专业主导型专业群[2]；（5）以横向的行业岗位群或纵向的产业链为构建原则的行业依托型专业群[3]。

第一种和第二种方式因当今技术周期越来越短，新技术、新工艺不断处于转型升级中，故不易于专业群建设的稳定性，比较适合高等职业教育。第三种方式以学科设置专业，是我国高等教育长期以来进行专业布局的教育传统和基本方法，有利于为专业建设奠定厚实的理论基础。但是这种方法对来自产业界的现实要求和对专业培养方向的实际需要关注欠缺[4]，不适合应用型地方本科

〔1〕 付八军. 论新建本科院校学科、专业与课程的一体化建设[J]. 国家教育行政学院, 2010(8).
〔2〕 宋文光, 许志平. 高职院校专业群建设的路径探析[J]. 中国成人教育, 2008(1).
〔3〕 刘毓. 高职院校松散型专业群建设研究[J]. 继续教育研究, 2010(6).
〔4〕 沈建根, 石伟平. 高职教育专业群建设: 概念、内涵与机制[J]. 中国高教研究, 2011(11).

高校。第四种和第五种方式可以为新建本科院系以不同方式借用。第四种方式用于专业群内部的结构建设。第五种方式用于专业群整体建设的外部参照,有利于突破专业群建设的院系隶属的限制。

综上所述,新建本科院校应以行业为依托构建专业群。专业群的布局和调整应以服务产业为目标,通过对某个产业链和职业岗位群的应用型人才需求状况的结构分析,构建与该产业发展要求相一致的专业群体系,形成链条式和横断式专业群。

(二)以专业群为基础构建学科群

在学科群与专业群的融合上,较为普遍的观点是学科建设应该统领专业建设。本文认为,新建本科院校基于自身特征,应以专业群为基础构建学科群。

新建本科院校学科门类一般较少,专业一般按照三级学科设置。二级学院设置基础虽然逐步从专业转向学科,但跨学科学院较少,学院内汇集的主要是某一学科的各个专业。因此,以专业群组建学科专业群具有较好的现实基础。从专业的特征看,专业是人才培养的组织形式和实体单位。专业既是联系知识开发(学科)和知识传授(课程、教学)的中介,也是联系学校人才培养计划与社会需求的纽带。[1] 如此,可以根据专业群的人才培养目标和规格决定课程体系的设置,根据课程体系的知识汇集要求,构建满足知识汇集需要的学科群。最后,从高校本科专业目录来看,专业与学科存在着较为直接的隶属关系。于是,根据专业群中各专业的知识来源关系和学科隶属关系,可以较容易地构建与专业对应的学科集群。需要注意的是,这里并不是否认学科建设的龙头地位,只是强调构建时序上的逻辑关系和实施便利。

从学科群建设的一般经验看,主要有以下几种构建基础:一是依据知识逻辑上的相关性,学科间应有共同的范式、交流的语言、共同的物理空间,从而有利于各学科知识的整合与系统化,以及研究方法与范式的规范统一[2];二是依据研究对象的相关性,各学科围绕任务和科研项目(如重大科学问题、社会问题、环境问题、能源问题等)相互合作,开展跨学科研究,获取重大学科研究成果;三是依据人才培养的相关性,组成学科群的学科之间必须与教育目标具有一致性,并规范有序地运行,使各个学科之间形成一致的合力,促进人才培养质量的提高[3]。就新建本科院校而言,第三种方式具有适切性,且为以专业群构建学科群提供合理的依据。

---

〔1〕 叶志明等. 对学科、专业和课程及其在高校发展中作用的再认识[J]. 中国大学教育,2010(1).
〔2〕 向兴华. 学科综合化背景下学科群建设若干问题的思考[J]. 高教探索,2011(2).
〔3〕 许四海. 学科群:新建本科院校学科建设的现实选择[J]. 高教探索,2008(5).

(三)以课程体系为中介统一岗位群(产业链)、专业群和学科群

岗位群(产业链)—专业群—学科群的构建维度和逻辑顺序并不足以形成有机整合和深度协同的学科专业群。三者最终的一体化融合需要依赖三者共同具有的知识品质。岗位群所蕴含的知识、能力和素质要求构成了专业群课程体系的实践源头。课程是专门人才的知识、能力和素质得以完成的有效载体和实践途径,是专业建设的核心和关键环节。课程又是学科与专业的联系中介,课程从学科中吸取养料,是对学科知识的选择、传承和发展。学科作为知识的分类汇集,是课程建设的理论源头。依赖知识品性及其课程载体,岗位群(产业链)、专业群、学科群三者得以融会贯通,形成自成一体的学科专业群。

在学科专业群中,专业建设直接顺应社会对人才的需求,将来自岗位群(产业链)的工作任务和要求,通过课程转化为人才培养过程中的专业理论和专业技能。学科建设直接顺应产业结构调整和生产技术革新对知识创新的要求,侧重开展应用型科学研究解决行业、产业发展的重大综合问题和共性核心技术课题。学科通过课程将最新的知识融入人才培养过程。而课程在教学中产生的教学改革反馈信息,将进一步刺激学科和专业的探索与发展。[1] 总之,学科专业群建设将直接从社会对人才规格的需求和对知识创新的要求中寻找发展的契机和动力,通过为社会培养需要的人才和提供需要的知识来证明自己的合法性,并实现"顶天立地"的良性发展。

四、结语

至此,学科专业群的概念内涵与内在逻辑基本得到澄清。鉴于篇幅限制,更详细的理论论证和方案设计将另作探讨。当前,新建本科院校已经成为我国高等教育系统的重要组成部分。面对竞争日趋激烈的教育形势,新建本科院校应走高水平特色发展之路已成为基本共识。而如何开创不同于研究型大学、传统本科高校和高职高专的独特发展道路,学科专业群建设提供了一个可能的选择。

参考文献

[1]梁传杰等.学科群研究的回顾与思考[J].学位与研究生教育,2006(7).

[2]肖冰,韩秋莹."无界化"理念与高职院校专业群建设[J].教育评论,2009(3).

[3]沈建根,石伟平.高职教育专业群建设:概念、内涵与机制[J].中国高教研究,2011(11).

---

〔1〕 叶志明等.对学科、专业和课程及其在高校发展中作用的再认识[J].中国大学教育,2010(1).

［4］王鲜萍. 资源的结构性整合与高校学科群的产生［J］. 教育评论，2009（2）.

［5］刘小强，彭旭. 理顺关系 打破对应——关于高等教育学科、专业与课程改革的思考［J］. 中国高教研究，2012（3）.

［6］陈昌耀. 非研究型高校如何加强学科、专业和课程建设［J］. 江苏高教，2008（6）.

［7］叶志明等. 对学科、专业和课程及其在高校发展中作用的再认识［J］. 中国大学教育，2010（1）.

［8］许四海. 学科群：新建本科院校学科建设的现实选择［J］. 高教探索，2008（5）.

［9］付八军. 论新建本科院校学科、专业与课程的一体化建设［J］. 国家教育行政学院，2010（8）.

［10］宋文光，许志平. 高职院校专业群建设的路径探析［J］. 中国成人教育，2008（1）.

［11］刘毓. 高职院校松散型专业群建设研究［J］. 继续教育研究，2010（6）.

［12］向兴华. 学科综合化背景下学科群建设若干问题的思考［J］. 高教探索，2011（2）.

6. 高等财经教育内涵式发展与人才培养模式改革

政法学院 邓敬雷

高等教育的外延发展是指通过扩大招生规模、增加师资和校舍、加大经费投入等方式来促进发展,其发展动力主要来源于人力、物力和财力的超常规投入,在发展形态上表现为在校生数量、校园面积的扩大以及资产设备的增加。高等教育内涵发展则主要通过内部挖潜的方式促进发展,其发展动力来源于现有教育资源的优化配置、学科及专业结构的调整,在发展形态上表现为办学效益尤其是人才培养质量的显著提升。

经过连续数年较大规模的"扩招",实施超常规的外延式发展,我国高等教育的总规模目前已跃居世界第一,升至国际公认的大众化发展阶段,不仅较好地满足了公众的高等教育需求,而且为经济社会发展提供了人力资源支撑。但是,随着教育规模的急剧扩张、高校数量的骤然增加和在校生规模的迅速扩大,由此带来了一系列问题,长期累积的一些矛盾也开始显现:资金紧张,师资短缺,有水平的、高层次的教师严重不足,人才培养的质量难以保障,人才供给与市场需求的结构性失衡,以及由此而造成的大学生就业压力增大,教育资源配置效率不高,硬件不达标,管理水平等"软件"建设有待加强,一些高校的债务负担已趋近"临界点"。这些问题都需要在稳定规模的前提下,通过调整结构、提升质量来逐步消化和解决。单纯依靠资源投入的外延发展模式越来越难以持续,发展必然从重视数量扩张转向重视质量提高上,在规模、效益和速度之间实现均衡和可持续,由数量扩张型的外延发展转变为更加注重质量提升型的内涵发展。强调以质量为主导的发展明显区别于以扩大规模为目标的数量式发展。在这一重要转型时期,以人才质量提升为核心的高等教育竞争将会更趋激烈,内涵发展趋势将进一步加快。

当今世界科学技术突飞猛进,国际竞争日趋激烈,知识的经济化和经济的全球化,使得知识和人才在经济发展中的地位和作用越来越重要,培养大批适应经济社会发展的高素质人才成为推动经济发展的关键因素,高等教育成为社会发展的重要动力源。高等教育大众化背景下,社会对教育的需求呈现出多样化的特点。面对高等教育环境发生的深刻变化,高校应该为新世纪培养什么类型人才的问题凸显,改革人才培养模式已经成为共识。能否通过深化人才培养模式改革不断提升核心竞争力,将成为决定高校在新时期生存与发展的"生命线"。

人才培养模式是高校为学生构建的知识、能力、素质结构以及实现这种结构的方式,它从根本上规定了高校人才培养的特征,并集中地体现了高等教育的指导思想、价值观念和发展方式。未来经济社会发展对人才培养规格、培养模式,特别是对人才的知识、能力和素质不断提出新的、更高的要求。高校毕业生不仅要成为某领域内的具有专业知识和技能的专门化人才,而且还要突破专业限制,成为掌握多种知识和技能的高素质人才;既要很好地适应社会的需要,又能充分体现个人特色;既要满足专业要求,又要有良好的人文素养;既能发挥群体优势,又能展现个人专长。人才培养模式的转变就是为了培养适应生产、建设、管理需求的高端应用型人才,更好地服务经济和社会发展,满足企业和行业对高端应用型人才的需求。

近几年来,我国财经类专业教育发展虽然较快,但在人才培养目标、课程设置以及教学内容、方法等关键方面,众多高校重复雷同,多年不变,缺乏层次、缺乏深度、缺乏个性,更缺乏学校特色,与不断变化的人才市场需求不协调,与社会发展对财经类人才培养的具体要求错位,人才与市场之间出现了"供不应求"和"供大于求"并存的奇特现象。留有计划经济深刻痕迹的财经专业设置、课程体系、教学内容、教学组织形式等构成人才培养模式的要素已明显滞后于市场经济的发展;而一味追赶、迎合市场和潮流设置的热门专业,由于众多学校一哄而上,则粗糙泛滥,质量低下,且数量达到超饱和状态,最终导致财经类人才培养模式与市场经济的发展方向和要求明显不一致。所以,立足于 21 世纪发展的战略高度,立足于创建创新型国家和社会的高度,如何使财经类人才培养更好地适应和满足国家经济社会发展的需要,是摆在高等财经教育领域的重大课题。

为使学生毕业后步入社会的从业适应能力、综合竞争能力、接受新知识能力、实践能力、创新能力和发展后劲都得到发展,要坚持学科建设与现代产业发展相融合、通识教育与专业培养相融合、理论教学与实践教学相融合、专业成才与社会成人相融合的教学工作思路;要遵循高等教育的自身规律和发展趋势,深化教育教学改革,注重学生知识、能力、素质协调发展,重视学生创新能力的培养、学生的个性发展;要依托行业优势,实现高校与企业和行业深度融合,在师资、教学资源、实习实训等方面共建共享,紧密配合行业和企业发展的新趋势和要求,设计学生的知识、能力、素质结构,充分实现企业和社会对人才需求的完美对接;要从人才培养仅局限于校园课堂教学的狭隘观念中跳脱出来,树立"做中学、学中做"的教学理念,以实践教学为基础和主要内容,以应用为主旨和特征构建课程及教学内容体系,将教学和企业生产经营管理过程紧密相连;要建立稳定的校外实训基地、学生实习共建单位,注重学生实践动手能力的培养与提升,使学生具备扎实的专业知识、较强的工作能力、良好的综合素质以及较高的职业素养;要坚持以提高教学质量为中心,以培育人才为根本,以建设高水平财经大学为目标,准确把握财经类高校在人才培养方面已经形成和确立的优势,客观分析与实力较强的综合性大学、同类型院校相比较存在的差距,全面开展人才培养模式改革的探索、研究与实践。

一、人才培养模式改革是高等财经教育内涵式发展的核心

人才培养目标内涵主要包括四个层面,即优良的思想道德、合理的知识结构、终身的学习及创新实践能力和健康的身心素质。必须认真分析和研究高等财经教育改革与发展趋势,充分认识经济科技社会发展对高等财经教育提出的新要求以及高等财经教育肩负的使命,实现人才培养观念的"四个重要转变":由专业对口教育向综合素质教育转变,由注重知识的传授向注重学生智力发展和创新能力培养转变,由注重共性教育向注重个性发展、因材施教转变,由注重学科系统性向注重多学科综合性转变。将教学质量视为高等财经教育的永恒生命线,不断深化教育教学改革,不断提高教育教学质量,并结合实际与时俱进,不断丰富其内涵,在培养学生终身学习的能力、适应迅速变化的经济社会的能力和打造核心竞争力方面,进行理论和实践的探索和创新,使学生在四年的大学生活中能够掌握扎实的知识,具备在今后的学习和工作中自如地实现"知识迁移"的能力,提升综合素质,增强就业竞争力,从而较好地解决财经类人才培养的供求矛盾,满足社会对财经类人才的多元需求。

二、逐步构建适应高等财经教育内涵式发展要求的人才培养的课程体系

既考虑学生在校期间应获得的知识结构,又考虑学生各种技能、素质的培养,打通学科专业壁垒,按基础课平台、专业课平台和选修课模块三个层次,建立"通识通修＋学科专业＋开放选修"模块化课程体系:

（1）筛选若干门涵盖财经类学科各主要领域的主干课程作为各专业的"核心课"，以优化"宽口径"，并将数学、外语、信息技术、语文四门课程摆在重中之重的位置，以强化"厚基础"；

（2）增加反映学科发展趋势的课程，注意社会科学与自然科学的相互渗透，加强对学生综合素质的培养，提高学生思想道德素质、人文素质、身心素质和法律意识；

（3）学生在完成一、二年级基础课程的学习之后，进入专业学习阶段，可以选择不同模块的选修课程，自主设计个人发展方向，以满足社会的多元需求和学生考研、出国、创业、就业等个性需求；

（4）实行3～6年弹性学制，按学分累计，教师挂牌上课，学生网上选课，本科生实行导师制，部分专业按学科大类招生与培养，开设双学位和辅修专业，形成"人文素质教育＋学科专业教育＋实践育人教育"的教学模式。

总之，通过开放选课制度和专业流转机制，扩大学生自主选课权，形成课程模块间的串联，从而构建起从学科大类培养到学科专业基础培养，再到专业特色培养的创新人才培养课程体系。

三、人才培养途径多样化是高等财经教育内涵式发展的必然要求

（1）把学生中最优秀的5％～10％组成教改实验班，把学生中基础相对较为薄弱的5％组成基础强化班，其余的编入普通班，实施不同的教学安排，因材施教。实验班的组建为拔尖人才快速成长搭建助推平台，实验班的学生在完成前两年的教学计划后，第三年根据个人的兴趣爱好可在全校范围内自主选择专业。

（2）根据学生的不同兴趣和爱好，通过辅修、双学位、科技创新、学科竞赛等形式搭建学生多元发展平台，培养创新意识与实践能力。鼓励学生充分利用学校教育资源，拓展自己的知识领域。

（3）由校企双方共同设计培养方案，学生在完成专业课程学习的基础上，参加用人单位安排的职业教育课程和业务实习活动，考核合格后直接进入用人单位工作。

（4）搭建实践锻炼平台，由学生组成课题组参与企业调研与市场筹划业务，在为企业提供服务的同时，提升自身创新意识和实践能力，增强就业竞争力。

（5）开展境内外合作，选拔优秀学生到欧、美、亚等国家交流、学习和工作，拓展国际视野，把国外先进的教育思想、观念和方式与中国国情结合，嫁接出更为适用的、更加科学的教育方式。多元化的人才培养路径为学生自主学习和自我发展积极营造良好的制度环境和资源平台，充分体现因材施教、能力培养、彰显个性的人才教育理念。

四、加强高水平教师人才队伍建设是高等财经教育内涵式发展的基础性和战略性工作

要提高教师的待遇和地位,创造良好的工作和生活条件,解除教师后顾之忧;要通过优秀教师的评选、奖励以及在教师晋升职称、工作量核算方面的加分政策,激励教师不断向德业双馨的目标努力;要提高教师业务水平、改善教师知识结构,通过定期安排中青年教师到企事业单位锻炼,提高中青年教师的业务实践能力;要通过建立与世界一流大学、知名国际教育组织和机构多途径、多形式的合作交流机制,学习和借鉴外国先进经验,积极选派优秀教师出国研修,培养教师的开放意识和思维,提高高校的国际影响力,努力使教育和学术与国际接轨;要积极实施人才强校战略,通过引进人才扶植政策,吸引国内外优秀人才,同时坚持引进与培养并举、质量与规模协调发展;要大力培养年轻拔尖教师,实施青年骨干教师培养计划,鼓励攻读博士学位、国外访学、研修,着力培养教学与科研拔尖人才和未来领军人物;要开设学术讲堂,举办专家论坛、名师论坛、企业家论坛、博士论坛等活动,打造校园学术文化交流标志性成果和品牌;要建立教学激励机制,推进教学研究,交流教改经验,展示优秀教师风采和水平,促进教学内容与教学方法的改革,多措并举,培养一支规模适度、结构优化、素质精良的师资人才队伍。

五、通过实践教学全面培养学生的综合实践能力

启动本科专业仿真模拟实践教学模式改革,建立理论教学与实践教学合二为一、校内实践与校外实践功能互补、第一课堂与第二课堂融会贯通、校企合作研学一体的四年不断线多元化实践教学育人体系;按照校企共建的思路,整合优化资源,与银行和证券公司合作建立模拟银行、模拟股市,建立银行与金融风险分析、数字处理模拟财务、国际商务模拟、服务营销等财经类专业实验室,为开展实验教学改革、培养学生实践能力提供强有力的硬件支撑;加强与工商业界联系,以互动共赢为平台推进与企事业单位长期稳定的合作,以多种形式建立各类研学和实习基地,为教师和学生参加社会实践、开展专业实习提供社会资源,支持和满足实践教学需要;积极吸纳政府部门和企事业单位参与学校的人才培养,聘请其管理人员及专业技术人员做学校的兼职教授,担任学生社会导师,开设实务性课程或讲座,把丰富生动的实践经验和案例送进课堂;鼓励专职教师到政府部门和企事业单位兼职锻炼,把自身获取的鲜活的社会实践经验和案例带回课堂,同时建立功能性四年不断线校外实习制度,提高学生解决实际问题的能力和业务操作技能。

六、保证人才培养和社会需求间最大限度的契合

通过与用人单位建立定期的交流制度和反馈体系,收集用人部门对人才培养的需求信息,根据社会对财经类人才培养的需求变化以及对专业人才的业务素质、知识结构、专业技能等方面的具体要求,及时调整人才培养方案和培养途径,调整和设置专业方向,制订人才培养方案。与此同时,充分有效地借助企业和社会的资源及能量,部分专业课程直接由企业的经营管理者或技术骨干承担和讲授,并且鼓励他们积极参与教学管理和改革。一方面,企业为高校提供实习锻炼条件、指导教师、资助经费并设立奖助学金;另一方面,学生按照企业要求,直接进行岗位技能的培训与实践。最终结果使企业和社会在培养学生的各个环节和方面深度介入,企业培养所需的专门人才,而学校则积累专业建设、师资建设和教学改革经验,扩大社会影响,从而形成企业和学校共赢的良好局面,实现人才培养与企业需求的"零距离对接",以利于符合现代产业体系需要的财经专业的高端应用型人才的产生。

七、努力建立行之有效的人才培养模式改革的制度保障体系

以教学单位教学工作动态考评为抓手,完善教学质量监控系统,在坚持校外教学督导专家听课、院系领导沙龙例会、学生推选教学监督员、学生评教、教师评学等做法的基础上,通过对教学单位师资队伍与课堂教学质量建设、课程建设与专业建设、教学研究与教材建设、实践教学、教学管理、考风考纪、批评与整改工作等方面的考核,在学校内部建立教学质量监控的长效机制,使人才培养过程自始至终处于有效的监督和控制之下,向着确定目标有序运行。另外,还要努力建立包括拴心留人、奖励骨干人才的基金制度,打造学科优势和培育学科带头人的激励制度,保证教学水平、把好教师上岗关口的教师上岗资格认定制度,督促教师不断提高教学质量的学生遴选教师的约束机制,帮助中青年教师提高业务水平、改善知识结构的青年学者学习培训和继续教育制度,鼓励人才脱颖而出的优秀学生奖励制度,促进学生知识、能力、素质协调发展的学生综合测评制度等在内的高校评价制度体系,最大限度地调动教师和学生的教学积极性、主动性和创造性。

高校的人才培养模式改革是一项适应高等财经教育内涵式发展需要的开放性系统工程,要向社会开放、向多学科开放、向教师开放、向学生开放,要吸纳社会要素、多学科资源和师生共同参与,要坚持以人为本、求实创新的教学理念,努力实现创新和构建高素质应用型人才培养模式的目标,推动高等财经教育内涵式发展。

参考文献

[1]刘延东. 深化高等教育改革,走以提高质量为核心的内涵式发展道路[J]. 求是,2012(10).

[2]曾宪文,李宪武. 高等教育规模扩大、逻辑成长与发展阶段研究[J]. 当代教育科学,2009(3).

[3]张大良. 提高人才培养水平 推进高等教育内涵式发展[J]. 中国高教研究,2011(5).

[4]刘朝马等. 内涵式发展战略思考[J]. 高等教育学刊,2008(1).

[5]冯瑞侠. 试析高校内涵式发展中的学风建设[J]. 吉林省教育学院学报,2009(1).

[6]乔万敏,邢亮. 论大学内涵发展[J]. 教育研究,2009(11).

[7]王英杰. 美国高等教育的发展与改革[M]. 北京:人民教育出版社,1993.

[8]国家中长期教育改革和发展规划纲要(2010～2020 年).

7. 面向行业的物流金融管理专业人才 CO-OP 合作培养模式探索研究[1]

工商管理学院 王晓光　　郭湖滨　　汪元锋　　邹仲海

一、引言

物流产业是一个跨行业、跨部门的复合型产业,物流管理专业具有很强的地域性和行业性,各高校物流专业人才培养上的最大差别就在于面向行业的不同。物流专业人才培养应根据具体情况,明确学生的服务区域和行业,面向行业开设专业课程体系,而不是面向整个产业。通过我们对物流管理专业教学改革实践相关研究的综合分析,从目前国内已开设物流管理专业的 380 多所本科院校情况来看,受限于时代背景,大多数院校的专业定位都比较模糊和普通,各高校定位雷同,缺少专业服务市场区域和行业影响力定位。物流管理专业教育中普遍存在着培养目标不明确、培养方向缺乏特色、人才培养模式上岗位定位不明确、培养目标面向行业过多的弊端,以至于培养的毕业生似乎无所不能,但实际情况却是缺乏核心竞争力。因此,高校如何结合自身资源状况,明确人才培养目标,结合物流专业的学科特点,制订科学合理的人才培养方案,创新人才培养途径和模式,创造具有自身特色和专业技能的应用型物流管理人才培养模式,已成为物流管理专业建设的重点。

二、研究背景

物流管理专业是随着我国物流业的快速发展而成长起来的一门新兴学科,

〔1〕 基金项目:教育部人文社会科学规划基金项目资助(09YJA630097);上海市教委科研创新重点项目资助(11ZS183);上海市高教学会项目(ZCGJ106—09)。

近年来得到了较大的发展。为了更好地适应社会的发展变化，我校审时度势，秉承"三型一化"的人才培养目标，于 2007 年成功申报物流管理专业，并连续 5 年共计招生近 260 人，现有毕业生三届，其中 2/3 以上毕业生一次签约到金融机构或大型物流企业从事金融工作，受到用人单位的好评。

在物流业务中，基础性的物流操作如仓储、运输，其利润率已经越来越低。物流的主要利润来源已经转向各种增值服务。物流金融作为一种新的赢利模式，正在成为业内关注的目标。"未来的物流企业中谁能掌握金融服务，谁就能成为最终的胜利者"——这是 UPS 的发展战略之一，目前物流金融已经成为该公司第一位的利润来源。全球最大的船公司马士基等跨国物流公司依托良好的信誉，在为发货方和货主提供物流服务的同时，也提供金融性服务，如开具信用证、仓单质押、票据担保、结算融资等，不仅吸引了众多客户，而且在物流金融活动中还创造了可观的利润。

当前，上海国际金融中心和国际航运中心建设取得长足发展。上海国际金融中心和国际航运中心的建设对金融和航运物流专业的人才需求十分殷切。推进上海"两个中心"建设的诸要素中，金融人才是其核心要素。上海现有金融人才资源在质量和结构上还难以满足国际金融中心和国际航运中心协同发展的需要。资料显示，具有国际水准的航运物流和金融复合型人才人数，上海还不到伦敦的 1/4，相比之下，上海的复合型金融人才仍存在较大缺口。按照上海金融业"十二五"规划，到 2015 年，上海市金融人才总量应该达到 32 万人左右，其中支持上海产业结构转型升级的复合型金融专业人才尤其匮乏，尽快建立起适合物流金融复合型人才培养体系则更为关键。

因此，依据上海金融学院的整体定位，通过与物流企业、金融机构的合作，及时跟踪上海"两个中心"建设对人才需求的变化，主动适应经济社会的需要，根据学校的办学条件和行业背景，前瞻性地设置物流金融管理专业方向，在物流金融管理的专业培养目标、人才培养方案、职业能力描述、课程体系结构、专业学习指南、教材建设、教辅资料、师资队伍建设、管理制度等方面建立标准。探索建立面向上海"两个中心"建设的物流管理（物流金融专业方向）本科能力结构、课程体系和理论与实践教学形式，以及体现金融行业 CO-OP 特色的物流金融管理人才培养模式，具有重大现实意义。

三、现有物流管理专业人才培养模式存在的问题

目前的物流管理本科专业教育中，物流管理专业人才培养模式存在的问题主要有以下几个方面：

(一)专业培养定位不明确

通过对物流管理专业教学改革相关研究的综合分析,从目前开设物流管理专业院校的培养目标来看,专业定位缺乏特色和创新性。受限于时代背景,专业定位比较模糊和普通,与其他高校定位雷同化,缺少专业服务市场区域和影响力定位。在人才培养规格与培养模式上也没有一个清晰的发展思路。大量存在着培养目标定位模糊、面向行业过多、学校特色淡化、岗位定位不明确的问题。各物流管理专业几乎都存在培养目标面向行业过多的弊端,以至于培养的毕业生似乎无所不能,但实际情况却是毕业生缺乏核心竞争力。

(二)专业特色课程不明显

从物流管理专业的主要课程来看,各院校的培养方案制订过于宽泛,侧重点不突出,缺乏行业特色。在设置课程时力求面面俱到,覆盖整个物流产业,贯穿整条供应链,直接导致了课程明显缺乏学校特色。课程设置思路表面上看是针对物流产业,实际上并没有针对具体行业,直接导致学生知识结构雷同,有广度而没有深度,缺乏专业培养的特色。

(三)实践环节比较薄弱

物流专业本身的操作性和实践性非常强,因此在物流管理专业课程设置中,对实践教学工作提出了特别高的要求。一些高校在实践课程的安排上,设置了较多的诸如学年论文、社会调查等环节,学生在实践过程中难以真正地将所学理论知识在实践中得以应用。同时,由于物流管理专业多设在文科院系,很多学校的物流实验室建设滞后。同时,部分高校不能建立物流实习基地,导致物流专业学生没有到企业实践训练的机会,校外实践课程的安排也无法实现。

四、面向行业的物流金融管理专业人才 CO-OP 培养模式

(一)树立面向行业培养人才的指导思想

1. 以企业市场需求为导向,调整人才培养目标

培养目标是设计物流专业人才培养方案的依据,要界定好人才培养目标,就必须审视本专业学生的就业岗位群以及应具备的各种知识和技能。物流专业培养目标应根据物流专业人才的职业层次、就业岗位群等方面来确定,以保证其更具专业的针对性和应用的广泛性。由于对培养目标的认识偏差,各院校对物流管理专业毕业生岗位定位也是大同小异,毕业生基本上是全知全能,能够从事物流产业的所有岗位的工作。但在就业过程中,物流管理专业毕业生往往没有竞争力。探索体现金融行业特色的物流管理人才的培养目标体系、知识基础结构体系、能力模块系统结构体系和课程体系设置,加强与金融相关产业

和领域的发展趋势和需求研究,搭建体现金融行业特色的物流管理专业人才培养方案。物流金融人才的培养目标定位要从专才向通才转变,从偏重理论向理论与实务并重转变,从专业知识型向综合素质型转变,培养具有一定经济金融理论基础、物流专业知识、法律知识和创新开发能力的人才。

根据上海建设国际航运中心和国际金融中心的目标要求,我校物流管理专业培养模式应结合自身资源状况,力求实现金融与物流的交叉融合,在学科专业交叉融合中发展特色,创造出具有自身特色和专业技能的应用型物流管理人才,把物流管理专业建成服务经济发展需要的物流金融行业特色鲜明的专业,形成体现金融行业特色的应用型物流管理人才培养模式,满足上海乃至长三角地区物流产业链发展的人才市场需求。

2.优化教学培养计划,理顺课程关系

物流专业的发展离不开教学水平和教学质量的提高,而教学水平和教学质量的提高要以课程设置的科学性、合理性和系统性为基础。在进行体现金融行业特色的物流管理专业课程设置时,在借鉴知名高校专业课程设置特点的基础上,对本专业课程设置进行科学、系统的规划,并着力突出特色。

要探索构建体现金融行业特色的物流管理专业人才的课程体系设置,搭建内容合理、针对性强的专业课程体系结构,提出体现金融行业特色的物流管理专业人才培养总体方案。加强金融与航运的有机结合,既要注重经济金融理论的培养,又要注重航运相关专业知识的教学,以航运金融业务为核心,设置相关的金融课程,如造船融资、船舶租赁、港口建设融资、外汇业务、航运期货、海上保险、资金结算、航运价格衍生产品等。还要注重金融学与其他相关学科间知识的交叉融合和相互渗透,加强金融学与数学、外语、网络信息技术、法学尤其是《海商法》的交叉融合和相互渗透,提高学生的综合能力。

3.改革实践教学方法,提高教学效果

开展专业课程教学方法与手段改革的研究与实践,进行课程的重组与改造,积极推进双语教学。加强新教材建设,开发教学辅助资料,收集整理教学案例,加强国外优秀教材的引进和使用,提升教学质量。有针对性地开展体现金融行业特色的专业教学改革,合理安排课堂教学和实践教学环节,进一步加强实验、实践教学,完善实践教学体系。革新教学方法与教学手段,提高教学效率。传统的教学模式抑制了学生学习的主观能动性和积极性,不利于创新能力和实践能力的培养。因此,在教学中要摒弃一些不合理的教学手段和方法,大力开展启发式教学、案例教学、情景教学以及计算机辅助教学等多样而先进的教学手段和方法,使学生参与到课堂中,提高学习的兴趣和思辨能力。

4.培养创业精神,注重校企合作

提升学生人文和科技素养,增强学生的创新能力和实践能力。加强校企合作建设实习基地,尝试校企合作办学模式。加强与金融机构、航运企业的联系,实行开放式办学,邀请企业加入办学行列,加大人才培养与改革力度。在实践教学中所采取的校企合作、工学交替、顶岗实习、案例教学、演示教学、模拟实训等教学手段和方式,能够充分发挥学生的主体作用,调动学生的学习积极性,提高人才培养质量。加强校内外实习实训基地建设、双师结构教师队伍建设、课程与教材建设,金融业、航运业定期选派有丰富实践经验的人员到学校为学生授课,共同培养航运、金融所需的复合型人才。

(二)立足企业现实,优化设置专业课程体系

1. 课程建设目标

立足于物流企业现实,借鉴国内外先进教学成果,以现代教育技术为支撑,以其他院校和其他专业的精品课程为标杆,在现有基础上将课程建设成为市教委重点课程,实现教育资源的共享,提高整体教育质量。具体目标如下:

(1)重视教师队伍建设,资助青年教师接受高水平的出国留学和参加各种专业教学技能培训,培养高水平的教师队伍。

(2)积极进行教材建设并及时总结物流学领域中的最新研究成果,形成科学合理的教学内容,力争在未来使用自己编写的教材。

(3)充分利用现代教育技术以及物流学课程网站丰富的课程资源和灵活的资源平台,使用高水平的教学方法和教学手段,不断提高教学效果。

(4)借鉴其他院校的评价、激励机制,完善教学管理机制和质量保障体系。

(5)积极参加校际课程交流活动,借鉴其他院校的有益经验,通过教学管理机制的建设,促进教学水平的提高。

(6)以现有的教师队伍、教学内容、教学方法、教学手段和教学管理机制为基础不断创新,资助教学改革的研究和实施,不断提高教学质量。

(7)通过努力,争取申报上海市精品课程。

2. 课程建设内容

物流管理是经济类、管理类及相近专业的一门专业基础课。它是综合运用所学数学、管理等基础知识,分析和解决流通领域中运输、仓储、采购等各个环节问题以及做好环节之间相互协调发展的一门课程。其教学内容主要分为理论和实践两部分,理论部分重点讲述了运输管理、仓储管理、包装、装卸搬运、采购管理、配送管理、信息管理、供应链管理、第三方物流管理等基本理论知识,能够令学生更加深入地理解物流管理的具体环节,并配有实验和实地参观、实习等相应的实践内容,形式多样,充分提高学生的动手能力和创新能力。

使学生在以下几方面的能力得到训练:

（1）物流管理是一门多学科相交叉的科学，它涉及管理学的基本理论、计算机基础知识等内容。为体现我校金融特色，将在内容中介绍物流金融知识。

（2）结合学科前沿，让学生了解目前物流学的发展状况，同时补充了许多现阶段社会部分紧缺人才的资格教育的内容，比如采购师、物流师等，让学生在更多方面能够掌握与社会、企业紧密相关的内容。同时，在教学过程中，结合国家最新的政策、法律法规来保证教学内容与时代的不脱节。

（3）物流管理需要学生对每个环节必须有一个非常清晰的认识，所以在教学过程中，通过大量的图片展示，丰富教学内容，增大信息量。

（4）为了能充分了解物流的一些过程，在物流学的讲授过程中，有视频演示，通过演示，让学生了解整个过程的运作，为理解书本理论知识提供保障。

（5）编写案例集，选择有代表性的物流学运作案例进行讲解，使学生对所学的内容更加清晰、透彻地了解。

（6）配套物流实验讲义，根据物流学课程特点，密切结合课堂教学内容设计实验。让学生对仓储中心进行模拟仿真，对第三方物流管理系统进行模拟实践。

（三）针对学科特点，改革创新教育教学观念

1. 加强实践教学环节

针对物流管理的学科特点，我们采用课堂教学、上机模拟、案例分析、专题讲座以及社会实践等多种教学方法。借助企业具体案例以及物流设计与分析软件的有机结合，加强实践教学，高度重视实践教学环节。教学内容与生产、市场和社会实践相结合，建立和完善融理论与实践为一体的课程体系，将实践教学作为培养目标的重要方面，保证实践教学时间，培养学生的实践动手能力、分析并解决问题的能力和创新的能力，缩短大学课堂教学与实际工作的差距，提高学生的职业素养、职业能力，增强就业竞争力，切实提高实践教学的质量。

2. 引入典型企业案例

在课堂教学中，要精选具有充分代表性、源于实际问题的典型企业案例，通过讲解这些从实践中抽取并经过精心改造和设计的企业案例，让学生逐步地掌握物流学处理问题的方式方法，逐步地建立起学生应该掌握的物流学理论知识框架。

3. 应用现代化教学手段

同时，我们采用传统的课堂教学与现代化多媒体教学相结合的方法，课堂上采用电子教案与黑板板书相结合的方式，并根据课程内容的需要穿插一些动画、声音视频，充分调动学生的学习兴趣。此外，通过课堂提问、测试、作业、课堂讨论等方式实现教师与学生、学生与学生之间的互动，活跃课堂气氛，提高课堂的教学效果。

（四）以实践为导向，深化课程教学内容

在教学内容组织方式上，考虑到本课程的强烈的实践导向，我们在教学过程中从以下几方面入手深化教学内容，具体做法有：

1. 加强校内实训

本课程虽然并不要求学生熟练操作各种业务，但需对基本业务流程、常用物流设备和设施有基本的认识，属认知性实习。

2. 物流企业调研参观

利用良好的产学研合作，组织学生到合作企业参观、调研，了解物流活动现状，加深对理论教学内容的理解。

3. 校外行业专家讲座

通过聘请专业指导委员会的委员和其他物流行业专家到学校给同学开讲座，并与同学双向交流，使学生学到企业物流运作的成功经验和方法。

4. 案例分析与设计

教师对案例分析课进行充分的设计，并向学生下发有关管理案例资料，然后组织学生分组讨论，教师进行巡回指导。由学生根据要求进行口头或书面解答，或在黑板上进行演示，由教师进行点评和总结。通过案例分析，提高了学生分析问题、解决问题的能力，也培养了学生团队合作精神。在某些案例中，加入录像片播放，以使学生更直观、更形象地把握案例的内容。最后由学生结合实际企业物流管理运作过程中的实践，并在课堂上进行交流、分析和讨论，以提高学生管理运作能力。

5. 参加物流竞赛活动

如"挑战杯"、"宝供物流全国奖学金申请竞赛"、"全国大学生物流设计大赛"，并进行调查总结。

（五）以学生为核心，改进课堂教学方法

课堂教学方法改进的目标是：以调动学生学习积极性为核心，以参与式、体验式、交互式和模拟教学等实践教学为基本形式，建立纸质、声音、电子、网络等多渠道、获取式的教学方法体系。改变以课堂为主的灌输式教学方式，增强学生学习的自主性和创造多元化的教学渠道。

1. 以多媒体为基础教学平台，以网络为载体

以多媒体为基础教学平台，通过实地调查、精心总结案例、及时更新教学内容、深化案例分析等，以持续地保持教学内容的先进性、新颖性和金融特色，提高教学内容更新的频率，扩大教学信息量并提高与教学内容最新发展接轨的速率。

2.建立多渠道获取知识的教学体系

课程组将改变传统教育中"满堂灌"的教学方法,鼓励学生自主学习,在教师指导和宽松学习的条件下,实施多渠道获取知识的教学方法。如在现有教学学时的情况下,适当布置一定的自学内容,鼓励和引导学生课后自学,然后通过让学生在课堂限时讲授的方式激发学生的学习兴趣,实际效果很好。

3.创造多种形式的互动式课堂教学

在课堂教学中通过提问、交流,以启发、讨论等教学方式,增强师生间教与学的互动性,达到既能调动课堂学习气氛,又有利于促进学生主动接受信息、理解教学内容的效果。

4.将案例教学渗透于教学全过程

在每章内容结束后,都会安排案例分析培养学生理论联系实际的思维方式,通过案例分析和讨论,可有效地增强学生分析问题和解决问题的能力;每一讲都安排有复习要点及复习思考题,帮助学生更好地预习,加深对课堂教学内容的理解。

5.开发网络教学资源,为学生提供良好的自主学习环境

课程组充分利用计算机网络资源,正在逐步建立网络课堂,为学生创建自主学习的环境。该网络课堂为学生提供了交互式的学习环境,学生将可通过多媒体网络课件进行自学和自测,达到课前预习、课后复习的目的。借助多媒体网络课件,学生的自学、自测基本不受时间和地点的限制,方便了学生的自主学习。网络课堂将主要包含如下内容:授课教案、电子课件、教学录像、习题集、在线测试、试题库、案例集等。还将建立与学生教学互动的机制,教师可以在此给学生发布课件、收发作业、浏览学生留言、及时回答学生的疑难问题,实现课堂教学与网络教学、课内学习与课外学习的有机结合。基于多媒体网络的自学自测、课堂教学、实验课和习题课的有机整合,将形成立体化的学习环境,激发学生的学习兴趣,促进教学效果的提高。

五、结论

物流金融管理创新人才的培养,应依据社会需求,根据物流行业对毕业生知识和能力结构的要求,探索体现金融行业特色的物流管理专业人才培养目标体系、知识基础结构体系、能力模块系统结构体系和课程体系设置,搭建体现金融行业特色的物流管理专业人才培养总体方案。教学内容要高度关注行业发展动态,努力保持人才培养的适应性和前瞻性,形成与行业发展挂钩的有效机制,吸引金融行业和用人部门来共同研究优化物流管理专业人才培养计划,形成金融与物流行业产学研的良性互动。加强与金融相关产业和领域的发展趋

势和需求研究,形成有效机制。通过体现金融行业特色的物流管理专业教学的改革,形成体现金融行业特色的物流管理本科专业人才培养模式,造就善于运用现代信息手段、精通金融业务、懂得物流运作规律的专门人才,对于解决物流金融人才短缺具有重大的现实意义。

参考文献

[1]王晓光等.物流金融复合型专业人才培养途径与模式创新.CEIT2011,258—260.

[2]王晓光等.大学生创业教育的问题与改进措施.ICASS,261—264.

[3]周鑫等.国内不同类型高校物流管理专业设置比较分析[J].航海教育研究,2007(2).

[4]徐天亮.本科物流类专业设置体系与培养分工[J].高等工程教育研究,2002(2).

[5]Britta Gammelgaard,Paul D. Larson. Logistics Skills and Competencies for Supply Chain Management[J]. *Journal of Business Logistics*,2001,22(2):27—50.

[6]Paul R. Murphy,Richard F. Poist. Educational Strategies for Succeeding in Logistics:A Comparative Analysis[J]. *Transportation Journal*,1994,33:36—48.

8. 基于多维实践教育体系的电子商务 CO-OP 人才培养模式研究

信息管理学院 刘 岚

随着网络经济及信息技术的快速发展,越来越多的企业将开展电子商务作为提高自身竞争力的手段之一,电子商务逐渐成为 21 世纪企业的主要经营方式之一。然而,据上海市劳动就业保障部门的统计,上海市"十一五"期间有 20 万的电子商务人才需求,这一现象与我国高等教育的不断扩大形成了极大的反差,导致该现状的主要原因之一就是当前国内高校培养的电子商务专业人才不能够满足市场需求。因此,高校电子商务专业人才培养模式的教育教学改革势在必行。

CO-OP(Cooperative Education)即"合作教育",是一种"与工作相结合的学习"(Work-Integrated Learning),该模式起源于 20 世纪初的美国。CO-OP 旨在消除教育与劳动力市场之间的隔阂,通过动员社会各界关注就业群体的就业来实现减少教育与就业之间的矛盾,它是基于学校、用人单位与学生三方之间的一种合作关系。通过 CO-OP,学生可以把课堂上的理论知识与工作中的实践经验结合起来,将理论知识应用于工作实际中,并将工作中遇到的问题和积累的经验带回课堂,进而促进自己对专业知识、专业技能的深入理解和掌握,使得学生毕业后步入职业生涯伊始就有一定的工作经历和经验,能够更好地适应社会环境和岗位要求。

一、国内外 CO-OP 人才培养概况

(一)国外 CO-OP 人才培养概况

CO-OP 模式在国外有近 100 年的历史。其中,美国许多院校都有 CO-OP 教育计划,例如,排名全美百强的东北大学早在 1909 年就创立了全美第一个

CO-OP教育计划,首开合作教育之先河,为在校学生提供遍及全美国乃至世界许多国家和地区多达上二家名企的带薪实习工作机会,其中的知名企业有联邦银行、英特尔、苹果、宝洁、耐克等。东北大学 CO-OP 教育框架为:大一新生全时在校园课堂内从事学科学习,在此后的四年则按学期(一年分 4 个学期)将课堂学习与在岗工作实践交替平行安排。另外,全美排名前列的匹兹堡大学、马凯特大学、雷德赛尔大学、戴顿大学、罗切斯特理工大学以及艺术类专业强校辛辛那提大学等也提供 CO-OP 教育科目。

英国的 CO-OP 教育模式主要是全国性的教学公司(Teaching Company)。由教学公司出面组织由高校和企业界共同参加的科技协作项目,使得高等教育界和产业界之间建立起比较稳固的协作渠道,有利于推动学校课程设置和内部管理体制等方面的突破性改革。此外,通过大学和企业开设"合作课程"而形成的联合培训方式,即企业和大学共同参与课程设计、指导、教学评估过程,课程所需设备费用也由双方共同承担;也有校方与一批国内外知名企业建立战略合作伙伴关系,安排学生到知名企业实习、兼职,旨在培养学生的学术能力并使其在今后的国际化环境中有竞争优势。

加拿大 Algonquin 学院为计算机、材料管理、国际商务等专业提供了 CO-OP 课程,并将 CO-OP 作为学院专业培养计划的一部分。针对计算机类不同学制的专业,CO-OP 的时间从 6 个月到 18 个月不等。学生完成一定的专业知识,通常是一学年后,开始第一阶段的 CO-OP 教育,学生获得 CO-OP 教育机会则要经过申请、资格审查、课程培训、递交简历、面试等程序。

(二)国内 CO-OP 人才培养概况

国内高校 CO-OP 人才培养计划大多借由校企合作机制展开,积极推进学校与政府机关、科研院所、企事业单位的合作,取得知名企业支持,建立校企合作机制,吸收业界人士参与学生培养方案制订和人才培养过程,参加对学生实践活动的指导,加强学校教育内容对于社会需求的适切性。通过与企事业单位、政府机关合作,搭建一系列实践基地,如产学研实践基地、教学实践基地、社会实践基地等。但是,在我国的校企合作 CO-OP 计划中,只有少数大学能够与企业建立起投资大、效益高、领域宽的自主合作。企业大多注重短期效益,不愿进行长期投资,因此存在着"应用领域项目多,合作教育与基础研究项目较少"的问题。双方在寻求合作的主动性、投资金额、合作领域、合作效益以及组织管理形式上与国外 CO-OP 存在较大差距。

二、国内高校电子商务专业实践教学现状

电子商务是自然科学与社会科学相互交叉、科学与技术相互渗透而形成的

一门新兴学科,是一门实践性、应用性极强的学科,它不仅要求学生掌握电子商务专业基本的理论知识,还要求学生具有较强的实践动手能力。

然而,我国高校电子商务实践教学却普遍存在以下问题:

第一,实验、实习、设计等实践性教学环节教条化。目前高校的实验、实习、设计等实践性教学环节大多是对理论的知识验证和重复,学生缺乏对电子商务企业具体业务流程的认知;随着信息技术和电子商务应用的发展,高校实验室的软、硬件投入相对滞后,学生的实验环境与实际的电子商务应用环境存在较大的差距;有些课程设计和毕业设计与学生实际技术能力存在差距,导致学生积极性不强。

第二,校企合作的产学研基地项目涉及学生参与的机会较少。目前高校大部分校企合作的产学研项目的参与者多局限于高校教师,极少有学生参与产学研项目的机会,使得电子商务专业学生缺少参与电子商务理论与实践活动的机会,不能以感性认识来接触与电子商务实际相关的问题,对专业的认识仍然停留在理论层面,在创新思维和动手实践能力上的锻炼有所欠缺。

第三,实验教学、生产实习、课程设计以及产学研的研发中心各自发展,互不协作。实验教学、生产实习、课程设计以及产学研应该是一个系统的实践过程,然而在高校电子商务教学过程中,四者之间缺乏一定的连贯性,有时候授课教师也缺乏这方面的引导,使得学生在学习过程中对自身能力的培养也没有一个具体的认识。

三、多维实践教育体系下的电子商务专业 CO-OP 人才培养

(一)电子商务专业多维实践教育体系的构建

要培养电子商务专业应用型人才,首要任务是建立一个合理、完善、高效的多维实践教育体系,该体系通过有机整合校内实践环节(实验、课程设计)、校外实践环节(专业实习)和校企产学研三个实践环节,形成由校外生产实习基地、校内实验室和校企联合研发中心共同组成的,面向电子商务专业学生的,多角度、多层面的学生专业实践平台。通过该多维实践教育体系,可以不断提高电子商务专业学生的专业技能和综合素质;同时,还能够充分发挥电子商务的专业优势,鼓励引导学生创新创业,拓宽就业途径。

(1)通过对电子商务人才需求现状的调研,确立高校电子商务专业正确的人才培养目标,改进现有的实践教学课程大纲,并在创新创业思路开拓和能力培养方面给予一定的指导。

首先,在电子商务专业人才培养方案中,设置系列化创新创业课程(包括必修与选修)。

其次,在电子商务实践教学过程中,对创新创业思路和实施进行拓展和引导。

(2)针对电子商务专业学生实践能力的培养,在第二课堂活动中有层次地设立一系列实践能力训练计划,并以学分的形式将其纳入电子商务应用型人才培养方案。

例如,将学生课外科技活动、学科竞赛、思想素质教育、讲座、社团活动、理论与人文类竞赛活动、文艺体育活动、社会实践活动、职业技能培训等第二课堂活动整合形成"大学生创新创业训练计划",该计划应包含科研创新训练计划、创业训练计划、科技竞赛计划、人文素养提高计划和职业技能培训计划五方面内容,以学分形式纳入应用型人才培养方案,作为学生大学四年专业学习的必修学分。

(3)通过校级课程内实验(实训)课程、专业实验室建设来加强校内实践效果。

首先,校级课程内实验(实训)课程有实验大纲、实验计划、实验步骤,通过教学团队对实验课程的建设,针对知识点和实践能力合理地将实验分为操作型、验证型、设计型和综合创新型四类,并有配套的实验指导手册和参考实验教材。

其次,电子商务实验教学是对电子商务理论的再现与应用,是学生对理论与实践相结合的最方便的体验。只有通过实验,才能加深学生对电子商务流程和实现机制的认知,提高学生的电子商务技术应用能力,培养学生综合运用电子技术进行商务运作的能力。

(4)通过校外实践(专业实习)增强学生对电子商务企业真实实践活动的了解和实践能力的培养。

校外实践是指学生实地从事一项调查研究或电子商务实践活动,目的是增强学生对电子商务实践活动的了解,锻炼学生的协调能力、沟通能力和对理论知识的综合运用能力,培养学生的专业素养。它是培养学生认识和观察社会、训练应用能力和操作技能的重要教学环节,是素质教育的重要手段。它不仅要求学生对本专业所学知识和技能进行综合运用,而且使学生通过社会实践,进一步提高其分析问题和解决问题的能力。我校电子商务院系针对校外实践制定了严格的校外实践教学大纲,对专业实践的性质和目的、专业实践要求、专业实践内容及形式、专业实践检查和考核、专业实践报告格式和内容都有具体的执行标准。

(5)加强校企产学研合作,通过教师深入电子商务企业挂职锻炼、企业见习和教师科研项目的产学研合作方式,教师承担社会实务工作,掌握工作流程和操作技能,主持或参与应用研究、产品研发等。通过校企产学研合作,可以提高专业教师教学水平,增强实验实训课程实践的指导能力以及学生第二课堂活动的指导能力。

(二)基于多维实践教育体系的电子商务 CO-OP 人才培养模式

多维实践教育体系中强调的是将校内实践环节(实验、课程设计)、校外实践环节(专业实习)和校企产学研三个实践环节有效整合。我院在进行多维实践教育体系教学改革过程中,着重在电子商务专业 CO-OP 人才培养模式上进行了初步的探索和尝试。我院电子商务专业 CO-OP 人才培养模式是由电子商务行业与高校各自依托自身优势,联合培养高素质、高技能电子商务应用型人才,具体表现为教学计划的 CO-OP、教学内容的 CO-OP、教学过程的 CO-OP、教学评价的 CO-OP。

我院电子商务专业 CO-OP 培养计划着重把课堂学习与电子商务领域真实工作体验相结合,学校学习与行业实践交替进行,即学生在修业年限中交替完成在校专业理论学期和在岗实习实践工作学期,其中工作学期总时长不低于 8 个月。CO-OP 课程体系分为专业课程、实践课程两大平台,每个平台上均包括必修课程模块、选修课程模块。其中专业类课程包括专业基础课程、专业综合课程。实践实习领域课程分为实验、实训、实习、实践四个环节,学生全程参与理论实验实训、工作实习实践,并面向电子商务企业实务完成毕业论文。

合作企业(专业实习基地)全程参与教学过程,包括培养计划、教育计划的制订,例如电子商务发展、电子商务运营环境基础知识、整合网络营销的一站式电子商务平台构建、SEO 初级(高级)知识培训、网络营销推广基础知识概况(初级/高级)等课程的开发、教材的选用、课程的讲授、课程的考核等关键性环节。授课过程中注重实务性案例教学、情景教学、诊断式教学,课程理论学习与实验实训结合,贯彻"干中学、学中干"的原则。

学院与合作企业(专业实习基地)联合成立 CO-OP 管理及评价中心,建立完善理论实践双向评价反馈机制,学生顺利完成本计划后,除获得教育部统一颁发的学位和学历证书外,还将获得 CO-OP 教育资历证书。在师资配套方面,实施"双导师"指导制,为每位 CO-OP 学生配备专业指导教师及行业指导教师,分别由学校选派优秀教师、合作企业(专业实习基地)选派资深员工担任。

我院电子商务专业 CO-OP 培养计划的具体实施举措为,在学生进入第三学年时,暑期启动带薪实习培养计划,根据企业提供的业务模块,实习期可以贯穿整个第三、第四学年,实习基地在与校方共同明确 CO-OP 人才培养模式的前提下,提供电子商务专业相关岗位,学生通过一系列的培训后上岗实习,并由企业根据具体岗位要求对学生进行指导和考核，以确保企业实践的有效性。实习结束以后，考核优秀的学生可以优先在毕业以后与实习基地签约。

经过学校与合作企业（专业实习基地）深入研讨，从第三学年起，执行项目教学计划，见表 8.1～表 8.3。

表 8.1　　　　　　　　　电子商务专业 CO-OP 班实践教学安排表

课程模块	实践名称		学分	周数	按学年及学期分配			
					第三学年		第四学年	
					第5学期	第6学期	第7学期	第8学期
实践必修课	实践实习课程	电子商务商铺规划	2	17		√		
		E2M 联盟推广	2	17			√	
	企业实习一		3	4	√			
	企业实习二		4	8		√		
	企业实习三		6	17			√	
	毕业实习		6	17				√
	毕业论文（设计）		10	8				√
实践选修课	综合实践	第二课堂选修	4		√	√	√	√

表 8.2　　　　　　　　　电子商务专业 CO-OP 班课程学分比例表

课程平台	学分	占总学分比例	课程模块	学分	占所属平台学分比例	完成时间
通识教育平台	72	43.1%	公共基础课	62	86.1%	第一学年
			公共选修课	10	13.9%	第一学年
学科基础平台	26	15.6%	学科基础必修课	26	100%	第二学年
			学科基础选修课	学生自选，不计入总学分		
专业教育平台	32	19.1%	专业必修课	28	87.5%	第三、第四学年
			专业选修课	4	12.5%	第三、第四学年
实践教学平台	37	22.2%	实践必修课	33	89.2%	第三、第四学年
			实践选修课	4	10.8%	第三、第四学年
合　计				167		

表 8.3　　　　　　　　　　　　CO-OP 教育计划完成后可获证书

序号	证书获得	要　　求
1	管理学学士学位证书	完成本科 167 学分,平均绩点＞1.5,通过 CET4
2	电子商务从业资格证书(电子商务员、助理电子商务师、商业电子商务师执业资格认证、阿里巴巴电子商务证书等)	信息来源:国家职业资格工作网 通过相关考试科目
3	CO-OP 教育资格证书	毕业前完成 4 个工作学期不少于 8 个月的企业工作经历,成功完成 CO-OP 教育计划

四、总结

本文针对我国电子商务专业就业需求现状及高校电子商务专业实践教学中存在的问题,提出构建将校内实践环节(实验、课程设计)、校外实践环节(生产实习)和校企产学研三个实践环节有机整合的多维实践教育体系,结合国外高校 CO-OP 人才培养的成功经验,进行基于多维实践教育体系的电子商务CO-OP人才培养模式研究,具体包括 CO-OP 人才培养目标的确定、培养计划的制订(课程设置、CO-OP 组织管理架构、CO-OP 教学计划等),为高校电子商务专业应用型人才培养提供了思路。

参考文献

[1]吕成成.电子商务专业实践型人才培养模式研究[J].电脑开发与应用,2011(12).

[2]罗建宏.创新创业型人才培养视域下电子商务专业实践教学体系建设探索[J].科教文汇,2011(11).

[3]陈德人.创新创业型交叉学科专业的知识化探索与社会化实践[J].中国大学教学,2010(1).

[4]王岚,常志玲.电子商务专业实践教学体系建设的探索[J].商场现代化,2009(9).

[5]刘业政,杨善林,何建民.电子商务专业创新人才培养体系构建[J].合肥工业大学学报(社会科学版),2009,23(1).

[6]孙琼,林之林.借鉴英国创新人才培养模式 加强我国高校创新人才培养[J].沈阳教育学院学报,2011,13(5).

[7]丁廷桢,姜不居.美国高等教育的一面旗帜——东北大学 CO-OP 简介[J].清华大学教育研究,1998(1).

[8]王晓昕.构建新型校企合作模式 培养贴近市场的应用型人才[J].国家教育行政学院学报,2008(2).

[9]朱雅丽.注重实践,加强教育与劳动力市场之间的联系——Co-op 模式及其对中国大学教育的启示[J].科技资讯,2010(35).

9. 基于合作教育(CO-OP)的公共关系应用型人才培养模式研究
——以美国陶森大学公共关系合作教育为例

人文艺术系 曾琳智

21世纪以来,合作教育作为一项学术目标与实际工作经验相结合的人才培养模式,已经成为美国等匡外高校教育的重要组成部分。实践证明,合作教育是一种能让学校、企业、学三三方获得不同收益的培养模式,并在德国、日本、新加坡等国家得到了有效推广。而我国自 1991 年起,国务院也开始提倡产教结合、工学结合,明确了职业教育要实行产教结合培养模式,但因为各种条件的限制,我国在这一领域的发展还比较迟缓,合作的层面比较低,合作的稳定性、长期性还比较差,合作的效能还没有充分发挥出来,要求我们必须要进一步深化合作教育改革和研究。

美国是公共关系学的发源地,也是最早开设公共关系学课程的国家,其丰富的经验对于中国公共关系教学来讲,无疑具有极大的借鉴意义。而公共关系学是一门实践性很强的学科,任何领域都可能需要公关人才,作为合作教育研究的切入点非常合适,且由于本人曾在美国陶森大学公共关系系访学一年,亲历教学第一线,并就此问题对学校的管理者、教师进行了深度采访(in-depth interview),对学习公共关系课程的学生进行了网上问卷调查(survey)。故本文拟就陶森大学公共关系学课程的合作教育为例进行深度探析,以"窥一斑见全豹"、探索如何推进合作教育来实现三赢,为我国合作教育模式实施和公共关系应用型人才培养提供操作层面的借鉴。

一、公共关系合作教育教学模式分析

公共关系学是一门实践性非常强的学科,教学如果不能理论联系实践,学生学起来可能觉得枯燥而且对知识点不容易掌握。本人对陶森大学教授公共关系学(公关原理、公关战役、公关写作、媒介研究等)课程的 7 位教师进行了面对面的采访,问题设计从教师教育背景及工作经历、教学方式与媒介运用、教学互动三个方面提出了 25 个问题。采访发现,除一人之外都是博士学历,所有的教师都有过曾经在公关、新闻行业或者在非营利机构从事公关顾问等工作的经历,他们不仅能给学生提供生动的亲身经历案例,而且能给学生提供实习的平台和人脉。在教学媒介的运用上,教师一般会运用 PPT 和网络黑板(公告),PPT 和 YouTube 主要用于课堂教学,而网络黑板(公告)则用来给学生查阅老师的授课内容和作业。老师非常注重学生平时的作业,他们的作业比国内学生要多很多,而且老师对每次作业的要求都会作出非常细致的说明,让学生知道从哪些方面进行努力。一般来讲,公关课的老师都会选择让学生进行演讲、课堂讨论和团队策划公关活动等方式来激励学生学习的主动性。比如由 4~5 个学生组成一个团队,选择当地一家企业或公司作为合作伙伴,通过和他们之间的交流,寻找该公司目前在公关方面存在哪些问题、为什么会存在这些问题、可以通过什么方式去解决这些问题,并为此策划公关方案,进行经费预算。教师在整个过程中对于这些工作是逐步推进的,每次课都会就公关所涉及的不同方面进行讨论,并促使学生进行下一步的工作。最后方案会通过 PPT 的方式在课堂上进行讲述,并邀请该公司的负责人参与,给出意见和评价,甚至拨出经费给学生团队,让他们的构想能够付诸实施。这给国内公关教育提供了一些有益的借鉴,在课堂上一边讲授理论,一边鼓励学生与实体公司进行合作,推进学生的公关实践细节工作,可以使学生在真实的沟通中发现问题,并更好地理解理论的内涵;又可以使学生将理论运用于实践从而得到验证,随时调整自己的方案,寻求应对方式,为将来的职业生涯积累经验,增加竞争砝码。

本人也对陶森大学学习公共关系的学生进行了网络问卷调查,68 人参与了调查,一人未能全部答题,获得 67 份有效问卷。其中男生比例为 16.4%,女生比例为 83.6%;美国学生占 95.5%,其他国家学生占 4.5%;二年级的学生最多,占 40.3%,三年级占 31.3%,一年级占 16.4%,四年级最少,占 7.5%,未知占 4.5%(3 人未填写此次信息)。问卷就学生对不同教学方式的接受和喜爱程度、教师常用教学媒介、学生对不同教学媒介的接受及喜爱程度以及学生的学习效果四个方面提出了 40 个问题。关于哪种教学方式最受欢迎,调查显示:案例教学最受欢迎,占 25.6%;其次是参与不同公司与组织的公关策划,占 24.4%;接下来是小组讨论,占 22.1%;案例中的角色扮演,占 15.1%;老师授课,占 10.5%;学生讲、老师评的方式最不受欢迎,只占 2.3%(见图 9.1)。可见,掌握知识和引起兴趣的方法:一种是结合真实的案例来讲授理论,让学生可以从案例中学到不同的知识点;另一种是自己参与公关活动过程,依靠亲身体验来获得知识。

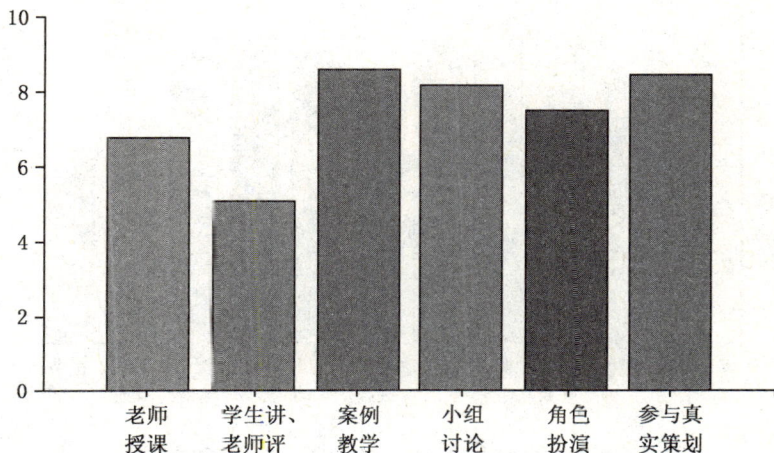

图9.1　学生对不同教学方式的接受和喜爱程度

　　对于社交媒介(social media)在教学中的运用,30.3%的学生认为能分享知识,28.8%的学生认为可以刺激学习兴趣,27.3%的学生认为可以更好地表达自己的观点,21.2%的学生认为可以激发创造力。但7.6%的同学也认为社交媒介会分散注意力,阻碍了人际交流,6.1%的学生认为太花费时间。而认为黑板在教学中仍必须用的只占1.5%(见图9.2)。可见,黑板已经被认为是一种过时的教学媒介,而社交媒介如今已经成为颇受欢迎的传播和教学媒介,教师可适当多运用不同的社交媒介分享知识,增进与学生之间的沟通。

　　对于学生学习成效的调查显示,37.9%的学生认为自己学会了公关策略,31.8%的学生认为自己了解了很多公关行业信息,25.8%的学生认为自己学习了许多有用的公关理论和概念,24.2%的学生认为自己学会了运用公关知识解决实际问题,22.7%的学生认为通过公关课程学会了如何跟不同的人相处(见图9.3)。从调查结果来看,经过老师对不同教学媒介和教学方法的整合运用,学生对公关涉及的理论和各种实践方式有了比较深的了解和体会,为将来的就业打下了很好的基础。

　　通过调查分析,要培养专业实践型公关人才,教师、学校、政府、企业应多方做出努力。而作为教师,最好拥有从事公关行业的工作经历,才能给学生以更切实的指导。目前国内许多从事公关教学的教师,还有很多只是在理论上比较有研究,但缺乏实际经历,学校应给公共关系教师提供更多的实践机会,或者可

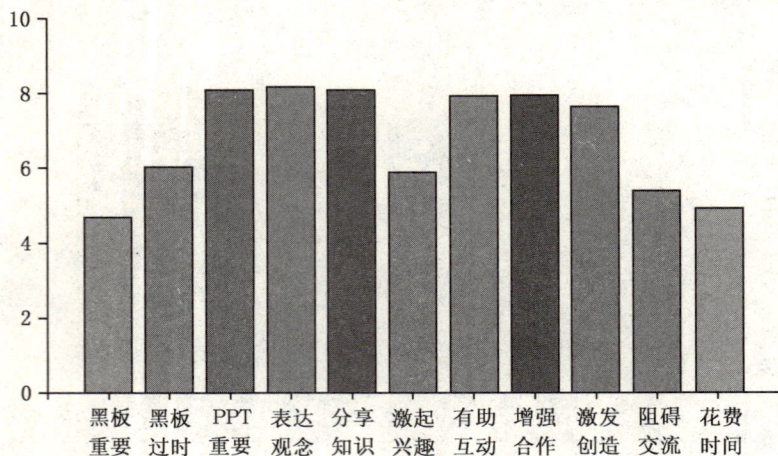

图 9.2　学生对不同教学媒介的接受程度和看法

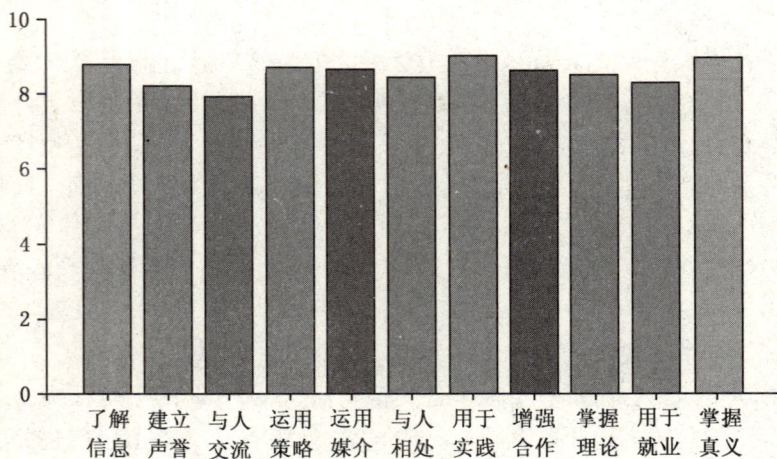

图 9.3　学生在公共关系课程上的学习成效

让教师与学生一起走出课堂,多与社会企业、组织进行沟通和联系,把课堂搬到实体企业和公司,让学生能更好地把握公关内涵与实践。而在公关教学模式上,通过案例来教学和参与真实公关活动是学生非常喜爱的两种方式,而在不同时期进行指导,在过程中逐步推进学生的工作是值得我们借鉴的很好的方式,这样可以让老师发现学生的问题,学生有问题也可以得到及时的沟通和解决。在教学媒介的运用上,社交媒介还具有很大的发展空间,社交媒介是学生非常喜欢的方式,但教师普遍运用的只有 PPT 和 YouTube,而 Facebook、Twitter 作为学生之间极为常见的交流方式,在师生之间并不常见。据采访,虽然运用社交媒介能更好地与学生进行沟通,但因为教师一般工作量和科研压力很大,且想与学生保持距离,所以无暇将精力投入其中。国内现在微博、微信等社交媒介也十分发达,但教师运用其作为教学媒介的还比较少见,而作为公关人员的培养,如何运用社交媒介必然是未来一个非常重要的课题。

二、公共关系合作教育管理模式分析

公共关系合作教育不仅在教学模式上要注意理论联系实践,在管理上也需要注意培养学生有益的工作经验。陶森大学的公共关系合作教育一般由职业中心(career center)和项目指导老师(CO-OP instructor)、雇主和实习督导(employer & field supervisor)负责。新生进校后,可以根据自己的喜好在第二年再次选择专业,但有些学生不了解自己的个性适合什么专业,对自己的职业未来缺乏明确定位。职业中心提供网络职业心理测试,每个学生可以通过自己的用户名和密码进入,完成答卷,通过心理测试会得到适合什么行业的建议。学生也可通过网上或电话预约,与职业中心的老师进行面对面的交流,解决自己在选择专业和未来职业上的困惑。

合作教育项目指导教师为使学生能将课堂知识运用到现实职场过程中,从而获得难得的工作经验,其责任是努力提供就业辅导或者启动系列支持职业发展的相关运作,如学术—职业目标的关联定位、自我评估、求职策略(job search strategies)、合作实习单位生存技能(CO-OP survival skills)、职业成功基本行为规范认知、职业变化管理(career and change management)等。具体工作可以细化为引领学生准备个人简历、应对求职面试,以及提供与工作筛选(screening)相关的个别协助、讲座、雇主与学生互动工作室、带薪实习招聘会等。在陶森大学,学生一般要实习 120 个小时以上才能获得 3 个学分。作为指导老师,在实习前会要求学生对整个实习过程做一个计划,然后在中期进行检查,最后对于其沟通、批评思想、技术、领导能力、伦理道德等给予非常细致的分数。学生的最后成绩将由三部分内容,即学生本人提交的合作教育报告、雇主评估报告和学生专题陈述的最终表现而决定。

雇主和实习督导的责任是:为带薪实习学生在工作学期内提供一个全职工作岗位;按照全职雇员或临时雇员的标准支付与当值岗位相适宜的薪酬;像对待新员工一样提供合理的培训和支持;帮助学生建立工作目标;完成相应的合作教育课程计划;提供与实习学生所修专业相关的生产性工作任务;就实习学生的工作表现和成长提供持续指导和定期反馈;为实习学生在工作学期内与校

方合作教育指导教师之间的沟通提供便利条件等。学生在工作学期的任务是：以专业的态度对待专业的工作，认真达成工作学期的任务要求及学术要求，完成知识技能迁移，与合作教育指导教师保持紧密联系，以便及时应对带薪实习期间所遇到的困难和特殊需要。

国外公关合作教育管理可以给我们提供两方面的借鉴：首先，在时间管理上，我们可以尽量让学生在理论学习的同时参与实践。我国公共关系教学一般也会有一个学期的实习时间，但因为时间安排一般在整个大学的最后一个学年，而很多人忙于找工作、写论文，实习大多只是走过场。所以如果在时间的管理上能更科学，让学生可以在第二学年或者第三学年就开始实习，可能对他们将来掌握真正的公关实践能力要更有益。其次，在合作教育的管理机构方面，国外一般都由几个机构同时督导，以起到真正的引导作用。职业中心负责帮助学生发现自己的潜力和能力，解决学生在学习过程中的心理与情绪问题，使其更好地前行；而指导老师非常注重细节，从学生的实习计划到过程中的指导，再到对学生中期和实习后的考察，评分非常细致，在细节上能给予学生引导作用；雇主则能在真正的工作中给予学生专业技能的指导，使其将所学知识灵活运用。

三、结语

美国在公共关系合作教育的教学模式和管理上都有着丰富的经验，中国教育要培养高素质、高技能的公关人才，可从以下几个方面进行努力：

(1)开创体验式学习模式。合作教育强调学习不是被动地接受、记忆和重复，学生只有通过质疑、实践才能成为积极的学习者和生产者。所以在教学过程中，教育者可通过让学生不断地与外界沟通，鼓励他们主动地去学习、体验、反思、概括、行动，构成螺旋式上升的学习过程，从而有效地掌握知识与技能。

(2)争取获得政府与校方的认可。美国自 1965 年开始，《联邦高等教育法》就特别提出支持发展合作教育项目。1994 年的《从学校到就业机会法案》(School to Work Opportunities Act) 提出，为各州建立"帮助学生顺利实现从学校到工作场所转变做准备"的服务体系提供资金。同时要求每一个地方性计划必须建立一个以工作为基础的学习组织，包括工作经验、工作场所转换以及各个行业所需要的通用技能要求。自 1992 年开始，来自联邦政府的专项资金总额已超过 2.2 亿美元。此外，学生在参与合作教育项目期间的各项学习指标评估记录被教育机构正式认可(包括带薪实习期间的工作经验等级、所占学分时数、学位要求构成、成绩单记录等)。国内政府和高校如果也能对公关合作教育进行更好的支持与投入，则能培养更多的公关人才。实际上对于企业来说，在培训新人的成本上也是一种节省。

（3）整合式管理。在公关合作教育管理上，应动员校方、企业、政府、指导老师、指导机构等各方进行整合管理，比如还可邀请企业到学校进行特约讲座、咨询等，以打开学生的眼界，有更多、更丰富的沟通平台和渠道。实际上，提供给学生更多、更好的机会，也是一种长远战略，即为当地经济发展培养高水平人才，将来为企业和国家服务。

参考文献

［1］Ai Zhang，Hongmei Shen，Hua Jiang. Culture and Chinese Public Relations：A Multi-method "inside out"Approach［J］. *Public Relations Review*，35(2009)：226—231.

［2］Chunxiao Li，Fritz Cropp，Yan Jin. Identifying Key Influencers of Chinese PR Practi-tioners' Strategic Conflict Management Practice：A Survey on Contingent Variables in Chinese Context［J］. *Public Relations Review*，36(2010)：249—255.

［3］Paula M. Poindexter. A Model for Effective Teaching and Learning in Research Methods［J］. *Journalism & Mass Communication Educator*，winter 1998.

［4］Stefan Wehmeier. Out of the Fog and into the Future：Directions of Public Relations，Theory Building，Research，and Practice［J］. *Canadian Journal of Communication*，Vol. 34 (2009)：265—282.

［5］Ronald D. Smith. *Strategic Planning for Public Relations*［M］. Lawrence Erlbaum Associates，2002.

［6］桑德拉·奥利弗著，李志宏译. 战略公关［M］. 科学普及出版社，2004.

［7］王英立，乌力吉图. 美国大学合作教育项目实践模式及其启示［J］. 教育发展研究，2012(3).

［8］姜静青. 加拿大产学合作教育及其对我国高校实习制度的启示［J］. 辽宁教育研究，2008(4).

［9］孙清立，吴翠玲. 论合作教育的实践模式及启示［J］. 山东理工大学学报，2009(6).

10. 基于行业合作的课程考试改革实践
——以商业银行经营与管理课程为例

国际金融学院 戴小平

考试作为高校整个教学过程中的一个重要环节,它既是对学生学习效果的检验和评价,也是对教师教学效果的考核和反馈,更是保证教学质量和实现人才培养目标的重要手段。应该说,各高校都非常重视考试工作,采取了多种措施推进考试改革。如采用开卷考试以改变传统的死记硬背应试方法来激发学生学习积极性、实行"诚信考场"以减轻学生心理负担等。笔者认为,现有的考试改革,并没有清楚认识和遵从高等教育规律、课程教学要求以及不同高校人才培养层次和类型的特殊要求。因此,社会、家长、学生各方面对高等教育人才培养质量多有微词。改革传统的僵化、单一考试制度和考试方法是高等教育改革的一个重要问题。笔者从应用型大学人才培养的要求出发,对商业银行经营与管理课程考试改革进行了初步实践与探索,以期抛砖引玉。

一、课程考试改革的必要性

课程考试之所以要改革,根本原因在于高等教育发展趋势的要求、新时期人才培养的要求;直接原因在于现存考试制度和考试方法存在很多弊端,正是这些弊端的存在,在相当大的程度上影响了人才培养水平和质量。归纳起来,主要表现在以下几个方面:

一是考试目的不明确。对于学校来说,似乎考试目的非常明确,就是要通过考试检验学生学习情况和老师教学情况。但是在实际工作中,往往异化为仅仅是完成教学的一个工作环节,或是单纯地教师考核学生。对教师而言,可以说没有任何压力或考核督促作用,从而在某种程度上弱化了教师积极上进的热情,教学质量的提高成为一句空话。

二是注重考核教材内容的知识性和理论性,主要反映学生对知识的掌握程度和死记硬背的能力,大多数学生只要在考试前一周下点工夫,一般都能够通过考试,学生的灵活性和综合能力不能通过考试反映出来,不利于对学生应用能力和创新能力的考察。这对于应用型人才培养目标的实现相距较远。

三是注重考试结果,忽视学习过程和学习方法的训练。多数学校常常以考试成绩来评价一个学生的优劣和老师授课的好与差,并将考试成绩与学生的奖学金和评优评先挂钩,与老师的考核评价相联系,似乎学生拿到高分就是学习好,或是认为老师上课好、水平高。这也加剧了学生和老师的功利化倾向,导致考试流于形式。有的老师为保证绝大多数学生能通过考试,其考题往往过于简单、随便。这样必然挫伤学习优良者的学习积极性,养成部分学生的学习惰性。

四是考试形式单调。目前高校的很多课程仍然是以笔试闭卷的形式进行,一些非核心课程以笔试开卷形式,往往不考虑课程性质、课程特点和教学目的,在考试环节学生很难有所发挥,严重抑制了学生的思维训练、创新精神和动手能力。

五是考核主体错位。在现有考核制度中,与课堂教学一样,基本上以老师为主体,严重忽视了学生的主体地位,抑制了学生的个性发展和学习热情。虽然许多高校提出了"以学生为本"的教学、管理新思想,但是在考试环节中并没有得到真正落实。老师在考核时的权威地位仍然主导着考试全过程,包括考试命题、试卷评分等。

二、课程考试改革的方向

前述课程考试的弊端要求我们必须进行改革。如何改革?改革的方向、目标和内容是什么?这需要我们认真思考,不能单纯地为了改革而改革。不同类型、不同层次的学校,其人才培养目标不同,即使在同一所学校,由于课程性质不同,考试改革内容也应该有所不同。切忌又改成千篇一律的模式,成为将来改革的对象。

(一)课程考试改革的立足点

在进行课程考试改革之前,应明确课程考试改革的立足点。至少要关注以下四个方面:

1. 明确我校人才培养类型和人才培养目标

经过学校多年的思考与探索,我校已明确了学校类型和人才培养目标。就学校类型而言,是教学型大学,培养应用型人才。应用型人才主要从事非学术研究性工作,其任务是运用基础理论,在一定的理论规范指导下,进行开创性的实际操作运用,将抽象的理论符号转换成具体的操作构思,将新知识运用于实践。因此,对应用型人才的培养必须紧紧依靠行业背景,紧跟行业发展需要,大胆创新课程考试模式。

就人才培养目标来说,我校早在"十一五"规划期间就已经明确提出了"三型一化"(即应用型、复合型、创新型和国际化)的人才培养目标。这一目标有明确的内涵,是我们进行教学计划安排、课程教学内容调整和考试制度设计应该遵循的基本指南。经过教育思想大讨论,对其内涵已取得基本共识:应用型是指学生具有"职业胜任"的知识、能力和素质。我校应用型人才培养以经济社会特别是金融业的变革为导向,努力适应高等教育大众化对应用型人才的职业素养和职业能力需求,强化专业教育和职业生涯指导,注重学校培养与金融行业背景的结合。复合型是指学生具有"岗位适应"的知识、能力和素质。我校复合型人才培养以学生的终身发展为导向,努力适应现代经济金融行业对应用型人才的多元复合知识和岗位迁移能力需求,强化金融、信息技术、法学知识的交叉培养,注重人文素养教育。创新型是指学生具有"创新创业"的知识、能力和素质。我校创新型人才培养以学生的创业就业为导向,努力适应创新型社会对应用型人才的创新意识和创新精神需求,强化创新课程的开设和创业活动的开展,注重第二课堂服务体系建设。国际化是指学生具有"国际交流"的知识、能力和素质。我校国际化人才培养以学生的国际情怀为导向,努力适应经济金融全球化对应用型人才的国际交流能力和素质需求,强化师生互派、课程互换和学分互认,注重国际经贸金融规则与行业惯例教育。

2. 充分认识商业银行经营与管理课程的性质

商业银行经营与管理课程内含许多基本的金融理论,但从总体来看,是一门实践性、操作性和综合性很强的专业课程,理论与实践紧密联系。尤其是在教学型大学,为了适应应用型人才培养,我们对教材内容做了适当取舍:一是适当减少理论推导;二是注重理论应用;三是将理论发展与商业银行的改革和发展结合起来讲解。因此,为了适应形势发展和银行业的需要,缩短理论与实践的差距,除了对课程的内容、讲解方式要不断调整、完善和更新外,还需要对课程考试进行必要的改革。

3. 我国银行业的特点及发展趋势

改革开放以来,我国银行业进行了一系列的改革,并发生了很大的变化,呈现出以下特征:一是银行传统发展方式的转变和资产负债结构的优化;二是法律规范和国际惯例已成为银行经营的基本准则;三是机制创新和银行业务创新不断;四是银行业务操作流程再造,改变了原有的运作模式;五是我国银行业风险管理水平和抗风险能力不断提升;六是银行改革的突飞猛进。这些发展变化需要在整个教学环节及时传达给学生,并在考试环节关注学生对这些情况的认识和把握状况。

4.学生的就业需求

我校学科专业布局以"大金融、国际化"为特色,大部分学生毕业去向以金融机构为主,在金融机构中又以商业银行为主。据统计,我校毕业生的就业去向,56%的学生进入金融机构,40%的学生进入商业银行工作,因此学生对商业银行知识的了解非常迫切和重要。除了金融专业外,其他经济金融类专业也开设商业银行经营与管理课程。

从学生进入商业银行工作岗位的分布看,绝大部分是在一线运营岗位和市场营销岗位,部分学生从事后台初级管理工作。这也在某种程度上决定了我们的课程设计方式、方法和内容安排。从实际部门反馈的信息看,实务部门尤其需要学生具备团队协作能力、与人沟通协调能力、语言和文字表达能力等。因此,课程考核也应该更加关注这些能力的训练。

(二)课程考试改革的基本思路

商业银行经营与管理作为我校金融专业的重要专业课程之一,我们除了在课堂教学上进行了一些改革外,在课程考试上也要结合行业发展和行业需求进行改革,要改变过去传统的采用试卷且侧重于理论方面进行考试的状况。

(1)课程考试要充分体现人才培养的需要。"三型一化"的人才培养目标,决定了商业银行经营与管理课程考试不能沿着传统的基础课考核办法,而应该更多地运用理论对现实问题进行分析。通过现象揭示问题症结,用理论作指导提出解决问题的办法。

(2)课程考试应以考核学生的专业技能和综合能力为主。学生的综合能力和素质结构是考试命题的基本依据,通过课程考试,促进学生分析能力、理解能力以及应变能力的提高。在高等教育大众化的历史背景下,注重学生素质的全面提高有着重要意义。国家在关于深化教育改革的有关文件中明确要求,高等教育要重视大学生的创新能力、实践能力和创业精神,要普遍提高大学生的人文素养和科学素质。重视培养学生收集和处理信息的能力、获取知识的能力、分析和解决问题的能力、语言文字表达能力以及团结协作和社会活动的能力。这些要求对应用型大学培养的应用型人才来说尤为贴切。为了全面了解和掌握学生学习能力,应采用传统考核办法与面试相结合的办法,既检验学生对基础理论的掌握程度,又可检验学生的基本动手能力、面试应变能力和口头表达能力,以综合考核其对课程的总体把握情况。

(3)应该将考试理解为持续学习的一个过程,而不应该仅仅作为期末的一次考试,不能简单的"一考下结论"。商业银行经营与管理属于专业课,内容更新快、涉及面广,如果单纯采用传统的一次笔试的考核办法,容易出现考核面较为狭窄的情况,效果可能会比较差,往往会出现"会考试,不会操作"的现象。因此可采用灵活多样的考核形式,如采用平时作业、开卷考试、小论文、面试、综合考试等相结合的办法。同时要注意,合理应用综合测试法,把相关、相近的课程知识综合起来考试,注重知识的基础性和融合性。促进教师拓展知识面,把课讲活;引导学生改变学习方法,把知识学活。

(4)课程考试要顺应银行业发展的需求。由于我校学生(不仅仅是金融专业学生)的主要就业去向是金融行业特别是商业银行的一线岗位,操作性很强,岗位转换适应能力要求高,因此,对学生的培养以及学习效果的检验也应该从实践性、创新性、综合性的角度展开。

(5)树立以学生为本的考核观和考核制度。学生不仅是学习的主体,也应该成为考试环节的主体。要让学生从惧怕考试的阴影中走出来,从应付考试的被动状态中跳出来。帮助学生树立为学而考、以考促学、终身学习的考核观。把考试看作主动创新的过程、自我表现的机会。

三、课程考试改革的具体做法

我们选取了金融专业的班级进行行业考试改革试点。主要是在期末考试阶段与行业合作进行,让学生运用基本原理和基本理论去发现和分析现实问题,检验学生对商业银行的业务流程、管理技术以及商业银行相关知识的掌握和运用,对学生的分析能力、理解能力以及应变能力等进行综合考核,使学生真正成为应用型、复合型、创新型人才。

(一)考试评价体系

商业银行经营与管理课程考试评价体系由平时成绩和期末成绩两部分构成。

平时学习状况能够综合反映学生学习情况,平时成绩占总成绩的 40%。课程团队的老师非常重视学生平时学习情况的考核,并设计了多重环节、多种方式。平时成绩主要根据学生出勤率、课堂回答问题情况、小组讨论交流、课内实验以及阶段性练习来评定。小组讨论交流主要是根据教材中涉及的业务和管理部分的内容,学期开学之初就把问题和题目布置下去,让每个小组运用教材中所涉及的原理和理论,结合银行的具体情况进行介绍和分析,将所学理论运用于实际的案例分析中。课内实验是根据教学计划安排的实验计划进行,同样选择了银行的实际数据进行计算和分析。阶段性练习采用试卷的形式进行,包括名词解释、单选、多选、简答、论述、计算等,主要考核对基本知识和基本理论的掌握。在实际操作中,我们重点加大了小组讨论交流、课内实验的训练。

期末考核是综合、全面考核学生学习状况的必要环节,期末成绩占总成绩的60%。在这一环节,我们彻底改变了传统的考核方式,课程团队邀请银行业的专家共同设计考核方案、考核方式、考核内容和考核题目。这也是此次考试改革的重点。

此次考试方式的革新也是学校内涵建设项目——行业课程考试改革——的成果之一。由任课教师和银行管理教学团队的成员以及行业专家同心协力、精心策划、共同完成。有效地克服了学生成绩"暗箱操作"的可能性,更能够体现考核环节的公正、公平和公开。

(二)考试范围

商业银行经营与管理课程考试的范围也是此次考试改革的一个重点,充分体现行业合作的内容。主要依据是教材和商业银行最新年度报告。所学教材是蓝本,但又不简单地局限于教材。银行年报是公司一年一度对其报告期内的生产经营概况、财务状况等信息进行全面、综合披露的报告。如果学生能够真正读懂年报,把握公司的经营管理状况,说明对课程的学习、理论和专业知识的运用较好。

(三)考试形式与成绩评定

在考试中我们将每个班分成多个小组团队,以小组为单位进行演讲并演示PPT,介绍银行业务经营与管理状况。然后由行业专家和老师提问,学生当场回答,小组成员可以交流、补充。提问涉及课程学习中的基本理论和基本知识,或是运用相关理论和原理对银行年报中反映的问题进行分析。最后,行业专家和专业教师对各个小组演讲的内容和回答问题的表现进行点评和评分。这种交流在考核环节是非常必要的。

四、改革取得的效果与改进方向

(一)各方评价

课程考试改革仅仅是初步的,但是这一全新的考试办法一经推出,就得到了课程考试改革参与各方的高度评价。

行业专家认为,学校教学将理论与实际应用有机结合,充分反映了学生的理论水平和应用能力。商业银行的年报是对商业银行整个经营管理状况的综合反映,学生能结合所学知识对银行年报进行分析,就是对课程学习的最好检验。若能将一家银行的年报分析清楚,就说明已掌握了课程的内容和知识的运用。希望学校在教学工作中进一步加强这方面内容的训练。

同学们感到,这种考试方式一改往日纯粹应试考试的单调、沉闷和枯燥感,能够真正学以致用。一是通过事前准备到考试现场演示讨论内容和回答问题等各个环节来将所学的银行知识融入实际案例,对所学习的内容有了更深刻的印象;二是通过小组团队的形式进行考试,培养了同学们的群体协作能力和团队精神,使每一位同学都在各自具体的任务中认识到了自己是集体的一员,自己的作用不可忽视;三是 PPT 演示与讲解,极大地锻炼了学生的口才和临场应变能力。

教学团队老师体会,通过考试与行业专家和同学们的交流收获颇为丰厚。一方面,从行业专家的提问中可以了解到金融专业的学生需要掌握什么样的知识和能力;另一方面,从同学们的回答中可以了解到学生们在知识和能力方面的不足,特别是分析问题、解决问题的能力。同时,也给任课教师提出了今后需要进一步改进的方向。

(二)积极效果

此次考试方式改革开创了一种全新的教学模式,为我校培养合格的应用型本科金融人才做了一次有益的尝试。

(1)改变以往一成不变的书面考试形式,采用学生先介绍分析考试材料内容、主考成员现场提问的方式,更显得人性化,也贯彻了素质教育的方针。

(2)考试内容不局限于课本,而是将课本知识与实际结合,使学生不再是死读书、读死书,而是将课本知识和课外的相关知识极大地融合,并灵活运用,有一定挑战性。

(3)转变了学生的学习态度,这次考试以小组为单位,每个同学的表现都关系到整个小组的成绩,因此,所有同学都是以非常认真的态度去认真准备这次考试。在小组中,大家既有合作也有分工,增强了团结友爱的合作精神。

(4)PPT 的制作,锻炼了学生梳理思路、总结提炼知识和问题的能力,因为制作 PPT 需要学生结合课本知识和银行年报,对整个商业银行的经营管理状况有一个很好的把握。

(5)现场演讲和回答问题为学生提供了一个难得的与业内专家面对面交流的平台,不仅锻炼了学生的演讲能力,也锻炼了学生快速梳理思路、现场答辩的能力。

总之,这次考试改革主要考察学生的专业知识掌握的程度、理论与实际相结合的能力、小组合作能力、语言表达能力、临场应变能力等综合素质。这正是应用型金融人才所必须具备的。

(三)需要改进的方面

虽然这次考试形式的改革得到了大家的认可,但考试中也反映出一些问题,需要我们进行梳理和改进:一是学生分组不宜太大,要让每个同学都参与其中;二是对学生的提问时间要合理把握,要让每个小组成员都有答题表现的机会;三是在教学过程中要进一步加强学生综合素质的培养和能力训练;四是教师要深入行业进行调研，了解行业变化和行业对人才的需求，并根据行业发展制订教学计划。

参考文献

［1］张晞. 新建本科院校课程考试改革的思考［J］. 文教资料，2012(8).

［2］曲桂娟，董晓庆，杜冬菊，杨春馥. 浅谈高校课程考试改革［J］. 人力资源管理(学术版)，2010(5).

［3］李庆丰. 夯实高校课程改革 着力创新人才培养［J］. 中国高等教育，2012(4).

［4］周雪峰. 高校课程改革与教师角色自觉论略［J］. 中国大学教学，2012(6).

［5］周峰. 深化高校课程改革的实践探索［J］. 教育教学论坛，2010(3).

11. 教学型高校内涵建设的 "主线条"和两个"凝炼点"

——以会计专业为例

会计学院 宋本强

高校内涵建设是当前的热门话题。广大教师都在积极思考和参与内涵建设,并就如何搞好内涵建设提出了不少思路和建议。作为教师中的一员,本人对此也进行了一些思考,认为其中的一个"主线条"和两个"凝炼点"特别重要,所以提出来与大家商讨。

一、内涵建设的主线条:提高专业教学水平

"内涵"相对于"外表"而言,是指一个主体内在性的东西。从字面看,一所高校的内涵可理解为这所学校内在的实力和水平;从教育管理的初衷看,内涵建设是指学校教育质量体系建设,是一项质量工程;如果根据教育质量工程所包含的内容更加全面地看,高校内涵建设是指除高校外表设施以外的、与高校教育质量密切相关的校内所有方面的建设,相当于高校的"软实力"建设,它应该包括高校的专业学科建设、师资队伍建设、教学科研实施、教学科研管理、师德校风建设、校园文化建设等诸多方面。因此,高校内涵建设是一项内容丰富、涉及面广、要求很高、目标深远,且事关高校教育质量和内在实力全面提升的一项综合性工程,是我国高校当前及今后一个时段所面临的一项艰巨任务。

改革开放 30 多年,我国教育发展很快。特别是高等教育,就高校的数量和规模而言,都已经达到了空前的水平。但是,时至今日,社会对高等教育已不满足于对数量和规模的要求,而开始注重对质量的要求。如今人们评价高校,已不单单是看它的规模和外表,而更注重它的内涵。人们意识到,与规模和外表相比,内涵更能代表高校的真正实力。高校重在实力,有实力才能为社会培养出更优秀的人才。应该承认,我国高校这些年确实存在一些浮躁问题,比如"重

规模、轻质量"、"重外表、轻内涵"等。这些问题的存在客观上阻碍了高校实力的提升，影响了高等教育的发展。高校承担的是人才历史重任。高校唯有自己真正具备实力，才能培养出真正具备实力的人才，才能完成历史赋予的重任。面对现代化人才的需求，我国高校确实到了需要提升自身内涵和内在实力的时候。

如今一些省市掀起了高校内涵建设的热潮。从政府部门到各类院校，都在强调内涵建设，都在进行内涵建设，并在内涵建设方面投入了大量的人力和财力，这些都是值得肯定的。然而更为重要的是，在"热"的同时我们要看到，恰恰因为是内涵建设，所以任务的艰巨性不同于往常，需要在思考时特别讲求"深度"，在部署时特别讲求"精度"，在落实时特别讲求"强度"，在结果上特别需要实效。高校如何做到这些"特别"，并完成内涵建设的艰巨任务呢？那就是要根据教育部门的总体要求，以高度的责任心和务实精神来落实内涵建设，多在学校的内在质量上下工夫，以"深得进去"和"沉得到底"的意志和决心，尽可能使工作部署得当，尽可能使资源配置合理和任务落实到位，尽可能多出实实在在的效果。内涵建设是学校工作的重要推手，学校可借此推动事业的快速发展，促进实力的明显提升。

对教学型高校来说，教学是本行，也是学校一贯的中心工作，学校内涵建设应该紧紧围绕教学这个本行来展开。在教学型高校的内涵建设中，二级院（系）是必不可少的重要环节，教师具有基础性的"临床"作用。每个教师的教学都关系到所在二级院（系）的内涵建设，而每个二级院（系）的内涵建设又都影响着学校整体内涵建设。在内涵建设中，学校应该高度重视二级院（系）的"环节"作用和广大教师的"临床"作用，更多地关注和指导二级院（系）的内涵建设，使二级院（系）的项目布局和资源配置更趋合理；同时完善配套机制，落实有关奖励措施，保证内涵建设的"临床"到位，保证让学生能享受到内涵建设带来的实际效果，保证内涵建设目标的真正实现。

凡是搞教育的人都知道，提高专业教学水平涉及很多因素，但是首要的一条是教师的课堂教学效果。课堂教学效果虽然不完全等同于教学水平和质量，但只要把课堂教学抓好了，教学质量也就八九不离十了，教学水平也肯定差不了，因为这是对学生影响最直接也是最能反映教学水平和质量的环节；反过来，如果课堂教学效果不好，其他方面做得再好也难免有"花架子"之嫌，教学难有实质水平和质量可言。因此，课堂教学效果是体现教学水平和质量的"大头"，是我们的一个关注点，用内涵建设的话说，它就是一个"凝炼点"。二级院（系）应该着力对这个"凝炼点"进行凝炼，以期达到提高教学水平和质量的目的。

二级院（系）应该站在更高的站点上，用更宽的视野来全面思考和规划自己的内涵建设,重点抓住教学项目,合理安排配套项目,但要避免平行推进和漫无重心。因为平行推进只会带来"胡椒面"结果,而漫无重心也有失内涵建设的目标初衷。要想真正使内涵建设取得好的效果,在全面思考布局的同时,二级院(系)必须用更深的思考和更精准的眼光来挖掘和寻找那些类似上述"课堂教学"一样的"凝炼点"和"主线条",以这些"凝炼点"和"主线条"来形成内涵建设的主推思路,并以这些"凝炼点"和"主线条"的推动作用来带动内涵建设的全面开展,将内涵建设有点、有线、有面、有序、扎实有效地向前推进。而提高本专业教学水平正是这里所说的"主线条",即二级院(系)内涵建设的基本内容。

二、内涵建设凝炼点之一:专业知识特点分析

熟练掌握专业知识是教师搞好教学的必要条件,但不是充分条件。教师要想搞好教学,不仅仅要熟练掌握专业知识,还要善于对这些知识特点进行解剖和分析,这是影响教师教学水平和能力的凝炼点之一。以下就这个凝炼点,结合会计专业的知识内容给出三点分析。

(一)会计方法的系统性和规律性

会计有很多方法。比如成本计算方法,名称就有品种法、分批法、分步法、变动成本法、吸收成本法、标准成本法、实际成本法、多动因成本法、单动因成本法等近十种。这些方法名称各异,容易令人眼花缭乱,再加上这些方法本身的繁琐过程和其中涉及的诸多概念,学生在学习过程中就更觉得乱。但是就本质而言,这些方法无非是在"成本内容的构成"、"成本对象的设计"、"成本标准的选用"和"间接成本的分配"这几个环节上进行变化,每一种变化决定着一种方法。只要看清了这一点,就一点都不觉得乱。学生之所以觉得乱,就是因为看不到这一点。

这里的"这一点"是什么呢? 实际就是这些会计方法的系统性和规律性。什么又是系统性和规律性呢? 概括起来说,就是这些方法的总体结构和相互关系。不过这样说仍过于抽象,不便于理解。不妨接着刚才说的"环节"再深入下去。如果用不同的"层面"来形容成本计算方法赖以变化的环节,那么不同的成本计算方法就被放在了各个层面,哪些方法在同一层面,哪些方法在不同层面,看上去清清楚楚,一目了然,至少不同层面的方法不会混在一起。另用一棵倒挂的"树"也可以形象比喻,从"总枝"到"分枝"一层一层延伸,不同的"分枝"总也搞不到一起去,所有的成本计算方法恰属同一棵树上的各个"分枝",其中哪些同"分枝",哪些不同"分枝",看上去也是非常明白的。

经过这一番分析之后,我们已经看清了这些不同方法的总体结构和相互关系。再要做的就是在相同层面中寻找不同方法的不同之处。如此一层一层往

里寻找,直至把所有方法的不同之处和相同之处都搞清楚了,这些方法也就彻底清楚了。这样的一个完整过程,是一个"层层剥"和"层层看"的过程,路径是非常清晰的。从更一般的意义上看,这个过程不仅让我们看清了被研究对象的结构性,发现了它们的规律性,用医生的话说就是摸到了它们的"脉搏",更让我们感悟到了一种分析问题和解决问题的思路方法,其间的含义是耐人寻味的。

(二)会计过程的仿真性和连贯性

会计在实际运行中离不开各种信息载体,比如会计凭证、会计账簿和会计报表等。这些信息载体都是看得见、摸得着的书面文件。这些书面文件能反映会计运行的真实过程,这是会计过程的仿真性特点。这意味着教师在教学过程中,可以用这些书面文件进行仿真演示和模拟操作,从视觉上增强学生的感受,加深学生的印象,以求取得好的教学效果。如今很多院校不管是开设会计实训课程,还是在课堂教学中强调会计实训比重,都是由于这个原因;各软件公司不断推出会计实训软件,也正是在利用这个特点。应该承认,与纯理论讲解相比,仿真也好,实训也好,效果就是不同寻常。这一点是我们必须要看到的。

还是从会计运行看,一家企业从经济活动发生开始,经历会计凭证的形成、账簿的登记、报表的编制直至对外报告的形成,整个过程非常连贯。而企业的规划、预测、决策、控制、分析等经济活动也都镶入其中,显得很有规律。这种过程的连贯和运行的规律对会计课程体系乃至整个会计学科的形成都有直接的影响,使得会计课程体系也显得非常连贯和很有规律。例如,基础会计、中级财务会计、高级财务会计就是一个连贯整体;再比如,成本会计、管理会计等也都和企业的规划、预测、决策、控制、分析等经济活动一一对应。就是从课程的内容编排来看,也都是一章紧扣一章,缺一不可。这种连贯性和相互关联,是会计专业知识板块的"有机链条"。掌握了这些"有机链条",暂且不说别的,仅教师讲课的灵活度和驾驭能力就会大大提高。因此,这在教学中是很值得看重的。

(三)为什么要分析专业知识特点

再回到问题的原点,讨论为什么要分析知识特点。其目的还是为了提高课堂教学水平。课堂教学讲求"融",即教师在课堂上要融自己、融知识、融学生。什么又是"融"呢?这里可以解释为融通、融合、相互融通。如果教师能把一切都"融"了,那就表明他把自己和知识、学生都融为一体了,不仅自己和学生融在其中,而且知识融会贯通,气氛其乐融融。课堂"融"到此程度,效果不好都不行。而对知识特点进行分析和了解,正是课堂教学"融"之前提。说得再直接一点,学生理想中的课堂教学是教师的口若悬河、如数家珍和横贯自如。课堂教学也应该能由浅入深、深入浅出、循循善诱和渐行渐清。如果不对知识特点了如指掌,很难想象一个教师能表现出这样的东西来。

看得再宽一点,学生受教育的质量,除了与教师的教学水平直接相关以外,还与学校的人才目标定位、专业学科布局、课程体系设置、教学大纲计划以及教学实施管理等因素密切相关。然而,所有这些关系到学生受教育质量的重要因素,都离不开教育主办方对专业功能、课程结构以及专业知识特点的熟知和了解。无论是对教学科研型还是教学型高校,这些都是必须做到的。特别是对新升本或"发展中"的教学型高校而言,由于缺少老牌高校多年积累的"底蕴",在专业学科布局和课程体系设置方面要更讲究合理,在教学管理方面要更注重质量,在有关教学质量的一些基本方面更要下工夫。如此说来,分析和掌握专业知识特点的意义就显而易见了。

需要说明的是,以上只是结合会计专业所做的分析,虽不失一般意义,但其他专业在分析时还需要考虑各自的情况。从一般意义上讲,对知识特点进行分析,对教师专业功底的加固和对教学水平的提高都大有好处,同时也可以反映教师的观察、分析、归纳、总结以及拓展延伸和深度挖掘等多方面的能力,是很有内涵、值得凝炼的。还需要指出的是,对专业知识特点进行分析是一件非常乏味的事情,特别是对多年从事本专业教学的教师来说更是如此,这相当于对本专业知识的"多次重复消化",枯燥程度不言而喻,而且就此所做的工作往往是默默无闻、无人知晓的,对此学校在关注和提炼方面也有一定的难度。然而正因为是默默无闻和无人知晓,而又确实关系到学校内在功力的提升,所以更值得关注和凝炼。

三、内涵建设凝炼点之二:课堂表达的把握

现在研究教学方法的人很多。就拿会计专业来说,如果把公开发表的教改论文和举办的教改研讨会都算上,全国每年研究教学方法的人数有成千上万。从被研究到的教学方法来看,名称上虽然时有变化,但都不外乎是案例法、实践法、理论法等这些方法。为什么那么多人研究教学方法?无非是为了改善教学效果。这不免引起我的一些疑问和思考。那么多人是否真能研究出那么多种的教学方法?回答显然是否定的。既然如此,是否可以换一个角度来考虑问题,比如变"对教学方法的研究"为"对教学环节的研究",这样是否也可以达到改善教学效果的目的?回答是肯定的。下面就从"对课堂表达的把握"这个角度出发,围绕改善教学效果谈两点认识。

(一)关键是启发

从以往的事实看,大凡教学水平高的教师都有相同之处,那就是课堂表达把握得好,都能受到学生的喜爱。人们常说"某某教师课上得好"、"某某教师讲课有激情"、"某某教师上课能吸引学生"等,其实都反映了"教师讲课时能启发

学生,课堂表达把握得好"的基本事实。不仅事实如此,教育理论也十分看重课堂表达的把握,其重要性和一般方法在师范类教科书中都有论述,都能找到明确答案。在这里再重复和详述这些教科书理论实属不必,然而我们从这些教科书理论和上述的以往事实可以看出,教师对课堂表达的把握直接影响着课堂教学效果,确实是非常重要的。

既然知道课堂表达的把握非常重要,自然就会想到如何去把握的问题。刚才已经提到,这里不再重复教科书上的内容。这里针对课堂把握只强调两个字,那就是"启发",即课堂表达都要围绕"启发"来做文章,不管怎么表达,能启发学生就是好的表达。为什么只强调"启发",并不是说教科书上的那些方法或者我们经常讨论的"案例法"等方法不重要,而是因为这些方法的作用都必须通过课堂表达这个环节才能体现,而课堂表达又恰恰离不开"启发"。从"启发"的字面来看,其含义可解释为主体对客体的触发或激发,使客体发生某种明显的变化。在课堂表达这个环节上,"启发"就是教师用各种方法和手段来激发学生的"灵感",促使学生发生"从不懂到听懂"的明显变化。显然这种"明显变化"对学生来说是至关重要的,而它又来自课堂上的"启发"。因此,这里特别强调"启发"。

如果再进一步看"启发"的作用,它可以比喻为开关电路中的"触发器"和课堂上的"开门钥匙",对学生起着"一触就灵"和"一开就通"的关键作用。也可以这样说,教师的堂课效果好不好,就看学生懂不懂,学生在课堂上懂不懂,就看学生受不受"启发"。从某种意义上说,教师善不善于启发学生,是教师在课堂上能不能抓住学生的"看家本领",有些教师讲课不容易被学生认可就是因为不善于启发学生。所以,教师在课堂表达时一定要注意找到"触发器"和"钥匙",不失时机地用"触发器"来启发学生的灵感,用"钥匙"来开通知识的大门。一旦学生的灵感受到启发,学习兴趣就会紧随而来,知识理解就会畅通无阻,学习效率就会明显提高,课堂效果就会显现出来。

当然,在课堂教学中具体如何启发学生是一门艺术,非三言两语所能讲清。总的一条就是,教师想方设法使学生对知识产生感悟,并使知识内容变得通俗易懂,容易被学生接受。启发学生的办法多种多样,常用的有日常事例、典型案例、情景提示、形象比喻、同类比照、深度阐述和重点分析等。这些方法都可供教师在教学中选择使用,都能起到"启发"学生的作用。比如前面提到的"层"或"树",就是用形象比喻的办法来启发学生,帮助学生理解不同成本计算方法和计算过程的一个例子。至于在平常的教学中,教师具体用什么办法、在什么节点用、怎么用,这些都没有固定的模式可以参照,都要看具体的教学内容,更有赖于教师的经验和临场把握。篇幅所限,这里不再展开。

(二)个性化表达

我们经常听到的评教意见是"照本宣科"。坦率地讲,在被提意见的教师当中,有些教师可能是真照本宣科,那是由于自身原因造成的。但有些教师是冤枉的,他们的教学是按照教材指定的内容中规中矩地进行的,这本没有错,但讲课缺乏经验,不合学生的"口味",所以被学生说成"照本宣科"。在学生评价教师方面我们还发现过另外一种情况,个别教师讲课时海阔天空、漫无边际,纯粹是"乱吹牛"。对这种情况,学生也是强烈反对的。学生先是"用脚投票",然后是众人投诉,最后是强烈要求撤换教师。从这些事例可以看出,教师在教学上确实面临两难的矛盾,既不能照本宣科,也不能脱离教材。

怎么解决这个两难矛盾? 要回答这个问题,还需要对"被照本宣科"和"被强烈反对"作进一步的分析,然后找出原因,才能给出答案。其实这里涉及一个问题,即正要讨论的个性化表达问题。上述两种情况其实都是因为教师没有解决好个性化表达问题所造成的。比如"被照本宣科",是因为教师对知识缺乏个人的分析和解读,学生感觉和书上一样,对教师的讲课不满意,所以认为是"照本宣科";再比如"被强烈反对",是因为教师自认为追求"个性化",实际上是太离谱,上课不负责任,学生看到了这一点,所以强烈反对。学生希望的是既能按教材内容教学,又有教师个人解读,能给他们带来"新意"的表达方式,简言之是教师"既负责任又有个性"的表达。如果教师都能按这种方式表达,那么就不会出现上述两种情况,两难的矛盾也就迎刃而解了。

说到这里大家不免会问,究竟什么是个性化表达? 关于这个问题,还真没有标准答案,笔者只能根据自己的经验和理解给出一个表述。个性化表达是指教师在对知识讲解时所表现出来的个人特殊性。这种特殊性包含教师个人对知识的分析和解读,还包含教师个人的能力水平、气质风度、意志品质、性格特征和内涵修养。做一个不恰当的比喻,如果说知识是原产品,个性化表达就是"附加值"。这个"附加值"所包含的一切,就是上面表述的这些东西。再用现在的时髦词来概括,个性化表达是教师个人的"气场"。"气场"是看不见、摸不着的,但确实是存在的,也是能感觉得到的。"附加值"也好,"气场"也罢,都显示出个性化表达的重要性,对学生的眼前乃至今后都能产生影响,甚至是一生的影响。

不少人以为,教师所教的课程往往是固定成熟的知识,要创新是很难的。其实不然,教师的创新往往不在于知识本身,而恰恰在于对知识的个性化表达。知识的个性化表达所表现出来的东西,全是教师的个人"气场",找不出第二个拷贝;这种"气场"即便放在同一个教师身上,在不同时间和地点也表现不出相同的拷贝。这说明,个性化表达没有现成的版本可以照搬,每一次表达都是教师个人的鲜活表现,"好与不好"全在自己。"好"就是实实在在的创新,"不好"就可能砸自己的牌子。在实际教学中也的确如此,当教师在讲授某一课程的某一章节时,个性化表达是根本找不到任何答案的,是完全凭教师个人发挥和临场应变的。

要在课堂教学中真正做好个性化表达并非易事,这是对教师素质的全面要求,绝非一日之功。然而我们应该认识到,这正是学校教育品牌的可造之处和内涵建设的可凝之点。个性化表达不仅能表现出教师个人风采,使不同风格在教学中得到展示,而且组合在一起可以形成学校教育的整体形象和生动格局,是教师个人和学校都应该追寻的共同目标。个性化表达是教师对改进教学方法、改善教学效果和提高教学水平所做的深度体验和个人努力,在教学实施中是很值得尊重和鼓励的,在教学管理和研究方面也是很值得关注的。有实力的高校应该有高水平的课堂教学,高水平的课堂教学应该有教师的个性化表达,未来能勇于创新的现代化人才更需要教师的个性化表达。

以上是本人关于内涵建设的一些零星观点,可谓是一孔之见,也可能是坐井观天,不一定成熟,也不一定正确,欢迎批评指点。

参考文献

[1]上海市教育委员会:《上海高等教育内涵建设"085"工程实施方案》,沪教委科[2009]2号。

[2]上海市教育委员会:《加强分类指导 立足人才培养 持续推进上海高等教育内涵建设》,http://www.moe.edu.cn/publicfiles/business/htmlfiles/moe/s6338/201203/132822.html,2012年3月21日。

[3]上海金融学院:《上海金融学院内涵建设"085工程"项目管理办法(试行)》,沪金院发[2009]1号。

12. 国际视野下基于 CO-OP 的卓越金融人才培养实践探索

国际金融学院 方 磊 马 欣

一、CO-OP 教育概览

(一)CO-OP 教育的内涵

CO-OP 的全称为 Cooperative Education,即指合作教育。不同国家对此有着不尽相同的命名和诠释,如校企合作教育、订单式教育、产学合作教育等,但其内涵都是基于学校、企业和学生三方之间的一种合作关系,各方均有特定的责任,通过 CO-OP 把课堂学习同与职业目标相关的工作经验相结合,为学生提供理论与实践相结合的实际经历。

(二)CO-OP 教育的形式

一般而言,合作教育有两种形式:

1. 交替式

交替式合作教育模式下,要求学生在学校规定的学时内交替轮换参与全日制理论知识学习和全日制企业实践实习。

2. 并行式

并行式合作教育模式下,学生必须同时参与理论知识学习与企业实践实习,同时参与实习实践的时间必须达到学校合作教育规定的最低时长。

不论是交替式还是并行式合作教育模式,一致要求学生必须完成理论与实践的双重学习,注重学以致用,同时将工作中遇到的问题与困难总结后再回到学校通过理论学习找到解决的方法,从而达到轻松跨越理论与实践沟壑的最终目的。

二、基于 CO-OP 的卓越金融人才培养实践探索的必要性

重新探索基于合作教育模式下的卓越金融人才培养,既是上海金融中心建设的外在需求,也是金融专业人才培养模式与时俱进的内在要求。

(一)上海金融中心建设的外在需求

随着国务院《关于推进上海加快发展现代服务业和先进制造业建设国际金融中心和国际航运中心的意见》的正式发布,进一步明确了上海作为国际金融、航运中心的国家战略定位,而大力推进上海国际金融中心建设关键在于金融人才,打破上海国际金融中心建设人才"瓶颈"问题就必须革新人才培养模式。

首先,在金融人才规模上,上海与世界级金融中心相比仍有较大差距。从绝对数看,伦敦和纽约的金融从业人员数量都远高于上海市,见表 12.1。从相对比例看,新加坡近四年的平均金融业就业人数达 120 250 人,约占总就业人数的 7.5%。中国香港的金融业就业人数基本维持在就业人口总数的 5.5%,2009 年金融业就业人数约为 19 万人。而上海的金融业就业人口虽在数量上有 20 多万,但仅占总就业人口数的 2.1%。

表 12.1　　　　　　　　　上海、伦敦、纽约金融业就业人数比较

年份	上海	伦敦	伦敦/上海	纽约	纽约/上海
2007	216 100	332 877	1.54	314 858	1.46
2008	231 900	333 162	1.44	321 314	1.39

资料来源:上海统计年鉴网络版,伦敦金融城网站,美国人口统计局网站。

其次,上海在金融人才的供求上存在着明显的结构性问题。随着金融业的快速发展,金融人才需求结构表现出了明显的升级现象。目前,简单操作型的金融人才已经基本饱和,但应用型专门人才却明显不足。上海金融中心建设面临着大量的金融专门人才的缺口,人才国际化程度不高,熟悉国际金融市场运作、金融机构管理、金融产品创新、风险控制等方面的高层次应用型人才大量短缺。在金融高端人才上的缺口制约上海金融中心发展步伐已经成为共识。

最后,必须指出的是,次贷危机对国际金融中心的严重冲击无法为上海国际金融中心的专门人才需求带来大量的"外援"。2007 年底开始,次贷危机造成了金融从业人员大量失业。然而,通过对著名国际金融中心在金融危机前后金融从业者就业率、失业率的研究,我们发现,在这场 20 世纪 30 年代

大萧条以来最严重的金融危机中,金融行业的复苏速度之快超出了人们的预期。

英国统计局的资料显示,伦敦的金融从业人数已经结束负增长时期,衡量伦敦作为金融中心对于英国经济贡献率的重要指标 GVA 也开始呈现正向增长趋势,见表 12.2。

表 12.2　　　　　　　　　次贷危机前后伦敦金融从业情况

年份	就业人数(千人)	就业率变化(%)	GVA(£2003,BN)
2008	341.8	−0.5	243.4
2009	328.0	−4	231.6
2010	322.1	−1.8	232.4

资料来源:Office for UK National Statistics,http://www.statistics.gov.uk.

纽约的金融从业人数变化率在经历大幅削减后已经以较快的速度回升至2009 年第二季度的 51 万人次,变化率缩小了 5 个百分点,与危机前 2007 年第三季度的 56 万人次的差距在逐渐缩小,变化的斜率也更趋于平缓,见图 12.1。

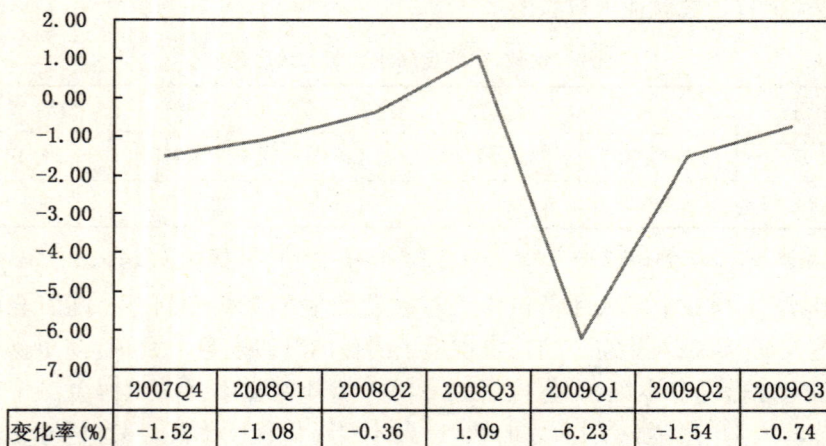

	2007Q4	2008Q1	2008Q2	2008Q3	2009Q1	2009Q2	2009Q3
变化率(%)	-1.52	-1.08	-0.36	1.09	-6.23	-1.54	-0.74

资料来源:U.S. Census Bureau.

图 12.1　次贷危机时期纽约金融从业人数季度变化情况

次贷危机爆发前,新加坡金融从业者占总人口数的比重为 9.4%,2008 年锐减至 5.2%,经过一年时间又恢复到 9.1%的水平。观察季度数据,2008 年第四季度至 2009 年第一季度金融业减少就业者 2 200 人次,时至 2009 年第二季度就已增加 1 100 人,到第三季度已实现金融就业正增长,见图 12.2。

	2008 Q1	2008 Q2	2008 Q3	2008 Q4	2009 Q1	2009 Q2	2009 Q3	2009 Q4	2010 Q1
就业人数变化	3 200	4 600	3 400	300	−1 900	−800	2 100	900	5 700

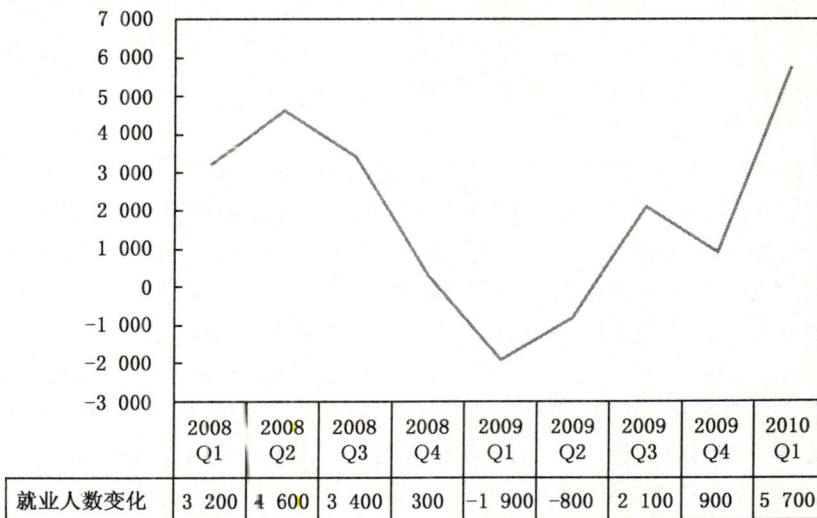

资料来源：新加坡统计局。

图 12.2　次贷危机时期新加坡金融从业者人数变化情况

可见，次贷危机的冲击虽然带来了国际金融中心城市较大规模的金融从业人员失业现象，但各金融中心在吸纳金融人才就业上体现了很强的自我恢复能力，金融就业水平具有自我复苏的特征。在我国整体金融环境不完善的情况下，寄希望于引进大量的国际金融人才以弥补金融专门人才不足显然是不现实的。更何况，金融乃国民经济之命脉，将大量金融核心业务交由外籍人士打理必然将影响到中国的经济金融安全。因此，解决金融中心建设中应用型金融专门人才的严重不足，只能通过改革中国金融人才的培养模式加以实现。

同时，随着我国经济发展和产业结构转型，金融业的现代经济核心地位日益凸显。金融的发展状况左右着一个国家、一个地区经济社会发展的速度和质量，而金融人才培养则是金融业发展的基础，因此金融人才将直接决定国家金融业乃至全国经济的发展态势。怎样契合新时期金融业发展特点，有的放矢地研究应用型卓越金融人才培养模式具有鲜明的时代特征。

（二）金融专业人才培养模式与时俱进的内在要求

随着高等教育改革的不断深入、教育类型多样化发展空前、本科教育受众面的逐步扩大、教育模式由精英化向大众化的根本转变，当代应用型人才培养模式需要结合新形势下的专业特征与时俱进。

金融是国家经济命脉，金融人才是搏动命脉的核心力量，高等院校作为金融人才输送的直接"孵化池"承担着无与伦比的重要作用。传统单一金融人才培养模式已然不能满足现代金融业对人才的各类需求。我国金融专业教育模式对比国外同类院校,相应特征也可窥一斑。

1. 专业名称体系比较

不同于中文金融相关语汇的单一性,英文中常以"finance"或"banking"等表示,结合国外金融学科涉及内容而言,其内涵首先是财政,即研究一国政府如何通过财政收支活动,合理分配社会资源,满足公共经济活动的学科;其次是财务,研究企业、家庭等微观层面的理财行为;最后是金融,以货币银行、金融市场等为研究方向的兼顾宏观和微观的学科。国外金融相关院系主要呈现两大方向,即经济学院(Department of Economics)、商学院(School of Business)。经济学院主要从事经济理论和宏观政策的教育与研究,商学院则着重培养企业所需要的各种以利益为最大化的经营管理人才。而我国类似高校多以财经院系命名,金融院系起步相对较晚。现行金融专业院校大多遵从传统划分方法,宏观、微观并行。

2. 专业培养目标比较

人才培养目标作为院校提纲挈领的发展目标,其重要性不言而喻,国外一些金融类院校在制定培养目标时,首先,明确学校自身办学类型及在同类中所处地位;其次,结合学生毕业意向,针对不同层次的就学需求设定不同的培养目标。这类培养计划体现通识性、粗放式特征,弹性较大,必修核心课程、辅修课程相结合,只要学生在规定年限修完所需模块学分即可,灵活性较高,对于同一所院校同一院系的培养计划,经年不变,保证了人才培养的连续性和可塑性。我国的培养计划制订较为繁杂,条框束缚较多,同时有些培养计划需年年修订,虽然在一定程度上保证了时效性,但从长远来看不利于整个金融专业与世界其他国家相关院系接轨,浪费了师资人力。

3. 专业课程结构比较

金融学科涵盖内容广泛,需要循序渐进地学习基础理论后再实践创新。国外金融院校十分注重课程架构体系的设置,充分调研后保证学生在学完诸如统计学、计量经济学等预修课程后才深入学习后续课程,从而保证了学生的学习质量及课程的连贯性。

4. 专业课程内容比较

金融专业不同于其他综合性学科的特征之一便是它的与时俱进性,在不断地怀疑、肯定、自我否定的循环过程中日臻完善金融学科理论及其实践运用。英、美等国的金融相关专业课程设置体现了以资产选择和风险管理为核心的现代微观金融理论体系,例如在投资学下具体开设金融衍生物风险规避、固定收益证券、期货期权等课程,较少在金融专业设置货币经济学的宏观课程。

5. 专业授课方式比较

中外金融专业授课方式最大的差异在于从实战出发——案例教学的使用程度。英、美等金融院校极其注重在授课的同时引入大量实证案例,例如,美国哈佛大学工商管理案例教学系列丛书早已名誉全球。英国院校金融专业,教师通常会利用近 50% 比例的授课时间安排案例教学。例如,英国拉夫堡大学就曾斥巨资引进金融交易中的实时操作系统,聘请华尔街实战人员为学生讲授典型金融衍生品的交易案例。

6. 专业考核方式比较

高等教育的考核方式直接关系到金融人才的合格与否。而考核方式的单一化、重复化也一直是我国金融专业考核方式的桎梏。首先,既有考核方式口理论性题目占比较高,一部分考题考核范围较为狭窄,使得学生疲于应付,改变了考试仅是手段而非目的的初衷;其次,考核仍以考卷、论文形式为主,难以真正评价学生在实践中的操作能力。

7. 专业师资力量比较

从某种意义而言,师资力量对于金融人才的塑造起到了决定性的作用。西方国家对于每年教育经费的投入使用占全国 GDP 的 6%~8%,教师的待遇较高,高薪引进其他国家相关领域的专家学者,使得国外金融院校具有很强的吸引力。而我国目前没有形成特别有效的人才机制,高端师资流失比较严重,不利于形成良好的科研氛围。

8. 专业硬件资源比较

金融专业的硬件资源较多地体现在图书馆及实验室方面。图书馆对于学科建设的作用不言而喻,国外院校大力建设图书馆,丰富馆藏,拓展数字资源,为学生、教师的科研工作提供依据。但是我国目前仍有不少院校图书馆的建设远远落后,无法满足师生需求,实验室建设也有待加强。

9. 专业就业前景比较

金融人才除需具备扎实的专业理论知识外,实践能力也十分重要。国外金融院校十分注重对于学生理论联系实践能力的考验。例如英国拉夫堡大学,在每年暑假后设置研修课程,选派校内资深教授及部分博士在读生共同选择当下经济金融热点问题研究探讨,在整个研修过程中,学生能够亲身体验怎样在社会现实的经济运行中发现问题、研究问题、解决问题。此外,华威大学还与 CFA 组织联合设置课程,帮助学生尽早取得金融分析师资格证书。国外院校还针对金融业求职特点设置相应的培训站点,帮助学生熟悉求职过程、获取求职技巧。

通过以上对比,充分揭示我国金融专业教育模式存在一定弊端,与金融发达地区人才培养模式相去甚远。传统单一的金融人才培养模式已然不能满足现代金融业对人才的各类需求。

三、CO-OP 人才培养模式的国际比较

(一)美国——合作教育模式

美国是现代意义上合作教育的发源地。1906 年,辛辛那提大学工学院院长赫尔曼·施奈德首次提出合作教育,他安排学生一年中必须有 1/4 时间参加与其专业对口的企业实习,通过学习与工作相结合,实现理论与实践的结合、学校与社会的结合,提高人才培养质量。此种教育方式延续至今,为美国劳动力市场输送了大量具有竞争优势的各类人才。同时,美国联邦政府、企业、行业协会、社区等各级组织,不断修订合作教育方式,改进合作教育内容,与其建立互惠互利的合作关系,签订了一系列的联合培养契约,比如《波士顿教育协定》和《底特律契约》等。

(二)英国——"三明治"模式

Sandwich Education 作为英国影响最为深远的合作教育模式,迄今已有一百多年的历史,它从理论到实践再回到理论的教育模式,被形象地比喻为三明治模式。该模式也要求学生将全日制学习和全日制实习紧密结合,可以采取"2+2"、"1+2+1"等十分灵活的带薪实习模式。值得注意的是,三明治模式之所以能够历久弥新,得益于英国政府的大力扶持,在整个模式的发展过程中,英国政府有序引导、定位合理、措施得当,为三明治模式的实施提供了有力的制度保障。

(三)加拿大——校企合作模式

综观当今全球合作教育领域,处于世界领先地位的是加拿大的滑铁卢大学,该校始建于 1957 年,正是凭借完善的合作教育体系,后来居上,仅数十年便跻身加拿大名校行列。滑铁卢大学学期设置为秋季、春季和冬季三个学期,每学期 4 个月,要求学生交替进行学习学期和工作学期,学生同样可通过实习赚取薪酬。在此模式下,值得关注的是良好的合作教育运行机制,从参与合作教学伊始,学生、企业双向甄选到最后用人单位反馈成果,滑铁卢大学的合作教育体系十分完善,分点面、分区块、分项目、分专业等多层次立体维度的指导体系的建立保障了合作教育模式的健康运转。

(四)澳大利亚——"TAFE"模式

Technical and Further Education (TAFE),即技术与继续教育模式是澳大利亚合作教育模式的代表,比较常见的有新学徒制(New Apprenticeship),其实

质是将实习工作与职业资格证书培训相结合,打破了一次性学习、一次性就业的固有观念,建立了从学习到工作再到学习的新途径,使得学生在完成学习和工作的同时也获得职业资格认证,最大限度地缩短就业磨合期。TAFE 特殊模式下,要求负责培训的相关教师必须拥有相当的学术知识和职业素养,必须是真正意义上的"双师型"导师。

(五)德国——"双元"模式

双元模式即 Dual System 起源于 19 世纪末德国的职业进修学校。"双元"意指:首先学生附有双元身份,他既是职业教育的在校学生,又是实习企业的在岗员工;同时导师具有双元特性,合作教育过程中理论学习和实践学习分别由不同的老师负责。德国的合作教育制度亮点在于,教育不但有法律的保障,还有经费的扶持。例如,联合培养中,学校的费用由国家及地方政府负担,企业承担学生的校外合作培训费用。

(六)新加坡——"教学工厂"模式

教学工厂模式是指教育与企业生产过程紧密结合,它将实际的企业工作环境引入教学环境中,使得学生在学习的过程中体验今后工作的真实环境。这种模式的重点对象是企业,需要企业有清晰的用人计划和雄厚的资金实力。

(七)日本——"访问制"模式

日本职业学校与企业有着较为深入的互动活动,学生可通过走访对口企业,了解企业的用人计划和招聘岗位,确定职业方向后,可以向学院申请到相关企业挂职或者实习,从而达到毕业即就业的双赢局面。该模式的亮点是,学校作为连接用人企业与求职学生的桥梁,有的放矢地为双方提供服务。

四、基于 CO-OP 的卓越金融人才培养实践探索

(一)我国 CO-OP 发展现状

多年来,我国学者将 CO-OP 合作教育统一译为产学研合作教育,并将其作为培养应用型人才不二的教育模式。我国的合作教育经历了不同的阶段(详见表 12.3),目前主要有六种形式:(1)人才订单式,即指学校根据企业需求定向培养企业所需人才;(2)校企联合式,即指学校和企业根据互惠互利原则共同培养;(3)工学交替式,即要求学生分别完成全日制学习、全日制工作,理论学习结合工作实践;(4)股份合作式,即企业拥有学校部分股份,学校为企业设计培养方案,完成人才培养既定目标;(5)顶岗实习式,即指学生完成理论知识学习后,按照事先约定的岗位参与企业工作实践;(6)创业实践式,即指学校设置虚拟创业园区,学生在学习的同时参与创业实践,学校给予一定的指导帮助与政策优惠。

表 12.3　　　　　　　　　　　　　我国合作教育模式发展历程

阶段	时间跨度	标志事件	表现特征
初始阶段	20 世纪 80 年代后期	中国第一个产学合作教育项目(1985)——上海工程技术大学"工学交替"项目	该阶段 CO-OP 以与国外教育界展开合作、全盘模仿运作为主
调研阶段	20 世纪 90 年代早期	中国产学合作教育协会成立(1991)	该阶段 CO-OP 由自由、分散向有组织、有计划演变,成立相关组织调研为CO-OP 本土化奠定基础
试点阶段	20 世纪 90 年代后期	教育部办公厅[1997]9 号文件《关于开展产学研合作教育"九五"试点工作的通知》	该阶段 CO-OP 在全国 28所高等院校展开试点,CO-OP 被正式纳入国家教育改革总体规划
发展阶段	21 世纪初期	"产学研合作教育培养创新人才的实践与探索"列入《21世纪初中国高等教育教学改革》重点课题,受世界银行贷款资助(2000)	该阶段 CO-OP 模式得到进一步发展,为创新型、应用型人才培养提供新的平台

资料来源:张炼.我国产学研合作教育发展的三个阶段.职业技术教育,2002(36).

(二)CO-OP 案例分析——上海金融学院国际金融学院基于 CO-OP 卓越金融人才培养模式的实践探索

国际金融学院从 2011 年筹备信达投资顾问班,历经大学生海外实习基地拓展,密切联系行业协会等金融机构,积极探索人才培养新模式,逐渐形成了具有金融特色的四位一体的 CO-OP 实习体系(见图 12.3)。

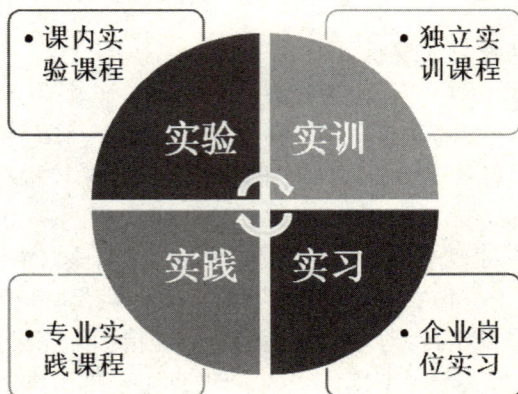

图 12.3　CO-OP 实习体系

在实验、实训、实践、实习四位一体的实习体系架构中,学院依托于行属院校的历史渊源,遴选百余家优质金融机构、金融企业建立合作教育关系,形成学生分散自愿申请、集中定向培养、强制校内培训相结合的不同形态的 CO-OP 模式。通过以 CO-OP 为基础的应用型人才培养模式改革,可以实现课程实训→学期实训→企业实训→企业实习→正式就业的无缝对接,通过工学结合的方法形成以金融实务实践为核心的螺旋式提升学生综合素质的培养途径。

1. 集中定向培养模式——信达投资顾问班(简称信达班)

信达班 CO-OP 教育计划是由国际金融学院、信达证券和学生三方共同参与并由学院和信达证券组织运行的一种教育模式,是各自依托自身优势,联合培养高素质、高技能金融人才的一种产学合作人才培养模式,即教学计划的 CO-OP、教学内容的 CO-OP、教学过程的 CO-OP、教学评价的 CO-OP。该计划与普通本科教育模式有一定的差异性。信达班教育计划着重把课堂学习与证券投资领域真实工作体验相结合,学校学习与行业实践交替进行,即学生在修业年限中交替完成在校专业理论学期和在岗实习实践工作学期,其中工作学期总时长不低于 8 个月。在培养过程中,要求每位学生直接进入证券投资部门实习,熟悉证券公司管理制度、合规管理和风险控制机制,熟练掌握各类金融投资具体业务流程与操作技能,努力将学生培养成为适应证券业发展需要、具有胜任投资顾问和财富管理等实务部门工作能力的专业人才。学院及信达证券联合成立 CO-OP 管理及评价中心,建立完善理论实践双向评价反馈机制,学生顺利完成本计划后,除获得教育部统一颁发的学位和学历证书外,还将获得 CO-OP 教育资历证书。

2. 分散自愿申请模式——海外国内多维度实践实习基地

国际金融学院积极开辟并建立稳定的金融行业实习实训基地,不断探索"校内外结合,校内实验系列化,校外实习实务化,实习单位基地化"的实习战略。充分利用与行业在长期的人才支撑和技术支持中形成的"血缘"关系,建立了上海黄金交易所、中信银行浦东分行等一批长期固定的大型实训实习基地和产学研基地,为学生的技能培养和实际动手能力的提高设定了实践课堂,也广开了学生的就业渠道。与此同时,国际金融学院为配合学校各项国际交流项目,积极开拓英国等海外实习基地。

3. 强制校内培训模式——模拟银行

以本科评估为契机,大力建设模拟银行项目,加强课内实验课程建设,以验促学、学验并重,最大限度利用实验中心仿真金融实验室,做好学生课堂理论与实验实践的第一重结合。同时推进课内实验课程个性化选择进程,提高实验课程与实习经历的拟合程度。

(三)国际视野下基于 CO-OP 卓越金融人才培养模式的实践探索的启示

结合国际合作教育状况,总结案例经验与教训,启示如下:

1. 坚持以市场为导向,建立人才需求调研机制

CO-OP 内涵指出合作教育的中心思想是学校、学生、企业三者间的关系,在合作过程中,不论各方处于被动、主动地位,都应当以市场为导向,调研企业用人计划、市场劳动力饱和程度以及学生就业意愿等不同因素,有的放矢地根据不同调研结果确定学校与企业合作的深度与广度,保证 CO-OP 稀缺资源的合理配置。

2. 健全 CO-OP 协调机制,最大限度地发挥合作教育优势

CO-OP 合作教育是否能够全面如期展开,很大程度上取决于其协调机制健全与否。学校应该斥资完善 CO-OP 基础设施,完善组合架构,支撑项目运行的各类软件、硬件完备,最大限度地发挥合作教育的多重优势。

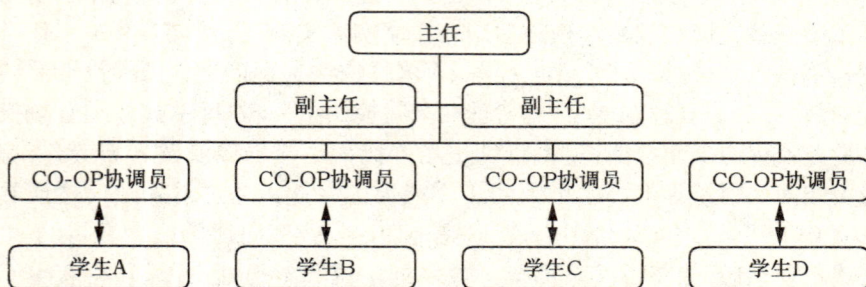

```
                        ┌──────────┐
                        │   主任   │
                        └────┬─────┘
              ┌──────────────┴──────────────┐
         ┌─────────┐                    ┌─────────┐
         │  副主任  │                    │  副主任  │
         └────┬────┘                    └────┬────┘
    ┌─────────┼───────────────┬──────────────┼──────────┐
┌─────────┐ ┌─────────┐  ┌─────────┐    ┌─────────┐
│CO-OP协调员│ │CO-OP协调员│  │CO-OP协调员│    │CO-OP协调员│
└────┬────┘ └────┬────┘  └────┬────┘    └────┬────┘
     ↕           ↕            ↕              ↕
┌─────────┐ ┌─────────┐  ┌─────────┐    ┌─────────┐
│  学生A   │ │  学生B   │  │  学生C   │    │  学生D   │
└─────────┘ └─────────┘  └─────────┘    └─────────┘
```

图 12.4　CO-OP 组织架构

3. 完善 CO-OP 反馈机制,动态重构合作教育体系

为保证 CO-OP 实施效果,保证合作教育质量,必须建立合理的反馈体系,以期达成学校、学生、企业三方的预期目标。同时,反馈机制一旦建立运行后,首先,必须保证机制的正常运转,不能无理由地任意中断;其次,每次反馈信息获得后,应当积极与其他各方联络,召开座谈调研会,及时调整合作项目瑕疵部分,杜绝获取信息后不作为行为;最后,保证合作形式的稳定是获得良好收益的前提,但同时它又是动态变化的,针对每一个学生、每一个岗位、每一个企业都有其与众不同的特征,CO-OP 反馈体系应该肩负不断重构微调的重担。

4. 普及金融文化概念,平衡校企文化差异

不论采取何种 CO-OP 合作模式,校园文化与企业文化始终存在差异与隔阂,参照国际金融文化内容,揣摩国际金融文化特质,在合作教育模式下利用学

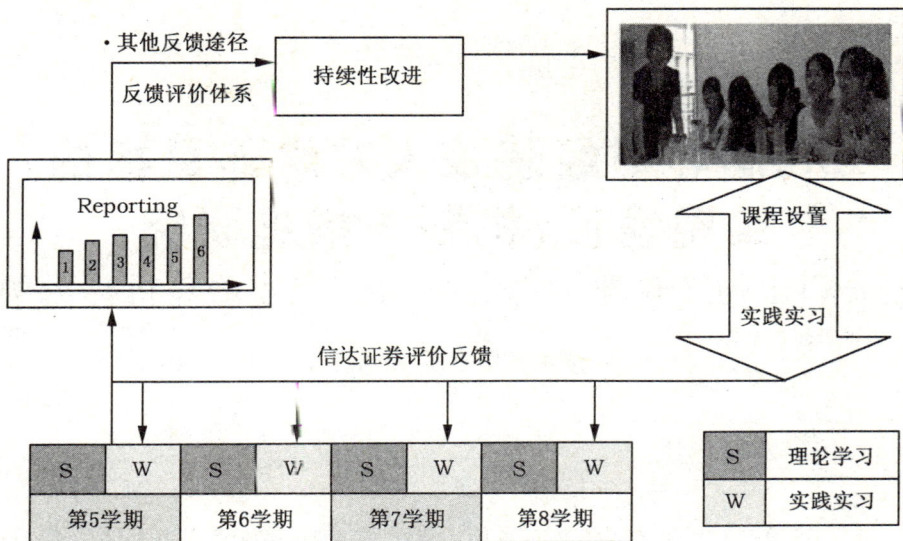

图 12.5　CO-OP 考核评价反馈体系

院、企业不同平台共同营造通行的国际金融文法氛围,建立积极向上、正直无私的金融伦理观,为学生的金融职业生涯奠定坚实基础。

5.加大双师型导师队伍建设,充分发挥行业指导委员会作用

CO-OP 合作教育模式下,起到关键作用的除了客观因素如畅通机制的建立,主观因素如导师资质的高低也有很大影响。学生从学校步入企业开始实习或工作学期期间,兼备理论知识和实务经验的双师型导师是这个项目能否成功的关键因素之一。因此,依托行业指导委员会加大双师型导师队伍建设刻不容缓。

参考文献

[1]Reeve R. S. *Employers' Guide to Work—Integrated Learning*[M]. World Association for Cooperative Education,Inc. 2001.

[2]Cheryl Cates and Kettil Cedercreutz. *Leveraging Cooperative Education to Guide Curricular Innovation*[M]. 2008.

[3]全国产学研合作教育学会.国外产学研合作教育及其给我们的启示[J].职业技术教育,2005(6).

[4]张炼.我国产学研合作教育发展的三个阶段[J].职业技术教育,2002(36).

13. 高等财经院校人才培养目标的实现途径、机制与措施研究

——以上海金融学院"三型一化"人才培养目标为例

国际经贸学院 杨新房

人才培养、科学研究和社会服务是大学的三大基本职能。而人才培养当属三大职能的核心和基础。人才培养质量直接影响着高校的竞争力和社会声誉。财经类高校是向社会培养和输送财经类专门人才的重要基地。近年来,在高校不断扩招、专业同构(特别是财经类院校)现象严重、就业困难、教育市场竞争日益激烈的趋势下,多数财经类高校都明确了或重新定位自己的培养目标,并制定各种配套措施来提升自己的竞争力。高等财经类院校的人才培养工作有其特殊性,必须制定科学的人才培养目标,并对其实现途径和机制进行认真探索。本文试图在对上海金融学院"三型一化"人才培养目标的实现途径、机制和措施进行探索的基础上,对我国其他财经类高校的人才培养工作提供有益的启示或借鉴。

自 2005 年建院升本以来,上海金融学院提出了"应用型、复合型、创新型和国际化"(简称"三型一化")的人才培养目标,通过制定和实施一系列相关配套制度措施来探索和践行这一培养目标。近年来,学校人才培养质量明显提高,多数专业毕业生就业率达到 95% 以上,社会和用人单位对我校毕业生的认可度逐步提高,学校的社会声誉不断提升。总体来说,我校"三型一化"人才培养工作取得了显著成效。但同时我校在"三型一化"人才培养过程中还存在一些问题,面临着一些困难亟待解决。

本文在分析"三型一化"这一培养目标提出的科学性及其内涵的基础上,分析"三型一化"人才培养目标实施过程中存在的问题,探索这一培养目标的实现途径、机制和措施,以期为更好地推进这一培养目标提出建议和对策。

一、"三型一化"人才培养目标提出的科学性

客观地说,上海金融学院"三型一化"人才培养目标的定位是非常科学的。这个培养目标的提出有其客观的背景:时代背景、地域背景和自身背景。

当今社会是创新型社会,在人才竞争日益复杂激烈、经济发展方式与社会需求正在发生巨大转变、社会对人才的综合素养要求越来越高的背景下,具有创新能力和创新精神、一专多能、通专结合且具有良好综合素养的创新型和复合型人才自然成为社会的必然要求和众多高校的人才培养目标之一。

上海是国际化大都市,正在逐步建设成为国际金融中心、航运中心、贸易中心和经济中心,"四个中心"建设催生了各类国际化人才需求。加之上海地处我国改革开放的最前沿,在世界经济全球化大背景下,上海金融学院将人才培养目标定位于国际化势在必然。

而应用型培养目标更大程度上则是根据自身发展背景提出的。上海金融学院前身是上海银行学校、上海金融高等专科学校,在技能型、应用型金融人才培养方面已有长达五六十年的悠久历史,已经形成自己的特色和明显优势。上海综合性高校甚至名校众多,如复旦大学、同济大学、上海交通大学、华东师范大学等,这些院校科研实力雄厚、博士和硕士学位授权点齐全、生源质量好,在培养研究型人才方面有着不可比拟的优势。上海金融学院尽管教师的科研素质非常优秀,教师的研究能力并不逊色(这一点可以从近年来国家社科基金和国家自然科学基金的立项情况得到证明),但作为新建升本院校,学校尚无硕士学位授权点,人才培养的学历层次单一(局限于本科和专科),加上生源质量限制等因素,将学校定位于"教学型"大学,将学校人才培养目标定位于应用型而非研究型人才培养,是上海金融学院发挥自身比较优势、错位竞争的理性选择。

人才培养目标具有阶段性特征。任何高校的人才培养目标定位都不是一成不变的,应随着社会发展、环境变化和自身发展情况的变化而相应调整,做到与时俱进。在学校发展的当前阶段,上海金融学院应用型、复合型、创新型和国际化人才培养目标是科学、合理的。保守估计,这一阶段在未来可能延续 10 年甚至更长时间。

二、"三型一化"人才培养目标的内涵

就其内涵来说,应用型人才培养目标与研究型人才相区别,突出人才培养的实用性,即讲求行业部门的实践和动手操作能力,但这并不排斥人才的基本研究能力培养,因为研究是创新的基础,没有研究能力就没有创新能力,没有研究能力的培养就无法实现创新型人才培养目标。应用型人才就业渠道主要面

向实践部门,这一点区别于研究型人才,但不能将应用型人才培养片面地理解为就是培养柜员或出纳等岗位的工作人员,因为复合型的培养目标又强调人才的人文、艺术、数学、外语、科技等综合素养,强调人才培养的"一专多能"和"通专结合",定位于高级经济管理人才的培养,定位于培养"未来的金融家"。创新型人才培养目标旨在提高人才的科研创新和工作创新以及对新环境、新业务的适应和开拓能力,核心是培养和提升学生创新意识和创新能力。国际化人才培养目标则通过国际金融、国际贸易、国际商务等专业知识和各种国际规则,构建人才的国际化知识架构,使学生不仅具备娴熟的国际交流能力,更具有开阔的国际视野和国际思维以及开展国际业务、国际市场的能力。

应用型、复合型、创新型和国际化四个人才培养目标,就其内涵来说是相互渗透、紧密联系、相互依托、互为基础、互为条件的,而不是相互独立的,不是割裂开来独行其道。离开其他培养目标,对任何其中一个培养目标的理解都是片面的,也无法达到其培养目的。在突出应用型人才特征的要求下,只有构建复合型人才的基础,才能培养人才的创新能力和国际化能力。

三、"三型一化"人才培养目标的实现机制、途径和措施

上海金融学院"三型一化"人才培养工作总体上是卓有成效的,对实现这一培养目标的机制、途径,以及学校为探索这一培养目标所采取的措施进行简要的归纳和梳理,有助于发现问题、总结经验、拾遗补阙,进一步推动学校的"三型一化"人才培养工作。

(一)制度保障是实现"三型一化"人才培养目标的基础

围绕学校办学定位和人才培养目标,学校相继制定出台的《上海金融学院中长期改革与发展规划纲要(2011—2020 年)》、《上海金融学院"十二五"改革和发展规划》、《上海金融学院师资队伍建设"十二五"规划(2011—2015 年)》和《上海金融学院"十二五"学科建设规划》,都明确和强调了"三型一化"人才培养目标定位,提出了明确的发展思路和发展规划,成为保障"三型一化"人才培养目标实现的制度基础。

人才培养方案是体现人才培养目标的核心载体。在教育部《关于进一步深化本科教学改革全面提高教学质量的若干意见》和《关于大力推进高等学校创新创业教育和大学生自主创业工作的意见》的精神指导下,上海金融学院于2010 年 6 月出台的《上海金融学院关于修订本科人才培养方案的指导性意见》成为指导实现"三型一化"人才培养目标的"纲领性文件"。其指导思想、培养目标、基本原则都充分体现了人才培养的"三型一化",特别是应用型人才培养的目标定位。

（二）课程体系的制定紧扣"三型一化"人才培养目标

课程体系是人才培养方案的核心。在制定课程体系时,上海金融学院 32 个本科专业(含方向)都紧紧围绕"三型一化"这一人才培养目标。各专业的课程均由四个平台、八个模块构成:公共基础平台、学科基础平台、专业方向平台和实践教学平台四个平台都由必修课和选修课两个模块构成。公共基础必修课模块开设的课程是国内高校普遍开设的数学、英语、计算机、体育和思政类课程等;学科基础必修课模块和专业方向必修课模块分别开设各个学科的基础核心课程和专业方向基础核心课程,多是基础性和理论性课程,这两个模块的课程设置旨在夯实学生学科基础,达到"厚基础"的目标,体现知识架构的专业特色,也是培养复合型人才的基础;专业方向选修课,更侧重相关专业的实务性课程和专题类课程,旨在突出人才培养的应用型特征;实践教学课模块除了主要包括毕业实习、毕业论文(设计)外,还包括社会实践和校内试验课程。校内试验课程是学生在实验室进行相关业务的模拟操作,而社会实践则是学生直接到实习基地或其他事业单位进行半年的生产实习,提高学生实践能力,是应用型人才培养的重要措施之一。实践教学平台学分占总学分的 16% 左右,略低于学科基础平台(17% 左右),可见其在整个课程体系中的重要性。学科基础选修课,主要设置同学科不同专业的一些核心专业课程供学生跨专业选择,体现人才培养"宽专业"的思想;公共基础选修课设置人文社科类、科学技术类、艺术体育类、国际视野类、创新创业类和研究类六类课程供学生选修,这些课程成为构建学生复合型知识体系、培养学生创新意识、提高创新能力和开拓国际视野的重要平台。从每年的选课情况看,这些课程较受学生欢迎,成为学校课程设置和整个人才培养方案的一个特色或亮点。

（三）围绕"三型一化"人才培养目标建设师资队伍

为突出人才培养的应用型、国际化特色,在重视教师科研能力的同时,学校特别注重教师的实践性和国际化教学能力培养,并采取了一系列具体措施:一是鼓励 45 岁以下的教师到相关企业进行为期半年或一年的挂职实践,打造"双师型"教师队伍,使教师不仅具备理论教学的素质,同时具备较强的实践教学的能力;二是分批次派出教学一线教师到海外进行为期半年或一年的访学或课程进修,使绝大多数教师都具有海外留学或访学背景,提高教师双语或全英语授课的能力,开拓教师的国际视野,鼓励教师借鉴国外经验引入新课程、新教材。当然,在教师招聘过程中,学校也有意识地向具有行业背景的双师型教师和具有海外留学背景的教师倾斜,以减少双师型、国际化师资队伍建设的时间周期和培训成本。以国际经贸学院的国际商务专业为例,现任 14 名教师中招聘时便具有行业背景的有 4 人,占 30% 左右,其中 1 人为高级国际商务师、1 人为上市公司副总经理、1 人为外资外贸企业副总裁、1 人为投资银行高管;近两年派出教师到企业挂职锻炼的有 2 人,2012 年双师型教师占比已达 45% 左右;通过派出教师进行国外访学交流,已有 9 人具备海外留学背景,占教师总数的比例已达 65% 左右。另外,学院已制定了今后两个年度内分批次到企业挂职实习和到英国、美国、加拿大等国外(海外)大学进行访学的计划,列入计划的教师有 10 人左右。

(四)办学活动紧密围绕"三型一化"人才培养目标

积极开展国际化办学是培养国际化人才的重要举措之一。近年来学校通过委派教师出国交流访学或讲学、聘请外籍教师上课、与国外高校互派交流生、安排学生到国外实习等形式,与十多所国外高校展开合作办学,在国际化人才培养方面成果显著;同时,通过积极推进教材的国际化,即提高使用国际通用经典教材的比率、提高双语教学和全英语教学的比例等途径全面推进人才培养的国际化培养目标。

为推进应用型、创新型人才培养,学校出台了《上海金融学院关于加强创新创业教育的实施意见》,2011 年专门成立了上海金融学院创新创业学院,积极开展创新创业知识教育,构建创新创业项目培育机制,搭建创新创业实践训练平台,开展学生创业实践,进行创业项目指导和孵化等工作。学校和二级学院还通过定期或不定期举办各类市级、区级或校级创业大赛,企业经营模拟沙盘大赛和单证操作大赛等途径提高学生的应用能力和创新能力。学校每年分批次拨出专项经费设立学生科创项目,鼓励学生科研创新活动。此外,建立实习基地,积极与企业、政府或其他机构开展产学研合作,也是推进应用型人才培养目标的重要途径和措施之一,仅国际贸易专业和国际商务专业的校外实习基地就达 14 个。

(五)人才培养模式贴近"三型一化"人才培养目标

学校各专业在人才培养模式改革方面采取的措施也都非常贴近"三型一化"人才培养目标。

以国际贸易专业为例,近年来通过鼓励和引导学生参加各种相关资格证书考试,践行"应用型"人才培养目标;推行"一张文凭、多张证书"的培养模式,教学内容与资格考试内容有机结合,提高学生资格考试的成功率,通过引导、鼓励和指导学生结合所学的专业知识撰写并公开发表学术论文,提高学生科研创新能力,践行"创新型"人才培养目标;有意识地将不同学科的知识融入专业课的课堂教学中,比如国际贸易实务实训课程的教学过程中就有意识地将国际商法、国际结算、国际市场营销、外贸函电、商务谈判、公共关系学以及计算机、外语等多学科和专业知识融进授课内容中,践行"复合型"人才培养目标;课堂教学过程中,不断提高英语教学的比例,提高学生英语思维和沟通交流能力,践行"国际化"人才培养目标。

　　再以国际商务专业为例。一是在课程体系设置中充分借鉴国外高校的做法,实现课程体系与国际对接,开设了国际商务环境、投资环境、国际商务运作规律等相关课程,注重培养学生的全球视野和跨文化交流能力。二是重视双语教学和案例教学。外语教学实行分层制,国际商务专业的学生从大一开始就接受较高水平的英语教育,并增加了高级视、听、说课程。专业课程中也设置了大量的全英语或双语课程。在 2011 年修订的教学计划中,10 门专业必修课中有9 门为全英语或双语教学课程,比例高达 90%。师资队伍中具有双语教学能力的教师占比 80.6%,大大提高了学生的专业英语水平和技能,提高了学生的跨文化交流能力。除开设案例教学课程外,不管是理论课程还是实务课程,都在不同程度上增加了实践教学内容,结合现实中的案例开展教学活动,注重分析能力和创造性解决实际问题能力的培养。三是突出实践导向。成立了行业指导委员会,与政府商务部门、国际商务企业共同研究、制订和实施培养方案。聘请政府商务部门和国际商务实务部门的业务专家开设国际商务实务系列讲座,提高学生国际商务的实务运作能力。人才培养方案中增加专业实践环节,并实行校内外双导师制。课程体系中开设模拟训练课程,对学生进行模拟操作等方面的训练,使学生在未出校门之前接受到高质量的专业模拟训练,大大提高了学生的实践能力和动手能力。校外实践基地也为提高学生实践操作能力创造了条件。学校成立模拟外贸公司,并建立了一套独具风格的运作系统,不仅为学生提供实践操作平台,巩固课程教学效果,提高实践和应用能力,也为学生创业和就业提供了机会和空间。四是兼顾从业资格培训。国际商务专业以提高学生综合素质和社会适应力为目标,相应加大相关从业资格考试培训的力度,如国际商务执业资格、外销员从业资格、报关员从业资格、报检员从业资格、国际货运代理从业资格、国际商务单证员、外贸单证操作员、BEC(剑桥商务英语)、物流师等资格考试,以适应上海建立国际经济、贸易、物流、采购中心的需要。

四、上海金融学院在实施"三型一化"人才培养过程中存在的问题及应采取的措施

　　上海金融学院在"三型一化"人才培养实践中取得了显著成绩,但通过调查和理性思考,也不难发现其中仍存在一些问题亟待解决。

(一)师生对"三型一化"人才培养目标的认知度有待进一步提高

　　当前,学校"三型一化"人才培养目标定位已经被绝大多数师生所熟知,但也有部分师生对学校的人才培养目标不了解,或了解不全面。笔者通过访谈的形式对 30 名教师、通过问卷的方式对 200 名学生进行了调研,结果发现能够全面正确回答出"三型一化"四个方面内容的教师有 26 人,能够回答 2～3 个的有

3 人,只能够回答一个的有 1 人,分别占比 86.67%、10% 和 3.33%;学生中能够全面、正确回答出"三型一化"四个方面的有 164 人,能够回答 2～3 个的有 29 人,只能够回答一个或完全不知道的有 7 人,分别占比 82%、14.5% 和 3.5%。尽管笔者调查的样本数有限(同时需要说明的是,教师访谈对象不包括中层及以上干部),但在一定程度上反映了师生对学校"三型一化"人才培养目标的认知度不高这一现实。这对学校"三型一化"人才培养工作的实施是不利的,学校有必要通过各种途径的宣传、讲解或推介来提高师生对其的认知度。

(二)师生对"三型一化"人才培养目标的认可度有待进一步提高

主观上,由于教师对"三型一化"人才培养目标内涵的理解不统一,甚至存在理解上的片面性和误区,有部分师生对该培养目标的认可度并不高。部分教师对"应用型"人才培养和"教学型"大学定位甚至持排斥态度,认为这样的定位较"低级"。造成这一现象的一个客观原因可能是一些中青年教师学历层次高,教育背景好,有较强的科研素质和良好的科研习惯,因此科研热情比较高,但学校科研奖励力度不高,由于师资数量的限制等原因,教师承担教学工作任务较重,两者形成了一定的矛盾或冲突,因此对应用型人才培养目标和教学型大学定位持排斥甚至抵制态度。这对推进学校"三型一化"人才培养工作也是十分不利的。众所周知,教学和科研两种活动本质上应是相辅相成、相互促进的。对此,学校一方面应广泛调查,了解大多数师生的想法,在做好解释和思想工作的同时,加大教师科研奖励力度,为教师营造更好的科研氛围和环境,同时加大师资的引进力度,扩大师资队伍,适度降低教师的教学工作压力。

(三)在人才培养过程中存在片面追求"三型一化"特征,从而出现顾此失彼甚至舍本逐末的可能性

"过犹不及"有其深刻的哲理,任何事情都一样。如果学校在人才培养过程中片面追求"三型一化"特征,就会出现顾此失彼、舍本逐末甚至违背客观规律揠苗助长的可能性,这种倾向是很危险的。笔者尚无法判断目前是否已经存在这种倾向,但认为提出这样的警示,防患于未然还是十分必要和有益的。

笔者发现目前有两个问题需要引起重视:

第一个问题是,为"国际化"片面追求双语和全英语授课比例,而忽视授课能力和教学效果。毋庸置疑,双语或全英语教学是人才培养国际化的重要途径之一,也是当前全球化背景下我国高等教育发展的一个趋势(更确切地说,是当下中国高等教育的一种潮流),但不考虑教师双语或全英语讲授课程的水平和能力以及学生的接受能力,盲目开设双语或全英语课程,不可能取得良好效果;而在不考虑教学效果的情况下一味开设双语或全英语课程,也根本不可能实现国际化人才培养的目标。笔者通过近几年与众多其他高校同行交流了解到,多数高校都存在学校层面积极推行双语或全英语教学,但教学效果较差,师生层面消极应对的现象。调查发现,学校也存在双语或全英语课程教师讲不清楚,学生听不明白,达不到课程开设预期目的的现象。为此,笔者建议,哪些课程要实行双语或全英语教学要经过相关教师的论证,不能单由领导拍板决定。是否进行双语或全英语授课,要综合考虑教材的完善情况、课程内容的难易程度、教师外语授课的能力和学生的接受能力,同时要考虑到该课程进行双语或全英语授课的必要性和意义等因素。例如,很多高校的教师认为,计量经济学、数学之类的课程就没必要用双语或全英语授课,起码在本科教育阶段是如此。通过论证的双语或全英语课程要经过一段时间的建设(包括教材建设、教案和课件建设、教师培训、双语或全英语课程的预课程建设等)才能实际开设,不能课程建设和课程开设同时进行。

第二个问题是,强调人才培养的应用型特征和创新能力培养,而忽视学生基础知识和基础理论的培养。从近几次人才培养方案的调整情况看,某些专业存在着基础课程学时不断压缩、实务性课程学时不断增加的趋势。全面系统的基础课程和巩固的专业基础知识是学习其他课程的前提,也是提高应用能力和创新能力的基础,离开基础理论和基础知识,应用型和创新型人才培养就是无本之木、无基之厦。一些学生在没有学完一年的学科基础课程的情况下,便热衷于学术论文写作和科创课题申请,进行各种科创活动,这种做法无疑是有害无益的。为此,教师应当对学生的科创活动进行科学引导,学校也有必要对科创课题的申报对象进行一定限制,如一年级新生、专业课平均成绩达不到规定绩点的学生不得申报等。

(四)落实"三型一化"培养目标的配套制度和措施有待进一步完善

尽管学校围绕学校发展、学科建设和人才培养制定了一系列的规划和指导意见,为学校"三型一化"人才培养提供了制度支撑,但这些制度还是框架性、指导性和粗线条的。学校必须进一步制定相关的配套制度和实施细则,制定相关的具体措施,从而为"三型一化"人才培养目标的落实提供完善的机制保障。

五、上海金融学院"三型一化"人才培养目标探索实践对其他高校的启示和借鉴

上海金融学院在"三型一化"人才培养过程中不断探索,取得了显著成效。人才培养质量明显提高,学生就业率稳步提高,2010年以来各专业就业率均在95%以上,社会对毕业生的认可度和评价不断提高,学校社会声誉不断提升。归纳起来,有三点启示可供其他高校借鉴。

(一)人才培养目标要结合校情,科学定位,不能盲目照搬

上海金融学院对应用型和国际化人才培养目标的设定,是综合自身是新建升本院校、应用型人才培养方面历史悠久、地处上海国际化大都市、区域内研究型大学众多等实际情况设定的。这一定位并不一定适用于其他高校。其他高校在定位人才培养目标时不能盲目照搬,必须结合自身发展情况和区位同类院校发展情况,科学定位,才能发挥比较优势,取得良好效果。

(二)突出特色,但不能舍本逐末

应用型和国际化是上海金融学院人才培养的一个特色,但在人才培养过程中同样重视学生学科基础和专业基础知识的培养,"宽专业、厚基础"仍是人才培养的一个基本目标,其完善的课程体系和学分设置充分保证了这一点。高校在定位人才培养目标时,突出特色和亮点很必要,但一定要避免顾此失彼、舍本逐末。

(三)实现人才培养目标重在落实和完善相关的制度和措施

上海金融学院人才培养目标之所以能够取得理想效果,是因为学校围绕"三型一化"人才培养目标制定了一套完善的配套制度和措施,并不断落到实处。高校在制定人才培养目标后,必须制定和完善相关的制度和措施,建立保障机制,才能真正实现人才培养目标,否则只是一句空话。

六、结语

"三型一化"是上海金融学院当前发展阶段人才培养目标的科学定位,对其内涵的科学理解和全面把握是顺利开展人才培养工作的前提。学校之所以在"三型一化"人才培养工作方面取得了一定成绩,是因为已经建立了相对完善的制度保障,并在人才培养方案制订、课程体系建设、师资队伍培养、办学活动开展、培养模式改革等方面都紧扣"三型一化"人才培养目标这一主题。另一方面,我们不能不看到,在探索"三型一化"人才培养事业的过程中还存在着一些问题,诸如师生对"三型一化"人才培养目标的认知度和认可度有待进一步提高,对其内涵和定位科学性的理解不深入甚至存在误区,在人才培养过程中存在片面追求"三型一化"特征,从而出现顾此失彼、舍本逐末甚至违背客观规律揠苗助长的可能性,配套制度有待进一步完善等。学校必须尽快完善机制,采取措施解决问题,才能进一步推进学校"三型一化"人才培养工作的快速健康发展,并为国内其他高校人才培养提供经验和借鉴。

参考文献

[1]杨新房.我校三型一化人才培养目标的实现途径、机制与措施研究[J].金融高教研究,2012(4).

[2]杨新房.高校人才培养目标实现途径[J].合作经济与科技,2012(9).

14. 关于应用型金融理财人才培养模式改革的几点思考

国际金融学院 章 劼

随着我国金融市场的迅猛发展和社会财富总量的不断增加,人们对现有财富和资产的保值与增值的强烈期望正在催生一个需求和潜在需求不断上升的金融理财市场,而且随着货币市场等各类金融投资理财市场的发展,商业银行零售业务、证券公司委托理财业务及其他金融服务中介机构理财业务与理财产品谱系的日臻完善,金融理财业必须迎接并不负这一历史性机遇。同时,我们也注意到,目前熟悉各类金融理财产品风险收益特性与金融理财产品研发技术、掌握客户风险收益偏好识别和金融理财综合解决方案设计技能、懂得金融理财规划与综合金融理财报告编制技巧、能够开展各类金融理财工具与产品风险收益特征分析及金融投资理财决策的专业金融理财人员严重紧缺,已经成为影响金融理财业和金融理财市场发展的主要制约因素。

因此,如何培养适合市场需求的专业金融理财人员已经成为各经济金融类高校的重要课题。在这种背景下,上海金融学院在2009年设置了金融学(金融理财方向)专业,经过近4年的实践,我们对应用型金融理财人才培养规格进行了大量的调研,并从金融理财人才培养目标与教学理念、素质要求与知识结构、课程体系与教材选用、教学团队与教学方法、第二课堂与素质拓展等方面进行了综合改革。

一、培养目标与教学理念

金融学(金融理财方向)专业培养德、智、体、美全面发展,具有从事金融理财工作应有的职业道德,系统掌握经济和金融基础理论,熟悉金融理财和经济法律相关知识,具备金融理财产品营销、金融理财财务预算、金融理财规划、金融投资决策与综合解决方案设计等方面的基本技能,并具有相应的分析问题和解决问题的能力,能在各种类型的金融机构、金融监管部门、金融中介组织从事金融管理、金融实务等相关业务的"应用型、复合型、创新型、国际化"专门人才。

为了能更好地适应中国经济发展及金融中心建设对金融人才需求的变化,突出培养适应经济市场化、自由化和国际化的金融人才的理念,同时,也体现了金融学专业在内涵深化和外延扩展上的办学思路,从而使得金融学专业的人才培养目标更加清晰,课程设置与市场更加贴近,更加有助于我校"应用型"人才的培养,体现"通专结合、以专为主、立足金融、面向行业"的人才培养理念。经过大量调研、论证,2012 年在原有的单一金融学(金融理财方向)下又设立了"金融理财师班"、"贵金属投资班"、"投资顾问班"三个方向班。在金融学(金融理财方向)培养目标定位的大前提下,三个方向班的公共基础必修课、学科基础必修课、专业方向选修课三个模块课程相同,而在专业方向必修课和实践教学必修课两个模块中侧重点不同,各具特色。"金融理财师班"侧重于金融机构尤其是商业银行金融理财师职业资格的培养。"贵金属投资班"侧重于金融机构尤其是投资公司贵金属投资管理的专业人才培养。"投资顾问班"侧重于金融机构尤其是证券机构所需的投资顾问、财富管理的专业人才培养。

在金融理财人才培养质量标准上,明确"宽口径、复合型、应用型"的金融理财专业通用人才培养质量标准。"通才教育"的思想应当贯穿整个教学过程,使学生具备较强的社会适应能力和调整能力,能够不断适应现代经济社会对金融理财人才的要求。要以"夯实基础、拓宽知识、强化能力、提高素质、发展个性、激发潜能"为原则,构建以学生综合素质教育为核心、以知识教育为主线、以能力培养为重点、以精神养成为突破口,坚持基础教育与专业教育相结合,明确知识传授与技能培养相结合的"基础厚、口径宽、适应广、能力强、素质高"的人才培养质量标准。

二、素质要求与知识结构

(一)基本素质

一个人是否具有光明的前途与其自身的素质息息相关,尤其在信息爆炸性扩张、经济复杂多变的背景下就更需要强调应用型金融理财人才必备的基本素质,而要实现这一目标,金融理财专业教育必须加强对学生以下几个方面的素质培养:

1. 树立远大的理想目标

没有远大的抱负,就会迷失前进的方向,综观古今,凡建功立业者无不树立宏伟目标,并为之奋斗终生。因此,树立为我国金融事业崛起和祖国经济繁荣昌盛而奋斗的远大理想目标,提高自身的事业心、责任心和道德水平修养,是学生能否成为对社会有用人才的重中之重。

2. 良好的心理承受能力

金融理财专业培养的学生日后一般都将从事与经济相关的理论、实务或管理类工作,由于现代社会经济发展瞬息万变,导致经济活动速度加快,竞争压力与日俱增,对日后从事金融理财工作的学生提出了巨大的挑战,因此,只有具备健康的心理承受能力,才能经得起市场经济的检验。而现在高等院校的学生大多是在应试教育的环境下成长起来的,心理承受能力比较脆弱,往往缺乏积极进取的激情,经受不住挫折的考验。因此,要有针对性地对学生进行心理健康教育和培训,提高其心理承受能力,这样不仅有助于提高学生的心理健康,完善他们的人格,而且还有利于提高金融理财专业学生的决策能力和预测能力。

3. 善于发现问题的头脑

随着经济全球化、一体化的不断发展,是否具备及时发现问题并能捕捉有效信息的头脑是衡量应用型金融理财人才的另一个必备条件。所以,应用型金融理财人才培养要注重对学生发现问题、提取有效信息能力的培养,特别是重视提高其判断、推理、逻辑思维的分析能力,从而为日后的深造打下坚实的基础。

4. 协调合作素养

现代社会越来越强调团队协作精神,以往那种独来独往、孤军作战、关起门来搞学问的方式已经显得过时了。金融理财人才的培养要通过高等院校向其传输沟通、宽容、合作、协调和双赢的团队精神理念,从而为其将来的发展奠定成功的基石。

5. 哲学素养的培育

要注意在平时的知识积累过程中学习一点哲学,提高方法论水平,形成科学的思维方式,多一点辩证法,少一点形而上学,这样无论是对理论的拓展还是人才的培养都是具有长远利益的。

(二)知识结构

仅具备基本素质还不符合成为一名合格的应用型金融理财人才的标准,还必须具有合理完善的知识结构,两者相辅相成、互为促进,可谓应用型金融理财专业人才的"左膀右臂"。我们的研究认为,合理的知识体系结构应具备以下几点要求:

1. 扎实的经济理论基础

这一要求旨在使学生拥有基本的经济学素养和经济学直觉,通过扎实的基础理论学习,使学生能够透过纷繁复杂的表象把握经济运行的一般性规律,并能在原有的层次上进行理论创新。

2.熟稔的专业知识

任何学科的发展都必须与时俱进,同样,经济类专业应用型人才的培养也需要根据经济理论实践的变化,有选择、有区别、有重点地向学生传播必要的专业知识。如果仅仅具备扎实的经济理论基础而没有熟练的专业知识,则违背了应用型金融理财人才培养的目标,即不但要广、博,还要精、专。因此,我们对金融理财专业知识体系进行系统性梳理,通过方式灵活多样的教学手段,使学生掌握必备的专业知识,提高其专业素养。

3.必备的专业工具性技能和方法论学习

数理、外语和计算机技能的掌握是培养应用型金融理财人才的"三剑客",如果缺乏对这三种技能的掌握,会直接影响到学生研究、分析和创新的能力。数学模型看不懂,外文文献不会阅读,计算机的基本操作不熟练掌握,怎能适应当今瞬息万变的金融市场,做好金融理财? 此外,还要通过对专业知识方法论的学习来训练学生分析问题、解决问题的能力,提高学生的方法论素养。

三、课程体系与教材建设

(一)课程体系

应用型金融理财人才培养应遵循"重应用、精专业、强素质"的总要求,在课程体系的构建上,努力践行"公共基础课要牢,学科基础课要精,专业方向课要特,实践教学课要实"的理念,全面渗透与积极推进创新创业教育,围绕培养目标与培养规格设置并建设科学合理的课程体系,满足并服务于应用型金融理财人才培养模式改革的需要。课程体系定位突出强化金融学(金融理财方向)专业的实验课程设置和实践教学体系的优化设计,为提高学生的实践应用能力和创新创业能力打造实验实践教学平台。积极探索学生综合素质拓展的新形式和新途径,为学生的职业发展和个性发展提供更宽广的空间。

如表 14.1 所示,金融学(金融理财方向)培养方案实行"平台+模块"的课程体系。构建公共基础、学科基础、专业方向、实践教学 4 大课程平台,在每个课程平台建立必修课程模块与选修课程模块(见表 14.2、表 14.3)。

表 14.1　　　　　金融学(金融理财方向)课程平台与课程模块结构

课程平台	学分	占总学分比例	课程模块	学分	占所属平台学分比例
公共基础平台	74	44%	必修课	64	86%
			选修课	10	14%

续表

课程平台	学分	占总学分比例	课程模块	学分	占所属平台学分比例
学科基础平台	29	17%	必修课	29	100%
			选修课	0	0
专业方向平台	38	23%	必修课	26	68%
			选修课	12	32%
实践教学平台	26	16%	必修课	20	77%
			选修课	6	23%
合　计	167	100%		167	

表 14. 2　　　　　金融学(金融理财方向)实践课时结构

课程平台	模块	总课时	占总课时比例	课程模块	总课时	实践课时	实践课占总课时比例
公共基础平台	必修课	1 055	40%	理论课时	817	318	12.1%
				实践课时	238		
	选修课	160	6%	理论课时	80		
				实践课时	80		
学科基础平台	必修课	490	19%	理论课时	451	39	1.5%
				实践课时	39		
专业方向平台	必修课	442	17%	理论课时	400	58	2.2%
				实践课时	42		
	选修课	204	8%	理论课时	188		
				实践课时	16		
实践教学平台	必修课	272	10%	理论课时	0	272	10.4%
				实践课时	272		
合　计		2 623	100%		2 623	687	26.2%

表 14. 3　　　　　金融学(金融理财方向)双语课时结构

课程平台	学分	总课时	课程模块	双语课学分	双语课学时	双语课占专业方向必修课比例
专业方向必修课平台	26	442	必修课	6	102	23%
合　计	26	442		6	102	23%

金融学(金融理财方向)人才培养方案设计为 4 学年的基准学制,毕业学分

不少于 167 学分,其中,课堂教学环节不少于 141 学分,实践教学环节不少于 26 学分。

1. 公共基础平台

包括两课、军事理论、大学语文、应用文写作、大学英语、体育、计算机应用基础、高等数学等课程。

2. 学科基础平台

包括微观经济学、宏观经济学、金融学、会计学、统计学、投资学、国际金融、财务管理学、经济法学、保险学等课程。

3. 专业方向平台

包括金融理财学、金融投资分析技术与技巧、商业银行学、金融分析报告写作、金融营销学、金融风险管理等课程。

特色课程包括:

(1)"金融理财师班"包括保险理财、税务筹划、金融理财规划等课程。

(2)"贵金属投资班"包括黄金投资分析、大宗商品价格分析、期货市场基础及法规等课程。

(3)"投资顾问班"包括证券市场基础、证券发行与承销、证券投资基金、投资银行学、期货市场基础及法规等课程。

选修课程包括:

固定收益证券、期货与期权、金融资产评估、金融监管、金融发展动态、国际金融中心建设动态、行为金融学、艺术品金融投资概论、银行信贷管理、博弈论、房地产投资学、金融风险案例分析、金融产品设计、信用管理学、金融伦理与职业道德等课程。

4. 实验教学平台

(1)"金融理财师班"包括金融投资实务、金融理财规划综合实验、模拟银行等课程。

(2)"贵金属投资班"包括金融投资实务、贵金属投资综合运作、模拟银行等课程。

(3)"投资顾问班"包括金融投资实务、投资顾问综合实验、模拟银行等课程。

(二)教材建设

以主干课程为主导,以行业实际要求为主要内容选用实操性和应用性最强的教材,根据金融理财职业具体运作过程建立模块化的教材体系,从而使学生"所学"在毕业后就能"所用"。

我们依托学校金融学科的综合优势,在金融学专业下新设置了金融理财方向。围绕这一新型专业方向的设立,建立了相应的课程体系。我们在总结以往教材建设的基础上,结合应用型本科教育的经验,借鉴国内外的先进理念和做法,组织了长期在实务部门、教学一线的教师,经过反复研究、讨论,推出了这套具有金融理财特色的六本系列教材,包括《金融理财学》《金融投资分析技术与技巧》《保险理财》《税务筹划》《金融投资实务》和《金融理财规划》。这套金融理财系列教材具有鲜明的特点:一是超前性。吸收了西方发达国家金融理财的理论和方法,对我国的理财实践具有一定的借鉴意义。二是创新性。教材的理论结构和内容体系思路新颖、体例独特。着眼于体制机制创新,形成"人无我有"的建设项目。引进国外最先进的金融理财理念,集投资、保险、税务、养老、子女教育等为一体,直接为社会各界人士最关心的切身问题提供解决方案。三是应用性。充分体现了应用型本科教学和金融理财专业方向特色,将基础知识、专业理论和理财实践融为一体,注重基础与专业的结合、理论与实践的结合,培养学生的专业技能和综合素质。

"投资顾问班"的课程教材包括证券市场基础、证券发行与承销、证券投资基金、金融风险案例分析、金融产品设计、金融伦理与职业道德等,我们采用与实务部门合作办学的方式,编写制定教案教材,合作建立课程网站。

"贵金属投资班"的课程教材包括黄金投资分析、大宗商品价格分析,以及一些实验教材。我们正在根据职业具体运作过程,与实务部门专家合作办学,建立模块化教材体系。

四、教学团队与教学方法

(一)教学团队建设

为提高金融学(金融理财方向)专业的教学水平和质量,通过培养与引进相结合,建设一支学历结构、年龄结构、职称结构较为合理的师资队伍,成为在同类院校中具有一定影响力的专业教学团队。

1.着力推进教学科研结合

金融学(金融理财方向)专业建设是一个广义的概念,既包括专业理论体系的构建、完善和发展,也包括与此相关的师资建设和人才培养。搞好金融学(金融理财方向)专业建设,必须从实际出发,着眼于金融学的当代前沿发展和未来变化趋势,充分发挥自身优势,注重专业知识结构调整。要把教学研究、学术研究放在专业建设的首位,加强对金融理财基础理论和热点问题的研究,加强对金融教育教学方法的研究,并以此引领专业发展。

2.选拔培养应用型专业骨干教师

金融学(金融理财方向)专业建设的发展和学术水平的提高,关键靠教师,特别是高水平的教学骨干。除了全面提高金融理财专业教师的整体素质外,还必须高起点、大力度地选拔优秀教学骨干。要充分认识教学骨干在金融理财专业建设中的重要作用,把振兴金融理财教育的着力点放在培养和造就优秀专业带头人上。加快培养和造就一支与金融理财教育发展相适应的教学骨干队伍,是金融理财教育界的一项根本性和战略性的大事。

金融学(金融理财方向)专业具有与金融行业、投资实践联系非常紧密的显著特征,因此着力推进并大力培养应用型专业骨干教师,是实现培养本专业学生应用能力、创新能力的关键。金融理财系每年选拔 2～3 位教师到商业银行、证券公司、基金公司、期货公司等金融实务部门进行较为系统的学习与研究,更好地把握金融学的发展方向及脉络,强化教师的社会实践与实务处理能力,打造一支具有很强实务处理能力的应用型专业教师队伍。双师型教师超过 50%。

3. 深化上海市优秀教学团队"金融理财实验教学团队"的内涵建设

专业方向建设的成功有赖于团队的合力推进。金融学(金融理财方向)建设要取得成就,关键在于优秀教学团队的打造。通过以课程、教学体系等建制的形式,形成若干教学团队。在此基础上,进一步完善实验教学团队的内涵建设,强化教学团队的实验动手能力与实务应用能力。积极组织教学团队成员前往兄弟院校同类实验团队进行访问交流,彼此取经学习,走教学团队"内涵式"发展道路。

4. 国际化能力培养

先后派出全部青年教师以访问学者身份分期分批赴美国马里兰州陶森大学、美国加州州立大学圣伯纳迪诺分校、丹麦尼尔斯布鲁克商学院、加拿大劳里埃大学等国外高校学习、进修、交流,开阔了知识视野,打下了坚实的双语教学能力。

(二)教学方法改革

(1)仿真模拟教学。金融学(金融理财方向)专业是一个实践性很强的专业,在加强理论学习的同时,绝不能脱离实践。通过实时资讯和真实证券与银行数据,进行设计性仿真模拟实验。借助证券交易实时行情交易系统,每年举办一些理财规划大赛和模拟股票、外汇、期货交易大赛,以及证券公司轻型营业部投资顾问活动等,培养了学生的职业素养、操作能力和风险意识。

(2)师生互动式教学。对有些适合自学的内容,大胆尝试让学生预习,由学生上台主讲,再由老师归纳总结、解答疑问,增加学生主动学习的积极性,并根据授课的内容随时进行提问,以考核学生对讲课内容的理解及掌握情况,激发学生的思维与创新意识。

(3)情景案例教学。引导学生将考虑问题的思路不拘泥于课本,而是独立思考解决方案。

（4）逐步构建网上论坛、网上教案、网上试题库，以提高学生自学的积极性与有效性。

（5）改革成绩考核的手段和方法。推进过程考核方式，提高教学质量和教学水平。

（6）推行导师制。让老师更好地了解和管理学生，也让学生更近距离地接近老师，从而有利于师生间的沟通。

（7）有组织地安排学生到校外实习基地进行实习，使学生能了解实际工作和最新的技术发展状况，提高学生的学习主动性，增强适应社会的能力。

（8）强化应用型教学特色。开发以能力为中心的课程，请"兼职教授"CO-OP 授课或案例讨论，或做学术讲座，或指导学术论文。加强专业教学与实际操作的联系，提高学生的动手能力。让学生切身感受企业第一线岗位如何操作，以造就毕业后即能上岗的应用型特色鲜明的人才。

五、第二课堂与素质拓展

应用型金融理财人才培养的就业方向：面向商业银行、证券投资公司、期货投资公司、投资咨询公司、基金管理公司、贵金属投资公司、保险公司、城乡信用社、政策性银行、中央银行、企业财务管理部门、金融监管部门等金融机构从事客户经理、储蓄、会计、信贷、大堂经理、投资理财、市场营销、金融监管、资金调度等岗位的工作，也可以在非金融机构从事经济分析预测、市场营销、管理等工作。

（1）培养学生对国内外经济发展形势的综合分析判断能力，主要是依靠金融投资研究会为抓手，组织学生学习、交流、讨论国内外经济发展形势，如欧债危机考验与中国宏观经济政策、2012 年中国经济形势与成长之坎等。结合 CO-OP 模式来探索如何培养学生综合素质与社会实践能力。通过组织并指导学生参与当前的宏观经济形势学习与研讨，使学生在宏观战略方面具备综合分析能力与把握经济发展方向的能力，为进行微观方面的理财产品设计与营销方案的制定提供基础。

（2）培养学生的金融理财分析技能与规划方案设计能力，主要是依靠金融理财中心为抓手，培养学生收集客户资料的技能、熟悉各种理财产品的特点，以及对理财规划方案的设计，使学生增强理财意识。采取方式组织并指导本校及外校学生参与上海市大学生理财规划大赛的系列活动，其中我校学生获得"平安证券杯"第二届上海市大学生理财规划大赛特等奖、一等奖、二等奖、三等奖各一项；指导学生参与"中信杯"第一届上海市大学生理财规划大赛，其中负责指导小组的华仁斌同学等获得特等奖,指导的其他小组分别获得一等奖、二等奖等。此外,结合 CO-OP 模式来探索如何培养学生综合素质与社会实践能力。通过大赛全过程的参与,真正锻炼了学生分析问题、处理问题的能力,同时也培养了学生的理财意识与服务社会的精神。

(3)通过科创活动培养学生金融理财的行业分析与写作能力,依靠组织各类学生科创项目活动及科创项目竞赛为抓手,通过鼓励并引导理财专业学生参与学校组织的各类科创项目比赛,如挑战杯、大学生课外学术科技课题 、银校杯等,指导学生申报课题、撰写课题分析报告、撰写专业论文等,培养学生的分析与写作能力。由我系老师指导的学生获得全国挑战杯二等奖、三等奖各一项,获得上海金融学院大学生课外学术科技课题立项多项,在学术期刊上发表论文一篇,并有多篇工作论文。

(4)培养学生的人际交流、沟通能力与理财业务营销能力,依靠学生金融理财沙龙为抓手,采取通过搭建学生金融理财沙龙,组织学生定期就理财领域的某些主题活动进行讨论、交流,尤其是对相关理财产品的介绍与营销,培养学生的人际交流、沟通能力与业务营销能力,并注重理财职业道德与金融伦理的培养。

参考文献

[1]范祚军,唐菁菁. 我国高校现代金融人才培养模式研究[J]. 创新,2012(4).

[2]曹源芳. 全球背景下金融学人才培养模式的转型[J]. 金融教学与研究,2009(3).

[3]于长福,奚道同,郭强. 应用型本科院校金融学专业课程体系改革的研究与实践[J]. 商业经济,2010(4).

[4]周建松,郭福春. 基于职业能力本位的高素质技能型金融人才培养[J]. 中国高教研究,2008(3).

[5]上海金融学院. 本科教学工作合格评估自评报告[R]. 上海:2011.11.

15. 基于科学商店模式的金融消费者合作教育机制构建

财税与公共管理学院 张毅强

副校长 吴大器

产学研办公室 张学森 黄文君

　　高校产学研合作教育是一种以培养学生全面素质、综合能力和就业竞争力为重点,利用学校、科研院所、政府、企业和社区等不同教育资源和环境,采取课堂教学与学生实习、实践相结合,培养创新型和应用型人才的教育模式。[1] 这一模式在欧美的成功范例之一,就是自 20 世纪 70 年代兴起于荷兰并迅速被美国、加拿大、以色列、南非等 60 多个国家和地区借鉴成立的大学生科学商店。在上海市科委的大力支持下,科学商店也已成为上海高校产学研合作教育的一种全新机制和载体。而在全球金融危机背景下成立的上海金融学院大学生科学商店,则立足于金融专业特色,以金融消费者教育为主要任务,依托学校优质的金融师资人才力量、金融实验室条件开展各种免费金融咨询、培训和教育,形成了与浦东新区科协、金融监管机构、金融企业共同参与金融消费者合作教育的良性互动局面,为"应用型、复合型、创新型、国际化"卓越金融人才的培养提供了科技活动、创新实践和应用能力培养的平台。

　　本文将从上海构建金融消费者合作教育机制的现实需要出发,把引入科学商店机制作为推动高校支持和参与金融消费者合作教育的重要手段,力求在借鉴上海金融学院大学生科学商店金融消费者合作教育活动成功经验的基础上,深入理解科学商店的运行机制和活动模式,进而探索在卓越金融人才培养过程中以科学商店模式推动高校、政府、金融监管机构、金融企业和社区之间进行资源整合以及创新大学生培养模式和机制的崭新路径。

---

〔1〕 张恩栋等. 国内外高等学校产学研合作教育模式的研究[J]. 教学研究,2006,29(3):196—199.

一、研究背景综述与核心概念界定

金融消费者合作教育是此次金融危机之后在全球范围内引起高度重视和深入研究的一项重大课题。在美国次级债危机中,对金融知识所知甚少的消费者被误导购买了复杂的金融产品,这被认为是导致危机发生的重要原因,因此危机发生后,美、欧、日等发达国家和地区进一步加强了金融消费者合作教育的力度。[1] 而我国的金融消费者教育尚处于起步阶段,可探讨利用大学生科学商店模式推动产学研合作,构建政府、高校、金融企业与社区之间互动、互助的合作教育机制。

(一)核心概念界定

1.金融消费者教育

金融消费者在我国还不是一个明确的法律概念,但一些金融服务业发达的国家却早在 20 世纪末就开始使用这个名词了。对于"金融消费者",各国的定义方式不同。国际金融危机之前,美国对"金融消费者"没有明确的定义,主要通过信息披露制度等对金融市场的参与者进行教育和保护;但在金融危机之后,美国的金融白皮书则明确把金融消费者权益保护作为金融监管的主要目标,并引入高校参与金融消费者合作教育。[2] 日本对"金融消费者"有明确定义,即在金融商品交易之际,相对于金融机构专业知识的弱势一方当事人,并推动形成了高校参与的金融消费者合作教育机制。[3] 综合我国《消费者权益保护法》对"消费者"的界定和美、日等国对"金融消费者"的界定,结合金融消费者保护的实际需要,考虑"行为目的"和"行为主体"两个方面,本文把"金融消费者"界定为在金融商品交易或服务过程中,处在信息弱势的一方的自然人或法人。由此,金融消费者在购买金融产品和服务时,收集信息并进行分析,然后根据各自的价值,参照环境和不断变化的经济社会情况,对可以利用的选择对象和资源进行"意识决定",并对其行动结果可能给经济和环境带来的影响做到心中有数,这一能力的培养和开发过程就是本文所指的"金融消费者教育"。

2.产学研合作机制

"产"是指具有生产力转化功能的各种社会组织,包括最初单纯的技术型生产企业以及现如今市场经济体系中一切从事与物质财富生产相关的,与大学、

〔1〕 刘贵生,孙天琦,张晓东.美国金融消费者保护的经验教训[J].金融研究,2010(1):197—206.

〔2〕 刘一展.构建我国金融消费者保护机制的若干思路[J].消费经济,2011,27(2):82—86.

〔3〕 中国人民银行西安分行课题组.关于加强我国金融消费者保护的研究报告[J].西部金融,2010(7):6—7.

公共研究机构进行互动的各种组织。"学"是指高等院校，主要是从事人才培养和学术研究的机构。"研"是指科研院所，即从事科学研究的机构。从广义角度看，产学研合作是指不同社会主体之间在技术要素组合方面的联合与协作，它既可以指不同主体之间的横向合作，也可以指其内部的纵向一体化；从狭义角度讲，产学研合作就是指以企业为代表的各种社会组织、高等院校和科研院所之间在技术创新和生产力转化过程中的合作，力图将教育、科研、开发、中试、生产、销售集为一体，是科研、教育、生产不同社会分工在功能与资源优势上的协同与集成化，是技术创新上、中、下游的对接与耦合。产学研合作机制就其实质而言，是为了保障创新活动的成功进行，政府、大学、科研机构、企业等社会组织共同制定了一系列的方式方法使彼此联合，并以一定的组织形式使各方相互促进、相互制约，从而达到各种效益的最大化。[1] 由此可见，产学研合作机制的形成实际上是政府、大学、企业三方互动博弈的结果，随着内部因素和外部环境的不断变化，机制的调整和创新就变得尤为重要。

3. 大学生科学商店

科学商店是由大学、科研机构、科普场馆和其他一些民间团体组织的且满足社区居民的科学要求的非营利性机构。因此，欧盟委员会认为，欧洲多样的科学商店紧贴市民，并用科学服务于地方社区和非营利性组织。无论是由大学或是独立机构赞助，科学商店都有一个基本的特征：为公众、市民团体或非政府组织提供科技方面的服务。[2]科学商店运用双向互动的科学传播机制和多方联结的产学研合作机制，支持科研人员深入社区，拓宽研究范围，为社区居民提供科学和研究服务，为大学生创造实践和了解社会的机会。科学商店将社区居民提出的问题用科学研究的专业词汇加以表述。在导师的指导下，学生进行项目研究。根据不同的研究级别，学生通常可获得学分。研究最后要形成报告或其他对居民有用的产品。学生可从中获得有价值的技能，如问题定义、制订项目研究计划、培养交流和沟通能力等。参与项目的教授和研究者可以获得撰写科学著作的案例，进一步进行理论分析，而且指导工作作为教学的一部分，每一个参与者都从事他们所计划的工作：教育、学习和研究。充分地调动和发挥师生的志愿服务精神和理念，构建政府、高校、企业与社区之间的产学研合作机制，这就是科学商店能够在大学里以相对低的成本进行运作的原因。

（二）研究背景与文献综述

自 20 世纪以来，消费者教育从美国开始逐渐兴起，尤其在经历了 1998 年

---

〔1〕 高峰.产学研合作创新模式的研究与探索[D].上海交通大学硕士学位论文,2011.
〔2〕 洪耀明.欧洲科学商店及其启示[J].科普研究,2007(2):27－31.

和 2008 年两次金融海啸的风险与阵痛之后拓展到金融领域。通过衡量公众的金融知识水平,各国学者发现在世界范围内普遍存在着公众对金融知识的无知,即使是金融业高度发达的美国也不例外。研究表明,对金融知识的无知降低了消费者的福利,金融消费者合作教育会提高消费者的金融知识水平和影响其金融行为。[1] 多数学者认为,金融消费者合作教育是有效的,并研究如何提高其有效性,包括对目标教育对象、金融活动知识领域和教育时机的选择。例如,Lyons 和 Neelakantan、Shockey 和 Seiling 认为,如果合理利用跨学科理论以指导金融知识教育实践,将大大提高金融知识教育的效果,Mandell 则强调互动和趣味性在金融知识教育中的重要性。[2] 就国内而言,2008 年清华大学中国金融研究中心参考美联储的消费金融调研,根据中国实际情况进行设计,开展了"中国消费金融与投资者教育"第一期全国性调研。除此之外,国内尚没其他专门针对金融消费者合作教育的研究课题、论文或专著。就金融消费者教育活动开展而言,银监会于 2010 年 11 月 28 日首次开展了全国性的公众金融教育服务日活动。各种金融企业,如银行、证券、基金和保险公司等也在此次金融危机之后,在各自营业领域开展了形式多样的投资者教育活动。但在金融消费者教育方面,我国目前还没有类似欧美和日韩等金融发达国家比较完善的产学研合作机制。不过,上海金融学院大学生科学商店在这个领域的有益尝试,为政府、高校、金融企业和社区之间长期合作机制的建立提供了新的思路和发展路径。

从大学生科学商店角度而言,这一产学研合作模式的兴起将大学的 3 个使命——教育、科研与服务——结合起来,有助于拆除高校与社会之间的壁垒。其中,四方面的支持因素对科学商店模式的正常运行至关重要:(1)当事人(顾客)组成的社会对科学研究的需要和支持;(2)专家学者提供教育科研资源的支持,如大学生可以获得学分、学校同意研究人员从事科学商店项目;(3)院校主办或支持科学商店;(4)雇员(专职人员)从事科学商店的中介工作(由主办单位招聘)。[3] 上海大学生科学商店是依托大学、根植社区的科学研究与普及组织,是连接大学和社会的桥梁。2006 年,上海市科委决定,在"十一五"期间,依托上海高校建立 10 家科学商店。华东师范大学于 2006 年底建立了国内首家科学

〔1〕 Patrick J. Bayer, Bernheim B. Douglas, and John K. Scholz. The Effects of Financial Education in the Workplace: Evidence from a Survey of Employers[J]. *Economic Inquiry*, 2009, 47(4): 605—624.

〔2〕 Shawn Cole and Gauri Kartini Shastry. Smart Money: The Effect of Education, Cognitive Ability, and Financial Literacy on Financial Market Participation. Harvard Business School Working Paper. Boston, MA: Harvard University, 2009: 9—71.

〔3〕 喀斯潘·德·鲍克. 科学商店——社区与大学的桥梁[J]. 世界科学, 2006(1): 39—40.

商店,之后上海海洋大学、华东理工大学、同济大学等高校也相继依托自身的专业特色,建立起自己的科学商店。截至 2011 年 7 月,上海已建立了 12 家科学商店,覆盖包括崇明、金山在内的上海全部 17 个区县的 100 多个社区,累计有近3 000 余名师生走进社区-开展大型科普活动百余次,立项课题达 338 项,完成课题180 项,惠及民众达百万人次。具体到上海金融学院大学生科学商店,更是在金融消费者教育领域形成一整套开展产学研合作的全新机制和载体。

国内外研究现状表明,由于美欧等金融业发达国家和地区的各大高校本身就有比较强的金融专业,并具有与金融监管和从业机构长期在培训、师资和教育方面的交流经验,因而在危机后很快形成了一套比较完善的金融消费者合作教育机制。就我国而言,虽然自 2008 年以来各级金融监管机构、银行、基金、证券和保险公司开展了大量的投资者教育活动,但是没有针对普通公众的金融消费者合作教育活动,因而急需高校以大学生科学商店等形式对这一领域的参与、影响和帮助。就大学生科学商店而言,目前上海已经有了比较好的发展基础,并基本奠定了其良性的组织、管理和运行机制,而上海金融学院大学生科学商店更是在这个方面进行了重点突破。因此,如果能有效借鉴这一模式,完全可以实现高校优质金融教育资源与市民金融知识教育需求之间的无缝衔接,为卓越金融人才的培养创建高校教育资源与社会优质金融产业资源合作及互动的平台。

二、上海金融学院大学生科学商店及其金融消费者合作教育机制

经市科委批准、市科普促进中心授牌,上海金融学院大学生科学商店于2010 年 11 月 25 日正式成立。它以"依托高校、根植社区、服务居民"为宗旨,以居民需求为导向,以师生为主体,服务于学校"复合型、应用型、创新型、国际化"的"三型一化"人才培养目标,实现了高校人才培养、科学研究和社会服务三大职能的统一,已经成为一种有效提升学生科创能力与社会责任感的产学研合作教育新机制。

(一)上海金融学院大学生科学商店及其金融消费者教育活动概述

上海金融学院大学生科学商店秉持"根植大学、服务社区"的理念,以"金融"为特色,以经济、法律为主要研究方向,结合居民生活中的实际需求,进行以金融消费者教育为主体的科普活动。就组织架构而言,在两年多的时间里,上海金融学院大学生科学商店已经组建家庭理财咨询、金融法律咨询、计算机与网络和书画艺术辅导四个服务部,分别在浦东新区曹路镇、张江镇、金桥镇开设了三家分店,且在上海市科委的推动下进入崇明长兴、新海、城桥三镇考察并开展特色服务。就课题立项研究而言,上海金融学院科学商店与上海市金融工

委、市金融服务办、浦东新区科协、区司法局合作,以金融消费者教育为核心,引进开展了"金融消费者保护"等 26 项课题,累计获得各方面资金支持达数百万元,并出版了《市民金融法律知识读本》、《企业金融法律案例知识读本》等书。就活动开展而言,上海金融学院科学商店启动了"金融消费者教育"宣讲调研活动,组织了 60 支科普小队,在全市范围进行了大规模的金融、法律知识科普活动,完成调研问卷 3 000 份;依托家庭理财咨询服务部举办了 4 次"市民金融大讲堂",邀请时任昆明市副市长刘光溪、上海市金融纪工委主任季文冠、浦东新区副区长严旭和著名财经类节目主持人左安龙为主讲嘉宾;依托金融法律咨询服务部举办了"金融法律知识进社区"、"金融法律知识进企业"和"金融法律知识进中小学"的"三进"活动,分别在曹路镇社区、金桥镇企业园区和张江镇中小学校区开展金融法律援助及讲座活动,详解时下热点的金融、法律知识。

(二)上海金融学院科学商店金融消费者合作教育机制的五大创新举措

目前的金融监管机构及银行、证券、基金、保险等金融企业所开展的金融消费者教育活动,都没有真正实现金融消费者教育主客体之间的关系联结,因而造成目前上海的金融消费者教育总体上处于固化、静止的状态,没有实现优秀教育资源的系统整合、自由流动和有效配置。[1] 上海金融学院的大学生科学商店尽管在实践中还不够完善,却在经费投入、社会动员、创新激励、协调管理和评估反馈五大机制层面对此进行了突破和创新。

1.“一引导、二配套、三吸收”的经费投入机制

金融消费者合作教育机制良性运转的前提是存在一定数量、规模的优质教育资源,这首先需要建立良好的经费投入机制。上海金融学院大学生科学商店在其建立和发展过程中,为拓展和完善教育财力资源的筹措和配置渠道,进行了一系列有益的尝试,其创新机制大体可以归纳为"一引导、二配套、三吸收"。

(1)一引导,即以政府投入为引导。国外政府在科学商店起步初期给予了充沛的经费支持,如荷兰政府每年投入经费 3 800 万美元。[2] 对于上海金融学院科学商店而言,市科委的经费支撑是其运行的重要支持力量。但是,市科委的资金投入主要以立项的方式进行,重在引导并推动各高校科学商店的正常启动。对于社会效益明显的产品和服务项目,市科委在预算基础上进行优配;反之,则可能被削减经费甚至取消立项资格。

(2)二配套,即高校和区、街政府进行资金配套。在前期投入资金的引导

〔1〕 张毅强,吴大器.基于大学生科学商店的上海科普资源整合与利用机制创新[J].上海第二工业大学学报,2012,29(2):151—155.

〔2〕 江敏,夏博平.科学商店——走出象牙塔的又一步[J].教育论坛,2007(17):22—23.

下,市科委明确要求高校、街道和区县政府以一定比例进行资金配套。例如,上海金融学院科学商店在初期就建立了由市科委拨款、学校1:2比例配套资金、区科协配套资金共同组成的科学商店发展基金。同时,争取各服务部所在地的社区给予资金和场地的相应支持,定点开展金融消费者服务。

(3)三吸收,即吸收企业资助、吸收社会捐助、吸收合理盈利。缺乏社会资源对教育领域的投入,包括社会捐助和教育产业投资,是我国教育事业与发达国家存在巨大差距的主要原因之一。上海金融学院科学商店以市科委投入的资金为"催化剂",吸取各种力量参与金融教育资源的开发,为社区民众和中小企业提供优质的服务。对于完全公益性的金融教育项目,科学商店积极争取个人、企业或民间基金会等渠道的资金支持;对于部分面向中小企业服务的金融咨询项目,则采取"费用分担"的方式;对于国有银行、证券、基金和保险公司等大型金融企业的委托研发项目,则按市场机制收费,开拓自身的盈利能力。

2."政府主导、两翼齐飞、三足鼎立"的社会动员机制

构建金融消费者合作教育机制的必要条件就是全社会的广泛参与,这就需要建立动员机制。上海金融学院科学商店经过两年的探索发展,初步建立了"政府主导、两翼齐飞、三足鼎立"的社会动员机制,鼓励社会各主体积极参与金融消费者教育活动。

(1)政府主导,即强调各级金融监管机构、市科委、市教委和团市委等相关政府部门在社会动员中的主导和支配地位。政府能够利用政治体制的力量动员国家垄断的金融教育资源,在整个动员体制当中居于核心。上海金融学院科学商店的成立首先依托于市科委的政策、资金和组织动员;市教委从学生素质培养、教学安排和社会见习等方面全方位加强了与大学生科学商店项目的对接;团市委针对大学生科学商店的志愿者出台了相应的动员措施;市、区两级的金融监管机构也以立项方式对金融消费者教育出台了相应的激励保障制度。

(2)两翼齐飞,即高校和区、街科协的积极参与、广泛动员。就学校层面而言,上海金融学院科学商店由分管科研工作的副校长亲任总负责人;产学研办、科研处、教务处、人事处和团委作为领导协调小组成员,在各自领域出台专门的动员政策;学生则通过志愿服务活动,为科学商店的金融消费者教育项目奠定了良好的群众基础。就区、街层面而言,上海很早就实现了科委与科协的合署办公,在"两级政府、三级管理、四级网络"覆盖之下,区、街科协拥有相当大的自主权,在基层管理过程中可以通过居委会等群众性组织发动社区民众和中小企业参与金融消费者教育。

(3)三足鼎立,即学生社团、社区居委会和各种金融企业的鼎力支持。首先,科学商店的骨干是既具有金融专业知识又充满志愿服务热情的大学生,这就需要

充分发挥学生会、学生志愿者服务中心及各种学生公益性社团的组织动员能力。其次,社区居委会虽不是一级政府,但具有丰富的基层社区服务的经验和强大的社会动员能力。最后,银行、证券、基金、保险公司等金融企业的专业指导和资金支持,也是科学商店金融消费者教育活动持续发展的重要驱动力。

3. "科技创新、学生创业、社会创智"的创新激励机制

产学研合作教育的终极目标是实现全社会创新能力的塑造与培养。为此,就必须通过建立创新激励的机制,推动教育资源向有创新意愿和能力的群体聚集,并在实践过程中实现科技创新向现实生产力的转化。上海金融学院科学商店对此进行了积极探索,构建了"科技创新、学生创业、社会创智"的创新激励机制。

(1)科技创新激励,即政府、高校、社区、企业共同出资奖励大学生科学商店在服务过程中所创造发明的各种应用型科技研究成果和专利。上海金融学院科学商店成立了专门的发展基金,对接各类金融消费者合作教育的项目和应用成果、专利等拨专款给予奖励,市、区、街科协层面也都有相应的奖励措施。此外,对于切实解决了企业实际问题的服务项目,获益金融机构也愿意出资购买相应成果。

(2)学生创业激励,即政府、高校、社区、企业等多方联手,在科学商店的产学研合作过程中积极扶持具有创业能力和良好项目基础的大学生实现创业梦想。目前,上海金融学院成立了专门的创业学院,依托银行、证券、基金和保险公司等各类金融企业建立了各种创业基地,开设了多门创业教育课程,开展了各种形式的创业教育,设立了专门的学生创业基金以鼓励学生创业。

(3)社会创智激励,即在全社会营造提升公众金融知识素质、提高公众金融风险意识的良好氛围。上海金融学院科学商店重视的是分析型智力、实用型智力和创新型智力融为一体的社会创造型智力,强调依靠金融类高校的资源优势沟通专业金融机构与专业教育机构之间的联系,提升整个社会对智力创新的评价和激励,帮助金融企业与社区公众之间建立安全、互信、法治的契约关系,并为社会性的创智行为提供稳定的制度保障。

4. "联席协调、跨区整合、三方制衡"的协调管理机制

金融消费者教育需要借助政府的宏观调控能力和监管责任,实现跨部门、跨行业、跨地区的联动,进而建立科学商店独立运营的平台管理体系。上海大学生科学商店在实践过程中对此进行了落实和扩展,并构建了独具特色的"联席协调、跨区整合、三方制衡"的协调管理机制。

(1)联席协调,即以联席会议机制多层面协调大学生科学商店运营过程中的各种复杂关系。首先,上海市科普工作联席会议办公室作为最高领导机构,定期组织政府部门、高校以及上海大学生科学商店总店相关负责人召开联席会

议,承担该项目的决策、指导、支持、考核和评价工作。其次,各高校科学商店联合成立上海大学生科学商店总店,以联席工作会议方式对各高校科学商店的具体工作内容和服务项目进行协调。最后,上海金融学院也成立了专门的领导小组,定期以联席会议的方式开展工作,对本校科学商店进行科学指导和管理。

(2)跨区整合,即抓住高校目前拥有多个校区、辐射多个区县的特点,推动金融教育资源的跨区流动和优化配置。上海金融学院在完成新建本科评估和新校区建设的情况下,拥有分处浦东和杨浦的新、旧两个校区,其科学商店及其服务部在跨区服务过程中也按照各校区所在区、街的需要对教育资源进行统筹配置。同时,浦东新区以上海金融学院科学商店为核心,为在其辖区内定点服务的 7 家高校的科学商店制订了专门的"浦东计划",结合陆家嘴金融城的优质金融资源重点推进金融消费者教育活动。

(3)三方制衡,即政府、高校和社区之间就科学商店的运行过程、服务内容和对接机制等问题进行平等协商。上海市科普工作联席会议办公室在负责市级层面统筹的同时,把科学商店的运营自主权下放给上海金融学院,鼓励其获取与政策配套的区、街层面资金和场地。浦东新区科协、各镇政府则组织当地社区和企业与上海金融学院科学商店进行协商,确定服务时间、方式和具体配套机制。实践证明,这种既重视民主协商和参与又强调协调与平衡的机制,代表着社会管理机制的创新,反映了城市教育资源整合利用的发展趋向。

5."立足实效、全程控制、多方参与"的评估反馈机制

金融消费者合作教育有明确的目标,因而需要对参与组织和个人的教育行为及其结果进行评价反馈。上海金融学院科学商店强调要针对社区公众的金融理财需求开展消费者教育活动,尤其重视其活动效果的绩效评估和反馈,并形成了"立足实效、全程控制、多方参与"的评估反馈机制。

(1)立足实效,即以包容性增长理念为指导,实现对科学商店科研服务能力、可持续发展能力和社会效益的综合评估。为此,上海金融学院强调落实上海大学生科学商店评估指标,以基础保障、项目实施、工作成效、特色创新 4 个一级指标、14 个二级指标和 32 个三级指标对金融消费者合作教育活动进行全面考察,力求"为公众解决生活实际问题、赢得媒体赞誉、形成具有实际价值的成果",并专门设定了"社区反映和媒体报道"指标,强调成果的实际应用和社会反响。

(2)全程控制,即从立项评审、过程管理和结项考核三个层面对科学商店进行全面监控和严格管理。首先,在政府层面,严把立项评审环节,以控制数量和发展速度来确保科学商店的工作质量和成效;其次,在上海金融学院层面,着重考核科学商店的日常管理,并针对金融消费者教育项目建立专门的评价、激励

和保障机制;最后,学校的评估结果将作为新一期科学商店项目立项的依据,对于考核不合格的项目予以撤销,从人、财、物上全面保障科学商店的长效运转。

(3)多方参与,即分别从政府、高校和社区三个层面,以及服务对象满意度调研、学校自评和专家评审三个阶段对科学商店进行立体化评定。上海金融学院科学商店首先开展为期 1 个月的自评与准备工作,邀请学校主管领导、当地社区居民代表和金融机构负责人对相关活动的满意度调研结果进行考评,随后将自评报告和相关支撑材料提交社区、镇和区政府相关部门进行复评,经其同意并盖章之后上报。在此过程中,上海大学生科学商店总店还会不定期地组织巡查和互评活动。最后,在自评报告的基础上,上海市科委还将组织专门的评审会,确立下一年度各高校科学商店的立项资格和拨款额度。

三、以科学商店模式推进金融消费者合作教育机制构建的对策建议

金融消费者合作教育机制的构建涉及金融领域内各政府部门、高等院校、企事业单位以及广大公众间的责、权、利关系,各要素之间相互促进、相互制约的连接方式,以及各环节有效协同完成其合作教育目标的运行方式和相关制度保障系统。科学商店模式则以一种介于政府、高校、社区之间的产学研合作模式,在实际运行中形成了独特的互动机制(见图 15.1),从而确保了金融消费者合作教育过程中主客体及各种优质资源的有效联结与合理配置。

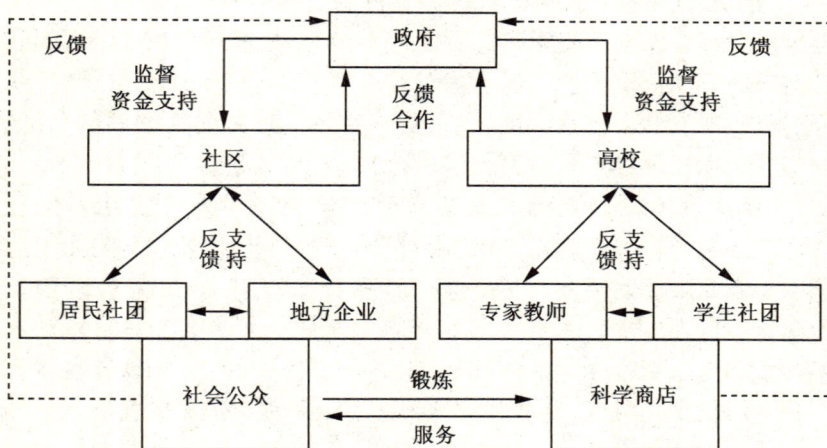

图 15.1　科学商店的政府—高校—社区产学研合作机制

(一)基于科学商店模式的金融消费者合作教育机制剖析

1.政府—高校—社区的产学研合作机制

科学商店协调发展的实质是，建立政府、学校和社区之间的产学研合作机制，并且各司其职。政府享有政策与资金资源，制定规划，搭建平台，引领方向；高校享有金融理论知识、实验室条件和高素质的师生等优质教育资源，创造条件，营造氛围，实施激励；社区享有活动场所、实践基地以及当地金融企业和民众形成的社会资本网络等资源，配合高校，支持政府，服务自身。在这个政府—高校—社区产学研合作模式中，政府以其强有力的政策与资金资源构造高效而又有序的科学商店运行机制，并用制度化来实现其良性循环；高校以其优质的教育资源作为科学商店的重要组成部分，惠泽千家万户；社区的社会资本网络资源则为高校的长期发展和政府的稳固执政提供了动员基础。因此，科学商店的协调发展关注了学校、专业、学生自身发展的需求，又充分服从和服务于经济和社会发展的进程。

2. 需求引导与自我营销的互动式发展机制

金融消费者教育是在经济快速发展背景下，上海在国际金融中心建设进程中实现"包容性增长战略"的重要内容，因而必须与现代城市的社区文化建设有机结合起来，使之成为满足人民群众日益增长的物质和文化需求的重要途径。现代社区管理的复杂程度，使各级政府意识到创建文化和谐社区必须结合高校、企业和当地民众的力量，实现互动式的共同发展。而高校的自我"营销"能力和专业能力，与社区对其信任程度和授权尺度相关联。由上海金融学院大学生科学商店在金融消费者合作教育上的阶段性成果，联系到目前上海大部分高校具有综合性、复合型特征，普遍开设了金融类学科或相关课程这一有利条件，这些都充分表明，完全可以利用大学生科学商店这一模式，针对民众金融理财和投资的知识需求以及金融机构业务拓展的工作需求，在高校、政府、金融企业和普通金融消费者之间构筑沟通、交流和知识普及的桥梁和通衢。而在相同背景下，那些能够主动联络、积极反映、自我推销、创新能力强的学校以及金融等普及面广的专业学科，容易受到社区的重视和欢迎，这样，反过来也为高校学生提供了很好的"基于社区的研究"等独立课程以及专业课程的实习环节。

3. 功能定位与科创服务的参与式管理机制

从对科学商店的定位分析而言，政府对科学商店的功能定位及管理方式的进退，与科学商店自我调适和成长的快慢相互关联，即把科学商店看作简单的学生兴趣小组还是可以给社区文化建设增加重要筹码的组织，直接影响到政府管理方式的设计、给予活动空间的大小和对科学商店其他成长条件的培养；科学商店店员（即具有专业特长的大学生）科创服务水平和能力质量的好坏，直接与高校支持及科学商店店员自身影响力相关联，进而与政府对科学商店的作用估计和重视程度相关联。上海金融学院在金融消费者合作教育领域的先行、先试，证明完全可以借用科学商店先进的服务理念、完善的组织架构、丰富的门店资源和现成的活动机制，依托高校的金融学科优势，整合教师、学生和教学设施等方面的资源，努力建设高校之间、高校与金融监管机构和金融企业乃至社区之间资源共享、开放合作的知识服务和教育培训平台，不断提升上海高等教育对经济社会的知识服务能力。同时还可以吸引上海优质的金融产业资源为金融专业学生提供实习、就业、科创和志愿服务的场所和机会。

4. 政府推动与三方互补的内源性动力机制

就我国而言，靠"官办"和高校学生加入成长起来的科学商店，必然先天受到政府、社会、舆论等各方面条件的支持，这也是加快科学商店在我国发展的第一推动力。正如《上海市中长期教育规划纲要（2010—2020 年）》指出："高等教育担负着培养高级专门人才和推动经济社会发展的重要使命。要推进高等教育内涵建设，全面提高高等教育质量，坚持走创新型、开放型、特色型、服务型发展之路，提高创新人才培养水平，增强知识创新和知识服务能力。"因此，高校科学商店与政府合作中的自身定位、与社区和政府双重关系的处理水平以及自身实力和影响力增长的速度，从长远看则构成科学商店与社区良性互动的根本性、持续性的信息源和动力源。科学商店的自身作为和努力程度，既在具体项目或问题上决定了其对社区居民文化需求的回应和配合效果，也将在长远意义上决定政府在多大程度上关注和研究这支作用逐渐增大、有利于和谐社区建设的重要力量。

（二）以科学商店模式创新金融消费者合作教育机制的四点举措

在上海的国际金融中心建设进程中，上海各高校以卓越金融人才为培养目标，灵活借鉴科学商店模式，以金融消费者合作教育为切入点和突破口，创新教育机制、改革教育方法、扩展教育对象、提升教育服务意识，这既是我党创建学习型党组织、把创新人才和终身学习的理念纳入党和国家发展的大局之中的战略需要，也是各高校探索并推行创新型教育方式方法、主动适应和服务经济社会发展的必然选择。为此，仍需要从如下四个方面对基于科学商店模式的金融消费者合作教育机制进行完善和发展：

1. 创新金融消费者合作教育的领导管理体制，强化统筹协调力度

强有力的统筹协调和领导是构建科学、合理的金融消费者合作教育机制的关键环节。目前，上海市各级政府科教部门的联席会议制度仍主要以不定期的会商工作机制为主，决策、社会动员、配置资源、监督评价等职能和作用较弱，不能有效地协调解决金融消费者教育资源共建共享的一些关键问题。特别是对于社区而言，教育与公民素质建设直接相关。因此，上海"大部制"改革将原来的科教党委一分为二，实际上对于金融消费者教育资源的整合与利用以及教育

事业的统筹发展来说,都增加了协调与管理成本。

因此,建议针对教育资源整合与利用的问题,在工作中加强市科委与市教委之间工作协调的刚性。由两者共同统筹上海教育资源的经费筹措、开发建设、整合共享。这种新的管理体制有利于将金融消费者合作教育纳入上海"科教兴市"发展的总体战略规划,实现科技创新与大众教育的协调统一;有利于加大教育资源整合与利用的力度,优化资源配置,解决教育资源利用效率低下的问题。

特别是要借鉴科学商店"联席协调、跨区整合、三方制衡"的宝贵经验,致力于促进金融企业、学校、政府部门之间的合作与联系,共同整合金融消费者教育资源、组织社区活动,充分发挥政府金融监管机构、高校金融专业院系、金融企业等主体所拥有的各类教育资源的整合效应。

2. 完善金融消费者合作教育的经费投入机制,改变教育经费投入不足的局面

第一,规定各级政府投入教育的经费比例,充分发挥公共财政支持金融消费者合作教育的基础作用。政府继续加大教育投入,调整教育经费占政府财政支出的比例,争取在 2020 年以前使政府投入教育的经费占政府财政支出的20％～25％。

第二,建立健全金融消费者合作教育的投融资机制。借鉴科学商店"一引导、二配套、三吸收"的经费投入机制,学习国内外足球彩票、福利彩票的经验,通过发行教育彩票吸收社会资金支持上海市公益性的教育资源开发、建设与共享,同时以更大力度的税收优惠政策鼓励银行、证券、基金、保险公司等金融企业增加对金融消费者合作教育的投入与捐赠。

第三,采用上海大学生科学商店"立项引导、费用分担"的做法,着手建立专门的上海金融消费者教育基金会,牵动社会上更多的资金投入金融消费者合作教育。上海金融消费者合作教育基金会可以参照上海软科学基金的赞助模式,负责领导和管理基金,形成独立的专门性机构,负责实际运作。

3. 健全金融消费者合作教育的社会动员机制,调动社会各方面力量

第一,增强以项目引导教育资源整合的能力。在建立上海金融消费者教育基金会的基础上,借鉴科学商店"政府主导、两翼齐飞、三足鼎立"的社会动员机制,设立金融消费者合作教育项目资助制度,尽量多地资助高校、社会组织和个人承担项目,同时要求承接项目的高校、社会组织和个人匹配相应资金,拉动社会资金、地方财政、个人资金加大对金融消费者合作教育项目的投入。

第二,激励企业捐赠或投资金融消费者合作教育项目的意愿和力度。对企业投入金融消费者教育资源建设的资金,以及企业用于开展和资助公益性金融消费者教育的资金给予免税优惠。鼓励企业联手大学生科学商店,积极创造条

件主办、参与或赞助社区金融消费者教育活动;鼓励银行、证券、基金和保险公司等金融企业以及跨国金融机构向上海金融消费者教育基金会捐赠教育经费。

第三,支持教育类非政府组织积极参与上海金融消费者合作教育。鼓励有关政府部门对教育团体和非政府组织开展金融消费者教育项目给予资金支持,鼓励非政府组织积极争取银行、证券、基金、保险公司乃至跨国金融机构的资金捐助。在全市范围内积极推广科学商店模式的有益经验,调动各类社会组织参与金融消费者合作教育,为社区公众提供优质的金融理财咨询与服务,创建参与、实践、创新的学习型社区。通过大学生科学商店等模式大力推动金融消费者教育的志愿者队伍建设,加强对高校师生志愿者的业务培训,并以其作为组织和引导社区居民开展金融消费者教育活动的骨干队伍与核心力量,努力提高社区居民的满意度。

第四,强化全社会构建金融消费者合作教育机制的舆论导向,增强公众的参与热情。充分发挥市委、市政府对金融消费者教育的舆论导向和指引作用,重视发挥大众传媒在营造金融消费者教育氛围中的重要作用,在继续巩固广播、电视节目、报刊栏目中金融消费者权益保护内容份额的同时,在博客、微博、网络论坛等新兴舆论阵地上增加金融消费者权益保护的内容,并以其作为金融消费者合作教育的重要组成部分。

4. 建立完善金融消费者合作教育的激励、监督和评价机制

第一,引入激励机制,增强各方参与金融消费者合作教育的动力。借鉴、采用大学生科学商店中项目招投标及项目过程管理制度,提高现有金融教育资源的利用效率。通过大学生科学商店充分利用高校优质的金融教育资源,实行金融消费者合作教育项目的职业岗前培训、任中培训,并建立上岗后的业务考核和继续教育制度。大力倡导高校师生运用区、街科协和社区的资源开展教育教学改革研究,并有义务通过科学商店模式以志愿服务回报所在社区的民众和金融企业。

第二,借鉴大学生科学商店"科技创新、学生创业、社会创智"的创新激励机制,建立健全金融消费者合作教育的奖励表彰制度。要构建由政府、高校、人民团体、科研团体和企业基金组成的多层次、多渠道奖励机制和体系,大力表彰那些无私奉献、具有高超教育能力、受到群众欢迎的教育专家,优秀教育活动组织者、师生志愿者,以及高校等教育机构,广泛宣传他们的事迹,提高他们的社会地位,激发他们参与金融消费者教育事业的热情。

第三,强化金融消费者合作教育的监督机制。依法加强对各级政府对教育经费投入的检查与监督,确保金融消费者教育能够有基本条件开展。加强对教育经费使用情况的监督,切实保障金融消费者合作教育的公益性,加强对现有

教育资源的质量检查,建立政府、高校、科研机构、金融企业在金融消费者合作教育方面的自我约束和监督机制,加强对产学研合作教育过程的监控。加强传媒资源建设,强化大众传媒对金融消费者教育传播时间、时段的保障,建议普遍设立金融消费者权益保护与教育的栏目,并仿效广电总局的做法,对广播、电视的播出时间作出明确规定。

　　第四,吸收大学生科学商店"立足实效、全程控制、多方参与"的成功经验,建立上海金融消费者合作教育的评价反馈机制。尤其要建立科学合理的评估指标体系,对金融消费者合作教育的全过程进行监测。要引入包括政府、高校、社区、金融企业、社会团体在内的多种机构,从多种视角进行系统评估,并积极向社会公众反馈评估结果和整改情况,不断提升金融消费者合作教育的效果。

参考文献

[1]张恩栋等.国内外高等学校产学研合作教育模式的研究[J].教学研究,2006,29(3):196—199.

[2]刘贵生,孙天琦,张晓东.美国金融消费者保护的经验教训[J].金融研究,2010(1):197—206.

[3]刘一展.构建我国金融消费者保护机制的若干思路[J].消费经济,2011,27(2):82—86.

[4]中国人民银行西安分行课题组.关于加强我国金融消费者保护的研究报告[J].西部金融,2010(7):6—7.

[5]高峰.产学研合作创新模式的研究与探索[D].上海交通大学硕士学位论文,2011.

[6]洪耀明.欧洲科学商店及其启示[J].科普研究,2007(2):27—31.

[7]Patrick J. Bayer, Bernheim B. Douglas, and John K. Scholz. The Effects of Financial Education in the Workplace: Evidence from a Survey of Employers[J]. *Economic Inquiry*, 2009,47(4):605—624.

[8]Shawn Cole and Gauri Kartini Shastry. Smart Money: The Effect of Education, Cognitive Ability, and Financial Literacy on Financial Market Participation. Harvard Business School Working Paper. Boston, MA: Harvard University,2009:9—71.

[9]喀斯潘·德·鲍克.科学商店——社区与大学的桥梁[J].世界科学,2006(1):39—40.

[10]张毅强,吴大器.基于大学生科学商店的上海科普资源整合与利用机制创新[J].上海第二工业大学学报,2012,29(2):151—155.

[11]江敏,夏博平.科学商店——走出象牙塔的又一步[J].教育论坛,2007(17):22—23.

16. 产学研模式：反思与重构
——以会计专业应用型人才培养为例

会计学院 蒋小敏

当前，会计职业领域已从传统的记账、算账、报账为主，拓展到内部控制、投融资决策、企业并购、价值管理、战略规划、公司治理、会计信息化等高端管理领域，从而对会计人才的培养提出了新的需求和挑战。传统的会计教育培养出的人才在专业知识结构、人才综合素质、实践动手能力等方面，与会计人才市场需求的专业人才是相脱节的，很难适应经济社会发展需要。这就要求应用型会计人才的培养模式进行改变和调整。财政部在 2010 年制定的《会计行业中长期人才发展规划（2010－2020 年）》中，把推动会计行业产学研战略联盟作为会计人才队伍建设的主要政策措施之一，明确指出："各级财政部门要推动建立以用人单位为主体、以市场为导向的产学研战略联盟；要推广以院校教学为主体、以单位实践为补充的会计人才培养模式；社会各界应当履行社会责任，搭建会计人才培养平台，共同推动应用型会计人才培养。"

产学研模式已经成为许多应用型人才培养的典型模式，效果非常显著。但随着社会经济发展环境的变化，现行模式的问题逐渐显现，其效果在不断递减，需要与时俱进，不断优化变革，探索新的产学研合作模式。下面主要以会计专业应用型人才的培养为例进行分析。

一、我国产学研模式的发展历程

20 世纪 50 年代初，以美国斯坦福大学为代表建立的旨在推动地区经济发展的"硅谷模式"，积极推动学术界和产业界紧密合作，在产学研合作的发展历程中是一个重要的里程碑，具有划时代的意义。20 世纪 60 年代以来，这一模式在北美洲、欧洲、澳大利亚和日本等地迅速发展，并取得了良好效果。

我国产学研合作的历史可以追溯到 20 世纪 80 年代。1985 年,国内一些院校学习加拿大滑铁卢大学的经验,采用"一年三学期、工学交替"的模式进行产学研合作教育试验。1992 年,国家经贸委、国家教委和中科院等部门共同组织实施"产学研联合开发工程",至此产学研合作的工作逐步受到政府、高校和科研院所的重视,引发了我国学术界对产学研合作理论的研究,从而在实践上使产学研各方对合作的有效形式进行不断的探索。1997 年,教育部发出《关于开展产学研合作教育"九五"试点工作的通知》,确定在 10 个部委、2 个直辖市的 28 所院校立项进行试点。此后,产学研合作教育一直作为提高高校人才培养质量的重要形式加以提倡并得到了迅速的发展。

迄今为止,产学研合作教育模式多种多样,归纳起来,主要有以下三种形式:

(1)学校与企业合作的形式。它的主要特点是,学校和企业通过双向选择,签署合作协议,建立联合产学研合作的关系,共同制定产学研合作教育的人才培养目标、方式和科研计划等(如"3+1"式、"三明治"式等)。

(2)校内产学研合作的形式。它的主要特点是,高校自己在校内建立生产和实习基地,通过模拟企业工作和生产的全过程来培养教育学生和进行科学研究。在这种校内产学研合作教育的模式中,学校承担了企业和学校两个角色。

(3)企业办教育的合作形式。某一行业的大公司或集团公司建立企业下属的大学和技术学校等,主要采取科学研究所进行的产学研合作教育形式,为该企业集团培养应用型人才。

第一种学校与企业合作的形式是产学研合作教育模式中最普通、最主要的形式,第二种对学校要求很高,第三种对企业要求很高。因此,后两种形式在实践中比较少见。现行产学研模式以第一种形式为主。

二、现行产学研模式存在的问题和原因分析

我国产学研合作经过二十多年的实践,取得了很大的成绩,但也产生了一些问题,特别是进入 21 世纪,有些问题表现得相当突出和严重,主要有:一是产学研合作教育出现高校积极性高而企业相对冷淡的"一头热、一头冷"现象;二是高校和学生的期望高而企业评价低的"一头高、一头低"现象;三是学生重视工作实习而轻视理论学习的"重实习、轻学习"现象。

之所以出现这些问题,其原因主要有:

第一,产学研合作由行政主导向市场主导发生了转变。我国产学研合作教育的雏形出现于计划经济时代。当时,产学研合作教育主体之间的联系主要是政府在发挥主导作用,学校处于相对优势或主动的地位。但随着市场经济体制的建立,校企之间的合作少了政府指令性计划的安排,市场经济中的利益原则

成为主宰合作的核心因素,企业根据自身经营管理的需要来决定是否参加校企合作,比较理性。学校的地位不再具有优势,甚至逐渐处于劣势。[1] 这种形势的变化使得学校对学生实习热情很高,而企业对实习则比较冷淡。当前,学校往往会主动想方设法动用各种关系、资源等去寻找和设立学生的实习基地,或者化整为零,由学生自行寻找实习机会。

第二,目前我国总体上人才供给大于需求。大学扩招使人才市场由"卖方市场"转为"买方市场",大量高素质人才的出现,使得企业对学生的实习不重视。以往企业人才难求,如今变成毕业生工作岗位难求。企业对人才和技术的追求是参与产学研合作教育的最大动力。当企业对人才的追求变得十分容易的时候,对产学研合作教育的热情和动力自然将大为降低。例如,据 2007 年的统计,全国 1 089 所本科院校中(含独立学院)设置会计学专业的高校有 508 所,占本科高校总数的 46.6%,招收的本科生为 80 867 人。目前,会计从业人员超过全国总人口的 1%,已经成为世界独有的"超级会计大国"。[2] 会计人才供给量大也导致了企业不重视缺乏经验的学生。

第三,目前学校学习的专业内容与企业实践需求之间脱节,学生在课堂学到的知识内容比较陈旧落后、知识面比较狭窄,难以满足企业的需求,同时学生学习的积极性也不高。例如,在市场经济多元化与信息技术高速发展的情况下,会计的牵涉面越来越广,会计工作不但要完成基本的核算职能,更要完成成本控制、风险管理与投资决策等重要职能,这就要求会计学专业人才要掌握多层次的知识结构。[3] 再如,2006 年,我国已颁布与国际趋同的新会计准则体系。新准则蕴含了新时期会计变革的丰富内涵。它强化确认和计量的判断标准,为会计政策选择提供了更多的空间。这些要求会计专业的人才培养,不仅关注技术知识,而且强调人本理念和伦理道德,关注人的全面健康发展,因而需要对会计专业的学生加大人文、社科方面的内容,以及经济管理、社会学和法学等相关内容。[4]

因此,现行的产学研模式已经很难适应当前社会经济的发展形势,不能很

〔1〕 郎耀秀. 新形势下产学研合作教育的反思及发展路径重构——基于地方院校应用型人才培养的视角[J]. 中国电力教育,2011(5).

〔2〕 盛明泉,翟胜宝. 会计专业本科毕业生失业问题剖析——基于会计专业学生在校教育角度. 中国会计学会 2009 年学术年会论文.

〔3〕 王亚萍,王远利. 会计学专业应用型人才培养的现状及模式优化[J]. 会计之友(下旬刊),2010(5).

〔4〕 盛明泉,翟胜宝. 会计专业本科毕业生失业问题剖析——基于会计专业学生在校教育角度. 中国会计学会 2009 年学术年会论文.

好地满足应用型专业人才培养的需要,亟须探索新的产学研合作模式。

三、产学研模式的重构

上文分析了现行的产学研模式出现的各种问题及原因,如何来解决这些问题? 我们认为,应该将产学研的合作关系贯穿于整个教学的各个环节,包括专业学科建设、课程体系设置、师资队伍建设、实践性教学等,而不是将产学研合作仅作为其中的一个环节。目前在人才培养中,往往是先集中进行理论的教学,再进行实践的教学,人为地割裂了理论与实践的统一,不利于应用型人才的培养。

(一)专业学科建设

在专业学科建设方面,应吸收业内人士参与专业论证和建设,针对社会岗位、职业素养、人才规格开展调查研究,论证专业设置的必要性和发展前景。应用型人才的培养必须是市场导向的,因此就需要根据市场需求来迅速调整和优化学科建设。如在会计专业学科建设时,可组织会计主管部门、企业、会计师事务所等财务专家开展论证,并就会计人才培养模式、会计人员素质构成、会计专业发展前景等方面进行研讨,从而为高素质会计人才培养、促进学生就业奠定良好的基础。应用型会计人才作为一个具有立体感的时间性概念,其内涵和要求随着经济的发展在不断变化。

(二)课程体系设置

课程体系是专业建设的重点,是社会职业需要与学科知识体系相结合的产物,是专业活动的内容和结构。课程体系的合理设置与否、质量高低、实施效果好坏直接影响人才培养目标的实现。在课程体系设置中,应该吸纳行内人士的参与和讨论,甚至在课程安排、课程大纲编写、教材编著等方面,都要吸收行内人士在实践中形成的知识经验,使得理论与实践充分结合在一起。

以会计专业课程体系设置为例。2005年,上海立信会计学院曾经组织了一次调查问卷,列出了我国会计教育过程中针对专业课程改革的选项,供用人单位做出选择,调查结果见表16.1。

表16.1　　　　用人单位对会计专业课程设置改革调查意见

不断更新会计专业理论知识(包括国外最新财会及经济管理理论)	19.76%
加强会计实践课程(包括校外实习)	30.68%
加强专业外语(双语教学)和计算机课程	22.12%
按社会的需求新增及调整现有的课程体系	13.86%
增大案例教学的比重	13.57%

资料来源:李锋(2008)。

由表 16.1 可以看出，用人单位认为"加强会计实践课程（包括校外实习）"的最多，其次是"加强专业外语（双语教学）和计算机课程"，再次是"不断更新会计专业理论知识（包括国外最新财会及经济管理理论）"。由此可见，用人单位最看重毕业生的实际业务操作能力，需要动手能力强、上手快的会计专业毕业生。会计是一门应用性较强的专业，强化实践教学是突出会计专业特色的需要，也是会计工作对学生实践能力的需要，还是本科教学理论联系实际突出应用性的需要。因此，应加大实践环节课程。[1]

（三）师资队伍建设

教育部教高［2006］16 号文件指出：要增加专业教师中具有企业工作经历的教师比例，安排专业教师到企业顶岗实践，积累实际工作经历，提高实践教学能力。同时要大量聘请行业企业的专业人才和能工巧匠到学校担任兼职教师，逐步加大兼职教师的比例，逐步形成实践技能课程主要由具有相应高技能水平的兼职教师讲授的机制。

以会计专业为例，教师没有实际的会计、审计工作经验，缺乏实际工作经验和操作技能，不能满足应用型会计人才培养需要。建立双师型教师培养机制，鼓励教师多参加会计师、评估师、审计师的考试，走出校园，学习其他院校的教学方法与模式，取长补短。鼓励教师到企业进行产学研见习活动，以全面提高他们的专业实际工作经验。聘请企业财务工作者到学校担任兼职教师，以改善师资队伍结构，强化和提高实践教学水平。

（四）实践性教学

根据一份对会计毕业生的回访调查[2]，在问到"认为学生最佳实践性教学方式是什么"时，回答"校外实训"的占 48%，回答"校内模拟"的占 20%，回答"两者均可"的占 18%。从中可以看出，校外实训和校内模拟都是很好的实践性教学方式。

1. 校外实训

不同的学科专业具有不同的特点。从学校应用型人才培养的角度看，要建立产学研合作的教学体系，必须首先研究哪些专业的哪些能力和专业素质可以在学校课堂培养，哪些素质要在企业现场培养，而哪些则需要在两种教育环境中进行协调培养。目前，许多学生在实习过程中往往缺乏清晰的实习目标，甚

---

〔1〕 李锋.关于我国会计专业课程体系设置的研究——基于国内各层次高校本科会计学专业的调查分析[J].中国管理信息化,2008(16).

〔2〕 刘书兰.我国大学会计教育的思考与探究——基于会计毕业生的回访调查[J].财会通讯(学术版),2006(9).

至在实习单位从事一些与专业内容没有关系的事务性工作，沦为企业的"廉价劳动力"，这种"为了实习而实习"的过程对提高自身的专业技能和素质基本上没有作用。

2. 校内模拟

为强化学生技能训练，可以通过建立实验室、模拟真实工作环境等形式，提高学生的动手操作能力。以会计学科为例，通过建立会计模拟实验室、网上会计模拟系统等实现会计教学全程、全真模拟教学，将业务训练贯穿于日常教学中。学生在学习基础会计、财务会计、成本会计、审计等课程时，按照学中做的学习要求，以账簿练习代替书面作业，通过填制真实的凭证、账簿、报表，边学边练，使学生在平日学习中熟练掌握会计实务操作技能，逐步实现学中做、做中学、教学做统一的教学模式。[1]

四、结束语

产学研合作教育是应用型人才培养的重要途径。我国现行的产学研模式在应用型人才的培养过程中发挥了重要作用，但随着我国市场经济体制的建立、高校扩招导致高素质人才供给的增加，以及教学内容和实践的脱节，现行产学研模式的弊端和问题日益显现，亟须探索符合产学研各相关主体需求的新模式。本文认为，新的产学研模式应该将产学研的合作关系贯穿于整个教学的各个环节，包括专业学科建设、课程体系设置、师资队伍建设、实践性教学等，而不是将产学研合作仅作为其中的一个环节。

参考文献

[1]刘力.产学研合作的历史考察及本质探讨[J].浙江大学学报（人文社会科学版），2002(3).

[2]汪泓.高等学校应积极借力企业培养应用型创新人才[N].中国教育报，2007－10－12.

〔1〕 杨小建，左爱军.会计职业教育校企合作实践教学研究[J].现代商贸工业，2011(8).

17. 上海金融信息服务产业发展趋势与金融信息人才培养

信息管理学院 元如林

目前各高校都在落实"十二五"规划,地方性应用型高校在"十二五"规划中都要求各学科专业根据地方经济社会发展和产业发展情况,形成为地方经济社会服务、支持地方产业发展的特色。作为地处上海的金融经济类院校的信息管理类学科专业,如何打造金融信息特色,培养适合上海国际金融中心建设需求的应用型金融信息人才,是我们迫切需要解决的问题。本文通过广泛收集资料,对上海金融信息服务产业的现状和发展趋势及其对金融信息人才需求进行了认真的分析研究,提出了针对培养应用型金融信息人才的几点建议。

一、上海软件与信息服务产业的基本情况

软件和信息服务业是关系国民经济和社会发展全局的基础性、战略性、先导性产业,具有技术更新快、产品附加值高、应用领域广、渗透能力强、资源消耗低、人力资源利用充分等突出特点,对推动信息化与工业化深度融合、培育和发展战略性新兴产业、建设创新型国家、加快经济发展方式转变和产业结构调整具有十分重要的意义。[1]

(一)产业规模

2011 年全球软件和信息服务业市场规模达到 11 907 亿美元。2011 年中国软件和信息服务业收入达 1.846 8 万亿元,占信息产业的比重为 21.7%,占全国 GDP 的比重达 3.9%。

---

〔1〕 上海市软件行业协会.2011 年上海软件产业快速发展.软件产业与工程,2012(2):6—13.

软件和信息服务业是上海的支柱产业之一。2011 年上海软件和信息技术服务业实现经营收入 3 075.24 亿元,比上年增长 21.5%,实现增加值 1 106.21 亿元,比上年增长 17.3%,占第三产业的比重达到 9.96%,占全市 GDP 比重达 5.8%。其中软件产业实现经营收入 1 766.1 亿元,比上年增长 21%,占全市软件和信息服务业的 57.43%,是 2006 年 617 亿元的 2.86 倍。[1]

(二)从业人数和学历结构

截至 2011 年底,上海有规模以上软件和信息服务企业 4 000 家,从业人员达到 35.3 万人。其中软件产业从业人员达到 27.9 万人,比 2010 年增加 1.1 万人,是 2006 年 14.1 万人的 1.98 倍,5 年年均增加 2.76 万人。尽管增长较快,2011 年上海软件产业仍然遭遇了"用工荒",尤其缺乏具有 3～5 年工作经验和 C++ 等开发技能的研发人员。

2011 年,上海软件产业从业人员中本科学历占 56%,硕士研究生及以上学历占 12%,专科及以下学历占 32%。从职能分布看,软件研发人员占从业人员的 45%。

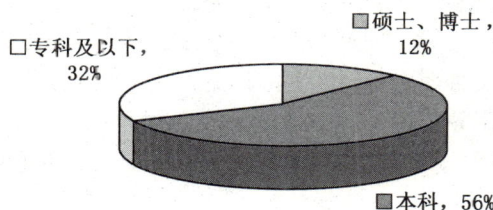

图 17.1　上海市软件产业从业人员学历分布示意

(三)"十二五"规划

根据全国软件和信息服务发展"十二五"规划[2],至 2015 年,全国软件和信息服务业经营收入将达到 40 000 亿元,从业人员将达到 500 万人。

"十二五"末,上海软件和信息服务业经营收入预计将达到 6 000 亿元,从业人员将达到 60 万人,其中软件产业经营收入 3 000 亿元。[3] 按 2011 年软件产业从业人员人均产值计算,2015 年上海软件产业从业人员将达到 47.4 万人,年均增加 3.9 万人。即使考虑进一步提高劳动生产率水平,每年也至少需要增

---

〔1〕　上海市软件行业协会. 2011 年上海软件产业快速发展. 软件产业与工程,2012(2):6—13.

〔2〕　软件和信息技术服务业"十二五"发展规划. 中国经济网,http://www. ce. cn/macro/more/201204/06/t20120406_23218711. shtml.

〔3〕　上海市信息服务业发展"十二五"规划. 百度文库,http://wenku. baidu. com/view/c6eda3c19ec3d5bbfd0a74ea. html.

加 3 万人。

二、上海金融信息服务产业

上海国际金融中心建设离不开金融信息服务产业的发展，同时也为金融信息服务产业提供了得天独厚的发展机遇。

(一)金融信息化

金融行业是信息化发展程度最高的行业之一，金融市场的交易和金融产品的开发都离不开信息技术的支持。随着上海国际金融中心建设的深入发展，上海聚集了越来越多的金融机构，它们纷纷将数据中心、信息中心、软件开发中心放在上海。人行、工行、中行、农行、招行、中国人寿、上海期交所等将其数据处理中心、信息中心、软件开发中心、客户服务中心都已经放在上海。智慧金融是智慧上海的重要组成部分，金融信息产业具有巨大的发展空间。

(二)金融服务外包

金融服务外包也是上海国际金融中心建设的重要组成部分，金融服务外包发展最快的领域是金融后台服务外包。金融后台服务，是指与金融机构直接经营活动相对分离，并为其提供服务和支撑的功能模块和业务部门，如数据中心、清算中心、研发中心、培训中心、银行卡中心、呼叫中心、数据灾备中心等。上海正在大力开拓金融业务流程外包，争取把大量国际金融后台业务部门先行吸引到上海，逐步把上海建设成国际跨国金融机构的亚太总部和服务全球的后台部门。

上海已聚集了不少金融信息服务外包企业，如胜科金仕达、花旗软件、花旗数据、印孚瑟斯、中和软件、易保网络、捷奥信息、益盟软件等，具有良好的基础。位于张江高科技园区内的上海国际金融信息服务产业基地（银行卡产业园）已经聚集了中国银联、交通银行、招商银行、兴业银行、太平人寿和上海期货交易所的征信中心、结算中心、灾备中心、金融信息产品技术中心，以及中国人民银行支付系统上海中心、中国银行信息中心上海中心、中国平安保险全国客户服务及后援中心、上海期货交易所金融衍生品研发和数据处理中心。园区主要定位在金融信息服务和金融业务流程外包（BPO），致力于打造以技术密集型和资本密集型的金融技术服务为支持的高科技金融信息服务区，将产业园建成上海国际金融中心的重要支撑，建成国内金融信息产业的示范基地，建成世界知名的国际金融信息产业园之一。

(三)第三方电子支付

随着我国电子支付体系的不断完善，上海的银行卡发卡量、人均持卡数和交易额均位于全国前茅，持卡消费额占全上海市社会消费品零售总额的比重达

62.1％，达到发达国家水平。随着电子商务的迅猛发展，第三方电子支付成为金融服务不可缺少的组成部分。2011 年 5 月 26 日，中国人民银行公布了首批获得支付企业许可证的企业名单，共有 27 家第三方支付企业获得牌照。其中上海有 10 家，超过 1/3，形成了集聚效应。2011 年底，全国共有 101 家第三方支付企业获得牌照，上海有 34 家，占比 33.7％，超过 1/3。2012 年 6 月 27 日，第四批上海新增 17 家第三方支付企业获得支付企业许可证，获得牌照的第三方支付企业累计达到 51 家，占全国 196 家的 26％。[1]

（四）金融数据服务

上海具有相对完整的金融市场体系，上海的证券交易所、期货交易所、黄金交易所、外汇交易中心、银行间同业拆借中心、金融期货交易所等每天产生大量的金融数据，金融信息的及时性和透明程度也是国家金融中心环境建设的重要指标。一批专门从事对各种金融数据进行收集、汇总、标准化和发布，提供适用于金融及相关行业的信息技术平台解决方案、利用金融信息开展金融分析资产定价和风险评估、在金融信息基础上设计金融产品和搭建金融模型、研究资产定量管理方法和金融产品量化交易策略、提供金融信息相关咨询和外包服务的金融数据服务企业应运而生，如新华社金融信息平台上海总部、大智慧、万得、钱龙、上海恒生聚源数据服务有限公司、上海联和金融信息服务有限公司、第一财经、东方财富网等。

三、上海金融信息服务产业对金融信息人才的新要求

根据上海市信息服务外包发展中心 2008 年对本市 25 家具有代表性的信息服务外包企业开展的人才技术需求调查表明[2]：

（1）对编程语言和技术开发平台的要求。企业对就业者的编程语言的要求为：90％左右的企业选择 C/C++和 JAVA，60％左右的企业需要 C♯技术，超过 80％的企业的技术开发平台是. NET 和 J2EE。

（2）对数据库技术的要求。80％左右的企业倾向于 SQLServer 和 Oracle。

（3）对学历的要求。绝大部分以大专以上学历为主，对大专和本科的需求各占 50％。

（4）对外语的要求。由于 70％以上的企业客户以接包日本的项目为主，因

---

〔1〕　中国人民银行颁发的《支付业务许可证》统计表. 百度文库，http://wenku. baidu. com/view/ bb4d14c22cc58bd63186bd2e. html.

〔2〕　上海市信息服务外包发展中心. 2008 年上海市信息服务外包发展报告. 百度文库，http:// wenku. baidu. com/view/c8c6afd280e6294dd886cd3. html.

此对外语的要求也以日语为主,超过 70％的企业需要日语三级以上的人才。

(5)对岗位技能的要求。90％以上的企业需要程序设计员,约 80％的企业需要软件工程师和软件测试员,近 70％的企业对测试工程师和项目经理有需求。

上述调查结果与 2011 年上海软件产业从业人员中本科学历占 56％,硕士研究生及以上学历占 12％,专科及以下学历占 32％,软件研发人员占从业人员的 45％,以及 2011 年上海软件产业遭遇的"用工荒",尤其缺乏具有 3～5 年工作经验和 C＋＋等开发技能的研发人员的实际情况基本一致。

由 CSDN 和《程序员》杂志进行的"2011 中国软件开发者年度调查"结果为[1]:

(1)从业人员的学历分布。50％以上都是本科毕业。

(2)主要开发的软件类型占比。互联网应用开发,前、后端累计占 28％;桌面客户端应用(含 C/S 架构)占比为 20.3％;嵌入式应用/工业控制系统,比例为 16.3％,随着互联网的发展,它的占比将逐年提高;移动应用,占比达 9.7％;企业级应用,占比达 14.4％。

(3)使用的编程语言。新入职的开发者使用 Java、C 语言的比例高,而从业较久的开发者使用 C＋＋和 C♯的比例更高。PHP 等 Web 动态语言的使用比例普遍比 Java 和 C/C＋＋低。使用 JavaScript 脚本语言的开发者占比达 20％以上。

(4)使用的操作系统。开发者在项目中使用 Windows Server 和 Windows Client 的占比分别为 36.0％和 26.9％,使用 Linux 和移动平台的比例分别为 23.5％和 6.5％。Windows 系列占据开发者们所选系统的半壁江山。

(5)使用数据库技术。中国软件开发者主要使用 SQLServer、Oracle 和 MySQL,比例分别为 23.0％、29.5％和 28.3％。目前开发的数据库应用项目中,规模小于 10 万条记录的比例为 57.4％,而 10 万～100 万条记录的比例为 22.3％,100 万～1 000 万条记录的比例为 12.5％,大于 1 000 万条的比例是 7.7％。随着 Web 2.0、SNS 的兴起,非关系型数据库 NoSQL 也越来越受到开发者们的关注,其中 MongoDB、Cassandra 分别占 26.1％、20.1％。

(6)应用的软件工程技术。采用敏捷模式的开发者占比达 37％,其中使用 XP 方法的占 29.7％,使用 Scrum 方法的占 7.2％。使用 CMMI 的开发者比例为 9.9％,按开发者所在公司定制过程的占比为 23.9％,接近 70％的开发者们按照定制的过程进行开发。在研发管理工具方面,大多数开发者使用公司自行

〔1〕 常政.2011 中国软件开发者年度调查. 程序员官网,http://www. programmer. com. cn/7399/.

开发的工具，占比为 35.8%，使用 Microsoft VSTS 和 IBM Rational 的比例分别为 23.8% 和 21.9%。

根据瑞士 TIOBE 公司每月更新的 TIOBE 编程语言流行度排行指数（TIOBE Programming Community Index）[1]，2012 年 9 月的前 10 大流行编程语言如表 17.1 所示。

表 17.1   **TIOBE 编程语言流行度 2012 年 9 月排行榜**

2012 年 9 月排名	2011 年 9 月排名	同比排名变化	编程语言	2012 年 9 月占比	同比增长	等级
1	2	升 1 位	C	19.295%	+1.29%	A
2	1	降 1 位	Java	16.267%	−2.49%	A
3	6	升 3 位	Objective-C	9.770%	+3.61%	A
4	3	降 1 位	C++	9.147%	+0.30%	A
5	4	降 1 位	C#	6.596%	−0.22%	A
6	5	降 1 位	PHP	5.614%	−0.98%	A
7	7	平	(Visual) Basic	5.528%	+1.11%	A
8	8	平	Python	3.861%	−0.14%	A
9	9	平	Perl	2.267%	−0.20%	A
10	11	升 1 位	Ruby	1.724%	+0.29%	A

资料来源：http://www.tiobe.com/index.php/content/paperinfo/tpci/index.html.

前 5 大流行编程语言是 C、Java、Objective-C、C++ 和 C#，这 5 种编程语言累计占比达 61.08%，前 10 种编程语言累计占比达 80.07%。随着苹果公司产品的流行，Objective-C 在近 1～2 年排名迅速上升，见图 17.2。

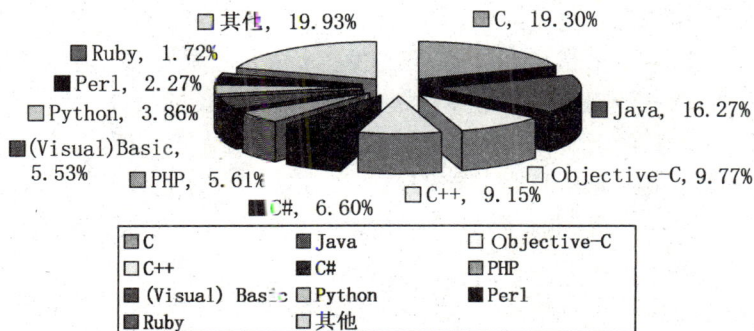

图 17.2   **2012 年 9 月编程语言占比示意**

---

［1］ http://www.tiobe.com/index.php/content/paperinfo/tpci/index.html.

最近 10 年的前 5 大流行编程语言的占比变化情况如图 17.3 所示。

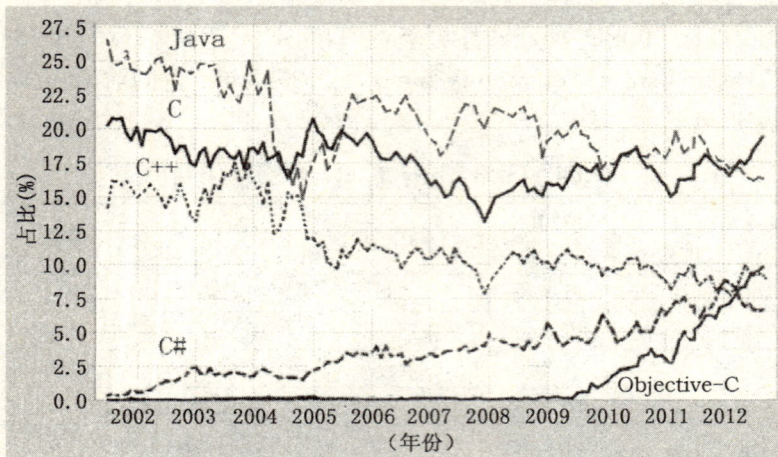

资料来源:http://www.tiobe.com/index.php/content/paperinfo/tpci/index.html.

图 17.3   2002～2012 年的前 5 大流行编程语言的占比变化示意

四、提高我校金融信息人才培养质量的对策

目前,制约上海软件与信息服务外包市场发展的"瓶颈"是中国员工的外语能力和职业技能。为适应上海软件与信息服务业"十二五"发展的需求,更好地为上海培养合格的金融信息服务外包人才,我们要进一步明确和突出金融信息技术特色,完善具有复合知识、创新精神和国际交流能力的应用型人才培养模式,我们提出如下几点建议:

(1)成立行业专家指导委员会,充分发挥行业专家指导委员会的作用,听取他们的意见,进一步完善人才培养计划,在实践教学、技能实训、专业实习、青年教师到企业锻炼、产学研合作等方面争取得到他们的大力支持。

(2)根据上海金融信息服务外包企业对人才知识和技能的要求,进一步改革和完善课程体系和实践教学体系,增加金融基本业务知识模块,加强应用技能的培养。

(3)积极开展校企合作(CO-OP)培养模式,通过"请进来"和"走出去"的方式,请行业企业的专家到学校做讲座、开设实用技术课程,教师带学生到金融信息服务企业去,在实际生产环境中实习锻炼,缩短理论与企业实际应用的距离。

(4)通过参加短期培训、青年教师到金融信息服务企业锻炼等办法,进一步培养教师的金融信息外包技能,提高教师的应用能力和教学水平。

（5）积极编写金融信息服务特色教材、实践教学教材和实验指导书，努力收集金融信息技术案例，开发设计新的金融信息技术实验项目。开展案例教学和"项目驱动角色扮演"等教学方法的改革。

（6）筹建金融信息服务外包实验室，在更多的金融企业和金融信息服务外包企业建立校外实习基地，使学生在真实的金融信息服务环境中得到锻炼和提高。

（7）加强产学研合作，积极争取应用型的横向课题，在实践中提高科研水平和应用能力，突出金融信息技术学科特色，以学科建设带动专业建设，进一步提高人才培养的质量。

参考文献

[1]上海市软件行业协会.2011年上海软件产业快速发展[J].软件产业与工程,2012(2):6—13.

[2]软件和信息技术服务业"十二五"发展规划[EB/OL].中国经济网,http://www.ce.cn/macro/more/201204/06/t20120406_23218711.shtml.

[3]上海市信息服务业发展"十二五"规划[EB/OL].百度文库,http://wenku.baidu.com/view/c6eda3c19ec3d5bbfc0a74ea.html.

[4]中国人民银行颁发的《支付业务许可证》统计表[EB/OL].百度文库,http://wenku.baidu.com/view/bb4d14c22cc58bd63186bd2e.html.

[5]上海市信息服务外包发展中心.2008年上海市信息服务外包发展报告[EB/OL].百度文库,http://wenku.baidu.com/view/c8c6afd280eb6294dd886cd3.html.

[6]常政.2011中国软件开发者年度调查[EB/OL].程序员官网,http://www.programmer.com.cn/7399/.

18. 高校文化与高校核心竞争力之我见

国际经贸学院 张雪昆

优秀的高校文化是高校赖以生存和发展的源动力之一。作为现代高校,高校文化是高校核心竞争力的重要组成部分,由于高校文化给高校注入的巨大活力,以及高校文化给高校带来的有形的和无形的、经济的和社会的多重效应,高校文化成为提升高校教学质量和科研质量的有效手段和精神动力。对于不愿意沦为就业培训机构的高校而言,依靠在文化实践中形成的属于自己的独一无二的高校文化,并且通过这种高校文化反映高校作为科学象牙塔和文化指路明灯所拥有的理想和雄心,以及通过岁月沉淀和师生传承而形成的文化传统和文化特色,是高校发展和变革的必由之路。

世界一流高校在发展中都非常注重积累自己的文化传统和文化特色,哈佛大学的"求是崇真"的教育宗旨、斯坦福大学的"大学作为一种公共服务"的教育理念,在全世界有广泛影响。作为后来者,我国高校也具有自己的文化传统和文化特色。例如,清华大学的"严谨"、北京大学的"兼容并包"、南开大学的"笃实"、浙江大学的"求是"、中国科技大学的"理实交融"、上海金融学院的"立诚明德,经世致用",使这些学校以其各自的文化传统和文化特色吸引着莘莘学子。

高校文化作为高校的核心竞争力,要依靠高校文化建设来形成,文化核心竞争力对于高校的生存和发展具有重要的意义。一所高校只有具有自身的文化核心竞争力,才能在与其他高校激烈的教学质量竞争中处于优势地位。

一、基于高校文化之上的文化核心竞争力的作用和特征

高校在经历了数量规模竞争和质量竞争后,今后可能进入文化竞争阶段。而高校文化在打造核心竞争力中的作用和地位也越来越明显。什么是高校核

心竞争力？参考经济学中对企业核心竞争力的定义，高校的核心竞争力是指高校内部经过整合的知识技能，尤其是协调了各方面教学资源的知识、技能和素养，高校核心竞争力不仅存在于高校的教学系统中，也存在于高校的教学系统之外的文化氛围中。高校真正的核心竞争力是高校教学核心竞争力、组织核心竞争力和文化核心竞争力的有机结合，高校核心竞争力积累蕴藏在高校文化中，高校文化也是核心竞争力，是因为它具备了核心竞争力的特征和对核心竞争力的形成所产生的重要作用。

(一)高校文化在高校核心竞争力的形成过程中所产生的重要作用

1. 高校文化在高校核心竞争力的形成过程中所产生的导向作用

高校文化反映了高校师生共同的价值观和共同的理想，对高校师生的思想和行为产生导向作用。良好的高校文化使高校师生潜移默化地接受本校共同的价值观，人们在文化层面上结成一体，为一个共同的、确定的高校发展目标而奋斗。

2. 高校文化在高校核心竞争力的形成过程中所产生的优化作用

高校文化能起到优化高校组织结构、高校管理过程的作用，也可以优化高校发展决策。高校文化始终把高校的价值观看作引导高校发展决策的重要依据和衡量高校发展决策方案优劣的最终尺度。

3. 高校文化在高校核心竞争力的形成过程中所产生的激励作用

在高校文化创造的"以人为本"即尊重人、理解人、关心人的氛围中，激发和调动高校师生的积极性和创造性，团结在一起为实现强校目标而拼搏。

4. 高校文化在高校核心竞争力的形成过程中所产生的约束作用

通过高校文化所带来的制度文化和道德规范，高校师生自觉接受文化的规范和约束，在高校固有价值观的指导下进行自我管理和控制，使其符合高校价值观念和高校发展的需要。

5. 高校文化在高校核心竞争力的形成过程中所产生的凝聚作用

在高校特定的浓郁文化氛围之下，高校师生通过切身感受，在教与学的整个过程中贯穿一种自豪感和使命感，对本校的奋斗目标以及观念产生认同感和归属感。在高校文化的作用下，高校师生间有共同的价值观，有共同的语言，相互信任、理解，能进行充分的交流，在教学中形成良好的师生关系，使高校师生把自己的思想、感情、行为与整个高校联系起来，使高校具备强大的向心力和凝聚力，发挥高校作为教育机器的整体优势。

6. 高校文化在高校核心竞争力的形成过程中所产生的辐射作用

优秀的高校文化不仅可以在高校内部发挥潜移默化的作用，对本高校师生发挥巨大影响，而且还将通过高校师生同校外的交流与合作，把高校的学习风气和民主科学精神辐射到整个社会,对全社会的精神文明建设和社会风气的好转产生积极的影响。

对高校师生来说,高校文化对高校师生既产生激励作用,又产生约束作用。对高校师生的激励作用表现为,有利于提高高校师生的教学效率,从而提高高校的教学质量,高校师生在高校文化的激励下,能够充分发挥教学的主动性和积极性,提高教学热情,有利于高校发展过程中的改革和创新。高校文化对高校师生的约束作用则表现为,使高校师生在处理个人利益和组织利益时能够从维护高校的利益出发,以大局为重。

(二)共同认可的价值观和共同遵守的伦理、思维方式、行为规范以及共同的工作风格是高校文化作为核心竞争力所具备的特征

优秀的、独特的高校文化必须要经过高校在教学实践中的积累才能形成,高校文化必须在制度和理念方面表现出一种被高校师生共同认可的价值观和共同遵守的伦理、思维方式、行为规范。一旦某高校形成了共同认可的价值观和共同遵守的伦理、思维方式、行为规范,其独特的高校文化就形成了该高校独一无二的吸引力。

二、高校核心竞争力依靠高校文化作保障

在知识经济时代,高校间的竞争既是科研水平、人才、管理等综合能力的对抗,更是高校间文化的较量。高校要比竞争对手做得更好,树立良好的教育品牌,说到底就是要培育独具特色的先进的高校文化。高校的经营发展有赖于文化核心竞争力,而文化核心竞争力的提升来自高素质的高校人,而高校文化对高素质的高校人的塑造具有重要作用。

离开高校文化作保障,空谈高校核心竞争力,就如同无源之水。高校的核心竞争力主要由所拥有的独特资源决定。所谓独特资源,是指一种既对打造高校核心竞争力有很大价值,又难以被别人得到和模仿的资源。而高校文化正是这样一种非常宝贵的资源。高校文化是高校的内在精神,它从根本上决定了高校的生存状态,可以这样说,有什么样的高校文化,就有什么样的高校。

高校核心竞争力的内涵是为学生提供更优质的教育产品、教育服务、高校文化和高校价值,文化对高校产品和服务具有强有力的渗透与促进作用,教育产品和教育服务是高校文化的载体。可以说,高校的任何活动都是以一定的文化样式进行的,都是在特定的高校文化背景下进行的有目的的教育活动。高校的发展离不开高校核心竞争力,离不开以人为中心的文化价值背景的支撑。高校文化强调以人为本,把培育各高校共同认知的价值观当作其核心,能够确保高校核心竞争力的持续发展。高校文化能引导、规范、激励和提升员工的行为

方式,激励高校师生树立强烈的群体意识、鲜明的社会责任和正确的价值观念,使高校凝聚整合各种资源,形成强大的核心竞争力。中外高校发展的实践表明,高校文化作为现代高校管理的核心内容,是高校素质的内在体现,是高校经营的灵魂和赖以生存发展的关键。

三、精心培育高校文化,打造高校文化竞争力

在高校的核心竞争力中,文化是其重要组成部分,而高校主要以三种文化构成文化竞争力,这三种文化包括民主文化、艺术文化和科学文化。

(一)民主文化

民主文化建设仍然是核心竞争力建设的重要任务。民主是指界定人民自治能力的那些行为、习惯和规范。民主首先是指平等精神,即人人生来平等,无高低之分、等级之别,人人拥有均等的机会和相同的权利义务;民主也深具宽容精神,即允许"求同存异",对他人的不同于自己的想法和做法,应持宽容、理解的态度。

(二)艺术文化

高校师生对艺术文化的需求与日俱增,新的、更开放的文化审美要求也越来越高,构成了对现有艺术文化产品质量的严峻挑战。高校师生通过艺术文化了解不同国家和民族的有差异的文化传统和艺术特色,感觉时代精神和审美理想,体会最新审美需求和最新艺术体验,在这种文化语境中,高校师生的文化态度可能会发生一些复杂的变化。艺术文化主要包括美术文化和音乐文化。

(1)美术文化。传统的中国文人画已演变为中外融合的画种,色彩压倒了水墨,甚至淹没了线条。在油画领域,中国油画由于广泛采用了西方现代艺术的拼贴技法或综合材料而远离传统;在雕塑领域,由于流行的装置艺术的涌入,雕塑与装置的边界开始模糊。高校艺术文化在帮助师生把握艺术变迁、提高美术素养方面大有可为。

(2)音乐文化。音乐文化不仅可以塑造高校师生的音乐审美情趣,又能帮助高校师生形成科学的、健康的、乐观积极的人生观、世界观。音乐文化培养高校师生的丰富情感、理想、信念、追求,通过音乐文化可以获得对世间万事万物的深刻认识和体验,高校开设音乐鉴赏课程,可以从一定程度上普及高校音乐文化,为社会输送更多的高素质人才。

(三)科学文化

高校的科学文化是指高校在科学技术、发明、创造、机械、建筑等方面的文化,表现为高校对科学精神的宣传,对科学本质的认识,对科学方法的学习,对科学的人文理解与运用程度。科学文化是大学文化的重要体现,是大学文化建

设的重要组成部分,而且是高校文化的精髓。弘扬科学文化,就是树立崇尚科学、追求真理、勇于创新的理念,将科学精神贯穿于大学的学术思想、学科建设、大学管理、大学发展规划中,高校的科学文化会对师生产生潜移默化的影响和熏陶,并且带动全社会的科学文化建设。

　　高校要想在 21 世纪取得更大的发展,只有发展高校文化,通过打造高校文化竞争力来提高自己的核心竞争力,才能在教育竞争中求得生存和发展,从而有更大的作为。

参考文献

　　[1]彼得·圣吉.第五项修炼[M].上海三联书店,1998.

　　[2]王冀生.大学文化的科学内涵[J].高等教育研究,2005(10).

　　[3]刘浩,范红张.金融企业核心竞争力的构成要素[J].统计与决策,2003(2).

　　[4]曲恒昌.打造大学的核心竞争力,提升我国高教的国际竞争优势[J].比较教育研究,2005(2).

　　[5]吴坚.如何提升大学的核心竞争力[J].湖南人文科技学院学报,2005(4).

　　[6]任钟印.夸美纽斯教育论著选[M].人民教育出版社,2005.

　　[7]朗·西韦尔.核心竞争力[M].华夏出版社,2003.

　　[8]柯林斯.基业长青[M].中信出版社,2002.

　　[9]周永亮.本土化执行力模式[M].中国发展出版社,2004.

　　[10]郭贵春.创新和丰富大学文化,提高核心竞争力[J].南昌航空工业学院学报(社会科学版),2006(1).

19. 金融学科文化育人初探

宣传部 秦浦泉

　　大学学科文化是指学科在形成和发展过程中所积累的语言符号、价值标准、伦理规范、思维与行为方式等的综合，是在学科知识和学科组织长期发展过程中形成的相对稳定的学科精髓与深层理念。学科文化能通过规范人的行为培养具有学科文化特征的专门人才。对于一所大学来说，学科文化既是学科核心竞争力之一，也是学校文化的重要资源。挖掘学科文化内涵、发挥学科文化的育人功能，是大学实现文化育人的基础性工程。从对学科文化育人的一般机理和机制研究，到对具体一门学科文化育人的分析，是落实学科文化育人的必然要求。本文仅从学科文化育人一般机理的视角，对金融学科文化育人的特点和效果进行分析。

一、金融学科文化育人的内涵与育人的多维向度

　　大学学科文化育人，是指学科文化通过多种途径和载体对大学生的理想人格的塑造、价值观的形成、思维与行为习惯的养成产生影响，它主要包括学科知识育人、学科价值育人、学科文化主体育人。学科知识育人就是指学科知识内容育人、学科结构育人和学科方法论育人。学科价值育人是指学科所具有的造福人类的价值对大学生施加影响以达到育人目标的过程。在实施学科育人的过程中，学科主体作用十分重要。学科文化主体育人表现为大学生受学科中的著名学者、学科教师以及其他学生的影响，也包括学生自己的体悟，逐渐形成理想人格和学科思维方式等的过程。其中，教师通过与大学生交往，以自己的人格魅力、学识水平、思维方式等感染学生，则是学科文化主体育人的主要方式。

　　学科文化育人的向度是多维的，主要体现在对学生的理想人格、价值取向、

思维方式和行为方式的形成和发展上。学科在理想人格的塑造上,主要体现为社会责任感的培养以及性格的塑造。不同性质的学科对大学生理想人格塑造的差别十分明显。仅从社会科学学科与自然科学学科的区别来看,社会科学学科的学生由于学科对象和职业方向离社会的政治、经济中心较近,对社会现实更容易接受和理解,社会科学学科的成员大多直接从事社会公众事业,更容易培养大学生直接参与社会事业的责任感;而自然科学学科的学生则在承担社会责任上表现得比较间接,对社会活动的参与热情相对不高。价值取向是一种文化倾向,表现为价值主体对特定文化的认知和认同的结果。大学学科具有的文化特征对大学生的价值取向具有引导功能。例如,"简单"、"精确"是数学文化具有的特征,"忠于现实"是物理文化的价值追求,这些价值取向对数学和物理学学科成员的影响甚至会伴随终身,也引导着他们在学科上不断有所建树。而金融学科文化中对"信用"价值的追求,则是金融学者和专业人才必须坚守的态度。思维方式是指主体从一定的思维角度出发,按照一定的运思程序,依据一定的运思尺度,采取一定的运演方法,通过一定的表现形式来评价反映选择客体的模式,体现主体对客体的认知过程的思维轨迹。不同的学科成员往往具有不同的思维方式,例如,数学文化的熏陶有利于大学生直线思维或逻辑思维的养成;而历史文化的习得有利于学科成员形成由个别到一般、由点到面的归纳方法,并使之成为一种习惯。学科文化对大学生的表达方式、生活方式同样有影响。社会科学学科的学生普遍乐于表明自己的主观态度,在生活方式上往往选择与他人合作;自然科学学科的学生则倾向于直接的思想与情感表达。即使同属于金融学范畴,不同的专业由于所属学科文化性质的差异,也会产生一定的差别。例如,保险专业学生往往表现出更乐于、更容易与周围师生交往的特点,而金融工程类专业学生则具有偏向于自然科学学科学生的文化特征。

人们对学科文化育人的认识是基于理想状态下的判断,但任何学科文化本身都具有一定的局限性,都不是孤立发生作用的,学科文化育人的效果取决于学科主体和客体共同作用。在学科的不同发展阶段,对于不同的主体,学科文化育人的效果会有所不同。因此,学科文化育人会呈现出两面性、不确定性和有限性的总体特征,并贯穿于育人的全过程和全方位。把握此特征,有助于我们全面认识处于快速发展进程中的现代金融学科及其文化。

二、金融学科的特点及其文化育人的辩证性

(一)金融学科的特点与蕴含的文化

金融学科自 19 世纪从经济学独立分化以来,伴随着金融业的发展逐渐走向成熟,形成了特有的学科文化,并深刻影响着金融人才培养,从而影响着社会

的发展。

金融学是一门实践性较强的学科。金融业的发展对金融学科产生了直接、重要的影响。例如,金融业的发展会影响学生对金融学科的认知,这种影响既有正面的也有负面的。严重的金融危机会影响人们对学科理论和学科社会功能的认知,频发的金融腐败案和丑闻会影响大学生职业价值取向的形成。今天的金融业发展已经超越了金融中介模式,展示了其主宰世界经济的魔力。无论是 1929 年的美国股灾还是 1997 年的亚洲金融危机,或是 2008 年的世界金融危机,都充分显示了金融对世界经济的话语权。改革开放和市场经济建设,侹金融杠杆在我国经济社会中得到了充分发挥。历史和现实让人们认识到了金融的重要性,也促使大学、研究机构和政府组织增加了对金融学科建设的重视和投入,助推了金融学科的快速发展。马克思曾说过,“社会上一旦有技术的需要,这种需要就会比十所大学更能把科学推向前进”,金融学科的长足发展再次印证了这一名言的深刻性。

现代金融学是一门交叉性很强的学科。金融数学、金融工程学都是目前十分活跃的前沿学科,是新兴的金融交叉学科,是数学、物理学方法在金融学的运用结果。数学、物理学和工程学方法的广泛应用,不仅产生了学科新的增长点,也使金融学科的语言符号发生了明显变化,阐述金融思想的工具从日常语言发展到数理语言,金融语言由模糊变得更为精确与简洁,为学科的发展和交流拓展了新空间。但在金融学经历了对数学和物理学的狂热“联姻”后,人们发现,高深的数学和物理方法在金融研究中作用有限。例如,数学和物理学理论模型追求的确定性与金融学研究不确定性条件下的决策,两者的“结合”难免会在实践中遇到尴尬的局面。而在现实中,金融改革的结构性难题大多涉及法律和金融两方面问题,我国金融改革实践的发展不仅需要金融数学这样的前沿性新兴交叉学科,也亟须法学的理论指导,于是又有了金融和法的结合。此外,金融学与社会学结合以及金融学与艺术嫁接,这些都成为了金融学不断发展拓新的领域。金融学不断经历着与不同学科的融合,从而成为不同学科交叉融合的领域,也展现了金融业的高度复杂性和金融学科的高度交叉性。

现代金融学是一门国际化程度高的学科。金融学与其他学科一样,向世界各民族和政府提供了没有专利权的公用品,恩泽全人类。现代金融业借助现代科技手段,几乎可以实现同步发展,但这并不能掩盖一些内在的矛盾,不同民族的文化和价值观在现代金融学中交汇与交锋。在我国,现代金融学科从西方引进,带有鲜明的西方文化色彩。西方的价值观、行为方式在金融理论中不同程度地存在着,对学生的影响无处不在。西方金融学的理论根基是经验主义,由经验主义衍生出个人主义,进而衍生出交易自由、经济自由、金融自由等。而我国金融根植于具有悠久集体主义历史的国家,居民对集体的信赖和依赖要强于对个人的信任。即便是具有部分超越民族和国界的社会科学,依然摆脱不了本民族的文化根基。因此,在引进西方金融理论的同时,我们不能忽视这些理论的文化背景以及对受教育者潜移默化的文化侵蚀。

(二)金融学科文化育人的辩证性

1. 金融学科知识体系育人的辩证性

知识边界的存在既使学科得以成立,也使学科文化具有相对封闭性。而这种相对封闭的文化是将大学生培养成合格学科成员和高级专门人才的条件,也是容易造成育人效果局限性甚至走向极端的重要因素。知识的专门化发展使任何一门学科都不可能揭开世界的整个面纱,各学科文化也只是相应的学科成员从各自不同角度开展世界认知活动的文化凝练,它形成了不同学科文化下学科成员思维方式的独特性与差异性,同时也带来了单一学科思维下学科成员的不同思维定势。

作为经济学的分支学科,金融学是经济学思维方式下的产物,并深受经济学思维的影响。马克思曾言,"在经济形态的分析上,既不能用显微镜,也不能使用化学反应剂,而必须用抽象力代替两者"。老凯恩斯也说过,"实验是经济学家不能使用的资源,于是,我们不应该把对具体经济现象的分析作为我们的出发点,相反,正确的行进方法是演绎……政治经济学据此在主要方面被认为是一种抽象的科学"。经济学研究对象的复杂性以及其无法像自然科学那样可以实验和重复检验,决定了其思维方式和研究方法必须借助于假设和高度的抽象,因此数学逻辑推理必然成为经济学思维方式的选择,抽象力是其思维的主要特征和成果。20 世纪以来,西方经济学逐渐形成了从实际观察到数理演绎再到理论体系的思维框架,金融学中的绝大多数前沿理论也在这一框架下得到快速发展。

但现代金融学的经典成果进一步展示,金融学有其思考问题的独到方式,也正是在这种独到方式下,金融学逐渐成为一门新的独立学科。从资本资金定价模型开始,金融学在许多方面摆脱了传统经济学的束缚,并逐渐形成了现代金融学的独特思维方式。诺贝尔经济学奖获得者罗伯特·莫顿说过,"金融学是人们在不确定的环境中如何进行资源的时间配置的学科"。金融学对"不确定性"和"时间价值"等在经济学中被"忽视"因素的重视,使其至少在应用层面的思维方式上有了与经济学不同的一面,深化了人们对理性、市场等的认识。因此,一方面,抽象思维"孕育"了现代金融学;另一方面,对抽象思维的矫正又"成就"了现代金融学。

2. 金融学科价值体系育人的辩证性

金融伦理在金融稳健体系中扮演重要角色,是金融业得以稳健运行的重要力量。但现代金融业的发展也使许多人以为,金融只是一门实证色彩浓厚的学科,是运用经验数据对客观事实进行系统研究,在价值取向上保持中立,没有伦理功能,从而将金融变成一个冷冰冰的工具。近年来,国际上一些金融大鳄和风云人物,一方面在金融市场上翻云覆雨,在追求利益最大化的过程中充分展示无限能量;但另一方面,他们如幽灵一般出没在法律法规的真空和灰色地带兴风作浪,有的甚至不惜牺牲他人利益,破坏金融秩序,颠覆社会价值观,给社会带来了巨大的破坏力。更为严重的是,在一些媒体和出版商的推波助澜下,他们充斥文化市场,如果舆论不能给予正确引导,初涉金融的青年大学生难免会不加选择地将他们作为膜拜的对象。

金融学是以融通货币和货币资金的经济活动为研究对象,具体研究个人、机构、政府如何获取、支出以及管理资金和其他金融资产的学科。追求利润是金融业的永恒主题,追求利益最大化是金融学追求的价值取向。因此,在金融学规范方法引导下的大学生通常更注重务实、追求功利。而一旦这些金融领域内价值取向、法则超出边界,就会走向另一面。如果在实施人才培养中缺乏相应的价值取向的矫正,就容易使大学生将追求效益的最大化作为主导价值取向,并把它泛化到生活的其他方面。在历史上,银行家谨慎而温文尔雅的教养与职业风格,通过其个人行为向整个银行与雇员扩散渗透,从而形成整个银行具有保守而谨慎的金融伦理文化。但如果在这种文化熏陶下成长的大学生将此伦理文化作为青年学生的主导文化,同样是教育的一种残缺。

3. 金融学科文化主体育人的辩证性

作为金融学科主体的有机组成部分,金融业的风云人物对大学生的价值取向产生十分重要的影响,但从实施教育的主要途径来看,学科的专业教师的影响更为直接。学科文化育人的主渠道在课堂,教师在给予学生学科知识之外,还有学科知识之余的"副产品",学生通过与教师的交往,包括教学各个环节的科学实施,能获得对学科和专业使命的认同,形成职业选择上的价值取向,并逐渐形成相应的思维方式和行为方式。学科的师资状况左右着学科文化育人功能的实现程度。

学科交叉性带来的师资多元化对学科育人效果的影响:目前金融专业教师来源呈现多样化,既有以宏观金融学为教育背景的,也有以微观金融学为教育背景的;既有拥有国外教育背景、国际化程度高的教师,也有来自业务部门、具有实务经验的教师。知识结构的多样化,也带来了学科文化之间的相互融合与相互渗透,丰富了学科组织文化的养料。但多样化的师资队伍如不能加以有效组合,形成新的学科团队,也会削弱学科文化的影响力。此外,师资知识结构中不同程度地存在着人文底蕴薄弱的一面,面对西方金融学和金融业在中国之上的现状,有的教师难免会对本民族文化缺乏应有的自信,从而影响金融文化育人的成效。

学生在文化上的选择性接受对学科文化育人效果的影响:大学生作为学科文化主体,对外部文化的内化过程是在其自身的认知水平、认识态度等内在因素的作用下进行选择性接受的过程。因此,大学学科文化育人不会对所有大学生产生一样的育人效果,这种有限性在金融学科中的突出表现为学生选择专业的盲目性与接受学科文化的被动性。例如,受金融业的高收入和就业前景看好的驱使,许多大学生选择就读金融专业,高校金融专业聚集了相对优质的生源。据报道,有高校 2012 年经济管理类共招收 400 多名本科生,在征询专业意向时,其中 360 多名学生选择金融专业,仅 40 名左右的学生选择经济管理类其他专业。金融热可见一斑。问题是,如何将这种初始动因转化成学生自身内在的对金融专业的喜好以及对金融文化的认同,对学校来说也意味着需要付出更大的努力。事实上,目前部分在校金融专业大学生在对"信用"、"诚信"等基本价值的认知与实际行为之间存在着较大反差,金融学科文化乏力。

三、金融学科文化内涵的凝练与学校特色文化的再构建

探究金融学科文化育人的意义在于:一方面,深化对学科文化育人机理的认识;另一方面,金融学是国内高校迅速发展的学科之一,拥有相当大规模的在校本科生、研究生,通过对金融学科文化育人的研究,对高校提高金融人才培养质量、推进教育教学改革、发展学校特色文化具有一定的作用。目前,国内还有若干所以金融命名的普通高校,如上海金融学院、广东金融学院、河北金融学院、哈尔滨金融学院等,还有一些以金融学科见长的财经类院校,如西南财经大学等,这些院校原来都是由中国人民银行直接管理,后转为地方管理,其中许多是从大专升格为本科院校,在长期的办学实践中拥有行业背景。这些学校要形成鲜明的办学特色和独特的优势,金融学科文化无疑是其核心要素,也是其独特的文化资源。进一步挖掘和提炼金融学科文化的独特内涵,是深化学科内涵建设的重要方面,也是推进学校金融文化建设的基础性工程。

(一)金融学科文化内涵的凝练

从某种意义上说,"学科文化是整个学科共同信奉的范式"。一门学科之所以存在,就在于其独特的范式。范式是一个共同体成员所共享的信仰、价值、技术等的集合,是常规科学所赖以运作的理论基础和实践规范,是从事某一科学的研究者群体所共同遵从的世界观和行为方式。而每一门学科的核心范畴,是学科体系和范式演绎与形成的基础。金融学科的核心范畴有哪些,答案可能不

尽相同,但"信用"无疑是其最核心范畴。"信用是银行生存之本",是金融业不断壮大的基石。今天,"信用"范畴已经超越了金融学科边界,成为全社会共同遵守的社会伦理规范。这是现代金融学科与金融业发展为社会进步所作出的贡献,是金融学科文化辐射社会文化的具体体现。由此,作为以金融学科见长、以金融学科为特色的院校,在挖掘金融学科文化资源、实现学科文化育人、推进文化建设上,理应更自觉、更自信和更有作为。

挖掘金融学科文化资源,凝练金融学科文化的路径大致有:从金融学科知识和理论体系范畴中去提炼;从中外传统的金融思想、中外金融历史典故中去挖掘;从金融业的实践特别是一些重大事件、里程碑式的改革和发展中去阐述。通过"由此及彼、由表及里、由浅入深",从感性上升到理性,由理性回到实践的反复研究探索,凝练形成若干体现金融学科文化精髓的范畴、思想,并自觉运用到人才培养和学校文化建设中,提升学科文化育人的层次与水平。

(二)金融院校特色文化的再构建

在长期办学过程中,金融院校依托金融学科,根据金融业发展对人才培养的需要,形成了一些对金融人才培养十分重要的文化课程和校园文化活动。例如,普遍重视书法教育教学,重视文化艺术教育活动开展。练就一手好字一直是中国银行业职员的重要业务功底之一。书法在丰富审美情趣、磨砺身心意志等方面具有独特的作用,是培养具有儒雅风范金融从业人员的重要途径,对提高金融人才的综合素质起到十分重要的作用。因此,在传统的金融人才培养中,书法是一门重要的技能必修课,习字也成为一项具有广泛群众基础的校园文化活动。

随着现代金融业发展,文化育人载体不断丰富。例如,上海金融学院注重发挥击剑体育项目在金融人才中的作用,在大学生中开展击剑知识和运动的普及,起到了一定成效。击剑起源于欧洲,是一项斗智斗勇的运动,它要求参加者具有充沛的体力、顽强的斗志、灵敏的反应、聪慧的大脑和稳定的心理素质。击剑运动注重礼仪和规则,强调竞争与合作,具有强身健体的作用。击剑运动与生俱来的"美、礼、思、神、博"精神特质与现代金融要求拥有"博雅"气质等素养十分契合。随着金融学科交叉复合发展,许多院校重视对其他相关学科文化的建设。例如,重视数学文化的培育、拓展信息技术文化的建设;学校还依托学科资源加强专业博物馆的建设,不少学校建立了钱币或银行博物馆,发挥了博物馆在学科人才培养中的作用。

推进金融学科文化再构建既是顺应学科发展的新需要,也是基于学校文化建设的现实提出的新任务。在这一过程中,需要突破两个关键点:一是进一步准确凝练金融文化和金融特色鲜明的学校文化的内涵和特质。目前无论是各类金融机构(包括金融管理部门和研究机构),还是相关院校,对金融文化以及金融特色学校文化还没有形成相对成熟的表述,从不同视角对金融文化内涵的表述,或宽泛,或具体实证,尚需深入凝练与论证。解决这一问题的重要前提是,必须对金融学科文化有深入研究。二是进一步研究金融特色鲜明的学校文化的建设载体,以及如何把文化建设有机地融入人才培养的诸环节,落实在教学课堂上。这一点对培养应用型人才的学校尤为重要。文化育人需要系统设计、整体布局,需要相应的工作机制。学科文化育人需要落实在专业的课程体系设置中,渗透于教学过程中的每个环节,需要每一位教师有自觉的文化担当意识,需要学科主体的自觉和自醒。如果这些根本性问题得不到解决,学校学科文化育人就只能是蜻蜓点水、浅尝辄止。

参考文献

[1]杨连生,肖楠.大学学科文化育人的机理、机制与辩证思考[J].思想教育研究,2011(3).

[2]肖楠,杨连生.大学学科文化育人及其四维向度[J].思想理论教育,2011(15).

[3]王曙光.金融与伦理:在冲突中寻找和谐[J].中国经济,2011(7).

[4]陈锡坚.学科文化的培育[J].教育评论,2008(3).

[5]陈雨露.中国金融学科 60 年:历程、逻辑与展望[J].中国大学教育,2010(1).

[6]黄达.在金融海啸中思考金融学科建设[J].中国金融,2010(19~20).

[7]陈长民.对金融学科建设问题的几点认识[J].金融教学与研究,2012(3).

[8]宜勇.大学变革的逻辑(上篇)——学科组织化及其成长[M].北京:人民出版社,2009.

[9]宜勇.大学变革的逻辑(下篇)——学科制构建:公共治理的视角[M].北京:人民出版社,2009.

[10]张作兴.经济学思维方式的特质与创新[J].东南学术,2005(2).

[11]芮明杰.金融高利润导致制造业"空心化"吗?[N].解放日报,2012.10.10.

20. 试论经济人的社会道德维度

——兼议财经类高校大学生的经济伦理道德的培养

政法学院 孙 咏

　　随着社会的进步发展,中国人民在物质文明进步发展的同时,迫切期待精神文明同步发展,"文明"作为整个人类物质财富和精神财富成果的积淀,特别表现为人的思想精神状态并外化为一种集体的行为风范。青年大学生的思想道德和行为风范往往被当作人类文明进化的时代标尺,更是一个国家民族优劣的标志。当代大学生的价值选择和行为特质不仅仅是个人风度和魅力的体现,更直接作为所在时代和社会文明程度的标杆。

　　近十几年来,我国经济以强势姿态影响社会生活各个层面,"理性经济人"假设深深影响着高等学府。"理性经济人"原本是西方经济学的一个基本假设,即假定人都是利己的,而且在面临两种以上选择时,总会选择对自己更有利的方案。尽管西方经济学的鼻祖亚当·斯密也强调道德情操的重要性,然而更多的人却只记住了他的"理性经济人"思想,经济人"就好像被一只无形之手引领,在不自觉中对社会的改进尽力而为,在一般的情形下,一个人为求私利而无心对社会做出贡献,其对社会的贡献远比有意图做出得要大"。在当下中国社会经济改革推进的大背景下,研究和回答经济人必须遵守的社会伦理道德、法律规范显得尤为重要。"经济人"的思想概念在财经类高校的认知度极高,帮助财经类大学生厘清经济人所需要的社会道德、法律维度,追求社会基本的公平和正义是高等院校的天然使命。

　　本文拟从财经类高校大学生的经济伦理道德素养的基本内涵出发,探讨社会主义市场经济条件下经济人的社会道德、法律维度。

一、经济人的道德行为认知维度

1998 年的诺贝尔经济学奖得主阿马蒂亚·森对现代经济学思考中伦理维度匮乏现象提出尖锐批评,发人深思:当代经济学宏大博深的理论世界,有没有一个道德基础?"随着现代经济学与伦理学之间隔阂的不断加深,现代经济学已经出现了严重的贫困化现象";"经济学研究与伦理学和政治哲学的分离,使它失去了用武之地"。森还深刻地指出:"现代经济学不自然的'伦理不涉'特征,与现代经济学是作为伦理学的一个分支而发展起来的事实之间存在矛盾。"阿马蒂亚·森的思想很明确,如果说,"绝对的正义"是不可能的,是难以抵达的理想境地,是一个理论问题,那么纠正"明显的非正义"则是一个实践的问题,完全有可能在当下做到。[1][2]

当代经济发展到纵深阶段,单纯的经济人已经无法运转。整个社会的可持续发展离不开政治经济伦理的保驾护航。经济学不是伦理学,也代替不了伦理学。经济学家不能离开道德进行经济分析,当然也不是脱离经济学的单纯空洞的伦理学。经济学和伦理学必须恢复在当代社会科学话语语境中的沟通与对话。

伟大的思想家亚当·斯密为后世留下了两部旷世名著——《国富论》与《道德情操论》。斯密设想"经济人"不是纯粹的利己主义者,而是受到市场机制与伦理道德双重约束的利己者。斯密关于"经济人"互利的思想,是对"经济人"假设的伦理超越,它既突破了经济人个体自私的封闭性,又把道德内涵注入经济学理论中。通常人们记住了亚当·斯密所述的"经济人"都是自利的,追求自身利益是驱使人的经济行为的根本动机。然而,"经济人"又是理性的,任何人在追求自己的私利时也要顾及他人的利益,否则最终将难以实现自己的利益。因此,在财经类高校的课程教育中,如何克服对经济人教育理念的片面解读,显得尤其重要。

在资本主义制度的政治文化、道德伦理原则下的经济人容易异化成片面追求自身利益最大化的经济人;而在社会主义制度的道德文化原则下的经济人则成为追求正当自身利益最大化的经济人,这完全是正义制度所能赋予经济人伦理发展的维度。在我国社会转型这一特定的历史阶段里,在强化对个人行为进行利益激励的同时,由于缺少必要的、健全的制度等因素的约束,导致产生了种

〔1〕 韦森.经济学与伦理学:探寻市场经济的伦理维度与道德基础[M].上海:上海人民出版社,2002.

〔2〕 阿马蒂亚·森著,王磊、李航译.正义的理念[M].北京:中国人民大学出版社,2012.

种损害和侵犯社会或他人利益的既不道德又违法乱纪的行为。

当下在校大学生在接受经济人的行为假设概念时,对经济人的道德维度缺少足够的体认。具体表现在,行为上缺少文明道德的表现,思想上缺乏主见-盲目、随性、随大流。如在学校里比较常见的不文明行为就有:在图书馆、教室抢占位子而人不到;食堂买饭时插队;离开教室时不带走垃圾;上课时迟到、早退、旷课、逃课;在图书馆、阅览室里随意讲话、讲脏话;上课时手机铃声响起;等等。在公共行为上,对统筹兼顾国家、集体、个人利益,合理、合法地获取利益缺少体认,从而在行为上缺乏对社会主义市场经济的运行法则的遵守,缺乏足够的对追求经济利益文明行为的体认,不能做到摒弃见利忘义、急功近利和拜金主义、享乐主义,遵循公平竞争、优胜劣汰的原则,追求公平正义,积极体现自身价值。至于在其他社会行为的文明方面,诸如在生活方式、网络行为等方面,都对经济人运行所必需的道德维度缺少基本的把握。

所以,加强道德建设的实践,必须要针对市场经济条件下企业和个人追求自身利益最大化的激励机制,强化对个体行为的约束功能,既要注重道德教化的作用,又要重视法律的制度化建设,充分重视在校大学生对经济人的社会道德维度的认知,需要我们在高等教育育人的各个环节加以落实配套。

二、经济人的正义认知维度

人类社会采用市场经济的制度,取得巨大的物质成就,但并没有解决困扰人类已久的贫困问题、贫富差距问题等;相反,这些问题在现代社会变得更加复杂化,这些现实领域的经济问题使得人们比以往更加关注经济正义问题。马克思从唯物史观的独特视角对经济正义进行的阐述,在今天仍然是我们把握经济正义问题最为宝贵的理论资源。深刻发掘马克思的经济正义思想,帮助当代大学生增强经济人对公平正义、自由的认知维度是高等教育的社会使命。

马克思已经彻底掌握了历史唯物主义意义上的生产关系的全部内容,并由此完成了对资本主义生产过程的完整批判。对经济正义的研究不再限于环节的区分(生产正义、交换正义、分配正义和消费正义四个),也不限于把经济活动正义分为起点的正义、过程的正义和终点的正义。马克思主义的经济正义立足于从本质上探讨经济非正义的根本原因,在实践上批判了资本主义抽象的经济正义观,即揭示了资产阶级的自由、平等和正义原则的抽象性和形式性,从人类的物质生产活动是社会发展的根本动力、社会的生产方式是社会结构的深层基础、经济基础的性质和变革决定上层建筑的性质和变革等方面探求实质正义,最终实现人的自由全面发展,达到共产主义。马克思在《资本论》中认为,共产主义是以每个人全面而自由的发展为基本原则的社会形式。也就是说,在彻底扬弃了资本主义私有制之后,社会将以全面的方式占有生产资料,人真正以自己的劳动确证自己的本质存在,实现自由自觉的生存状态,人将彻底摆脱自然界和人类社会异己力量的束缚,成为自然界和自己的真正主人。代替那个存在着阶级和阶级对立的资产阶级旧社会的,将是这样一个联合体;在那里,每个人的自由发展是一切人的自由发展的条件。在共产主义社会,经济正义所诉诸的自由和平等将得到全面的实现。[1]

多年来经济学领域内部围绕着"自利"命题对"经济人"假设进行了多次批判,在这些批判的过程中,一直体现出"社会人"假设的某种进步性。最为重要的一点就是,"社会人"假设是现实社会中真实的人的集中体现,而"经济人"只是一种抽象的人性,或者说只是人性中"自利"本性的一种抽象,而在现实世界中,完全理性的人是根本不存在的。[2]

因此,坚持对"经济人"的"社会人"维度的认知,是我们克服片面的经济人的有效途径。经济社会学就是建立在"社会人"假设基础上的社会学的一个分支学科。

三、经济人的法律认知维度

众所周知,西方国家市场经济取代封建自然经济是一个自发的、逐步过渡的过程。同样,调控市场经济的法律制度也是在长期的发展过程中不断形成、变化和完善的。法律在西方资本主义市场经济秩序的确立过程中发挥了极为重要的作用。韦伯通过对资本主义市场经济的实证分析得出结论:资本主义市场经济的法律要求之所以超过任何其他的经济形态,其原因在于资本主义市场经济自身特有的合理性,即可计算性。可计算性是韦伯揭示资本主义市场经济与法律之间奥秘的钥匙。

在我们今天改革开放进入纵深阶段,确保经济人的行为有效,不仅关乎经济主体价值利益的实现,更关乎社会发展的和谐安定。经济人的法律认知维度是经济社会可持续发展的保证。在当代社会主义的法律原则、法律制度、法律规范和法律体系得到长足发展的条件下,加大经济人的履行法律义务显得刻不容缓。经济人违背道德伦理干下的多起震惊全社会的"涉毒食品"事件,绝不仅仅是社会道德丧失的问题,而是违背法律的犯罪行为,必须从根本上杜绝此类事件的发生。因此,加强全社会的法律法规教育,特别是对我们未来社会中经

〔1〕 常云昆,石德华. 马克思的经济正义思想探究[J]. 合肥工业大学学报(社科版),2011(6).

〔2〕 臧得顺. 从波兰尼到格兰诺维特:"社会人"对"经济人"假设的反拨与超越——兼议新经济社会学的最新进展[J]. 甘肃行政学院学报,2009(6).

济人的法律认知维度的教育就显得刻不容缓。

四、经济人的环境认知维度

当年马克思批判资本主义的生产劳动是异化劳动。随着当代社会的发展，我们更应该认识到资本主义的生产危机就是过度生产和过度消费的异化怪胎，是造成全球性生态危机的最现实的深层根源。借用著名的西方马克思主义理论家本·阿格尔的观点，今天的生态危机的出路在于需要有计划地缩减工业生产，此乃时代之"生态命令"，即对利用和改造自然进行生态约束、限制、引领和规范。[1]

在当今经济人思想观念教育中，我们要坚持大学生对经济的生态环境维度的认知和重视。马克思对资本主义工业的生态批判是其对资本主义生态批判理论的重要构成。马克思在资本主义工业文明兴起年代，敏锐地关注到它所引起的生态灾难，揭示资本主义生产方式的矛盾，从生态学视角逐步展开对资本主义工业污染的现象批判、本质批判和实践批判，从生态角度论证资本主义必然灭亡的道理，敲响资本主义的"生态丧钟"。这对我国走新型工业化道路具有重要意义。单向度的经济人的观念就会加剧经济引发的生态危机。生态危机的深层次根源就在于资本主义无限追求利润最大化而将成本外在化，导致地球无法可持续发展，从而无法承载人类的经济人行为。伴随着全球化进程，资本主义的成本外在化也获得了全球向度，在将第三世界国家卷入资本主义全球市场的同时也将生态危机转嫁给它们。中国要坚持人本和生态原则高于资本和市场原则的立场，构建生态文明，实施以人为本的科学发展观。中国特色社会主义要克服市场经济的负面行为，以"生态环境的开发和保护"为出发点，重视"生态的良性循环"，克服生态危机囿于资本主义经济危机而不能自拔的困境，应当广泛运用生态学原理和方法探讨社会生态化革命，确立一元主导多样性发展的社会主义价值观。

综上所述，现实的经济人需要相关的社会道德、公平正义、法律和生态环境维度。只有全面把握经济人的社会道德维度，人类社会的发展才是可持续的。只有把握经济伦理道德素养的基本维度，高校大学生才能克服单向度的成长陷阱，获得全面的进步和成长。

─────────────

〔1〕　包庆德，解保军.探寻生态文明与市场经济的契合及其进路——中国环境哲学和环境伦理学2011年年会评述[J].科学技术哲学研究，2012(3).

参考文献

[1]韦森.经济学与伦理学：探寻市场经济的伦理维度与道德基础[M].上海：上海人民出版社，2002.

[2]阿马蒂亚·森著，王磊、李航译.正义的理念[M].北京：中国人民大学出版社，2012.

[3]常云昆，石德华.马克思的经济正义思想探究[J].合肥工业大学学报（社科版），2011(6).

[4]臧得顺.从波兰尼到格兰诺维特："社会人"对"经济人"假设的反拨与超越——兼议新经济社会学的最新进展[J].甘肃行政学院学报，2009(6).

[5]包庆德，解保军.探寻生态文明与市场经济的契合及其进路——中国环境哲学和环境伦理学 2011 年年会评述[J].科学技术哲学研究，2012(3).

21. 重视大学的普适价值

信息管理学院 黄俊民

一

正如人们关注金融缘自 1985 年银行信贷失控、国家审计署享有盛名由于财政资金管理混乱那样，当前全社会热议教育（尤其是高等教育），皆因内地大学以及教育管理部门昏招迭出、"黔驴技穷"，教育教学落后于飞速发展的时代要求。这符合 2 500 多年前老聃"大道废、有仁义，智慧出、有大伪"的此消彼长的辩证思想。

2005 年 3 月 29 日，95 岁的钱学森在病床上做了他人生中最后一次系统的谈话。这位老科学家说出了他的忧虑："今天，党和国家都很重视科技创新问题，但我觉得更重要的是，要具有创新思想的人才。中国还没有一所大学能够按照培养科学技术发明创造人才的模式去办学，没有自己独特的创新东西。我看，这是中国当前的一个大问题。"3 年后，钱老还来不及看到中国的教育有什么好转，便带着无限遗憾仙逝了。

"钱学森问题"却引起了社会更大规模的新一轮热议，"引无数英雄竞折腰"，去探索它的答案。

二

内地的许多大学，年年高举着"教改"大旗艰难探索，"硕果"累累，却仍然备受争议。问题何在？

我认为，内地教育机构普遍缺乏对于大学的"普适价值"的敬畏之心。它们以虚无主义的态度对待大学的普适价值，另起炉灶地"创新"出"前无古人"的一套模式,其结果只能是距离建设好一所大学的目标渐行渐远。

三

有没有大学的"普适价值"?

世界上各所大学,不分国家地区、意识形态,每年都会在各种场合被各种研究机构多次排名,而且在各种排名表中,绝大多数的大学座次高度近似。

学生和家长的心中也会对各大学的优劣长短进行反复比较和遴选,他们各自的看法竟基本相同。

谈及我国功勋卓著、名垂青史的大学领导者,民众会众口一词地推举北京大学老校长蔡元培和清华大学老校长梅贻琦,也不管他们曾服务于被推翻的旧社会。

在当今的多文化环境下,意识观念差异明显的人们,对于大学和大学领导者的评价,观点竟能趋同,这说明大学存在着一个游离于时代局限和意识形态之外、人们广泛承认和普遍接受的价值标准。显然,这就是大学的"普适价值"。

四

要探究大学的"普适价值",必须首先回答:教育的目的何在?

我们的教育,就是为了培养"全面发展的人"。早在一百多年前,著名学者王国维在《论教育之宗旨》一文中就阐述得十分清楚:"教育之宗旨何在? 在使人为完全之人物而已。何谓完全之人物? 谓人之能力无不发达且调和是也。人之能力分为内外二者:一曰身体之能力;一曰精神之能力。发达其身体而萎缩其精神,或发达其精神而罢敝其身体,皆非所谓完全者也。完全之人物,精神与身体必不可不为调和之发达。而精神之中又分为三部分:知力、感情及意志是也。对此三者而有真、美、善之理想:真者,知力之理想;美者,感情之理想;善者,意志之理想也。完全之人物,不可不备真、美、善之三德。欲达此理想,于教育之事起。教育之事亦分为三部:智育、德育、美育是也……三者并行而得渐达真、善、美之理想,又加以身体之训练,斯得为完全之人物,而教育之能事毕矣。"

新中国成立后,毛泽东提出了培养"德、智、体全面发展"的接班人的教育方针,实际上是肯定和继承了王国维的培养"完全之人"的教育思想。

五

作为人生所受教育的一个重要阶段,大学的目标同样是培养"全面发展的人"(在更高层次上)。

毋庸置疑,培养"全面发展的人",乃是大学的核心普适价值。任何一所高校,主要因其育人方面的成败得失,而接受考生的选择、社会的关注和同行的褒贬。

因此,任何的理由和借口,诸如"精英教育"向"大众教育"的转移、"独生子女"的特殊性、用人单位的技能要求、社会上各种考证的需要、教育评估的考核指标和评分标准、教育管理部门的颐指气使等,都不应该也不能够影响、干扰和动摇一所高校坚持大学的核心普适价值。

六

大学的核心普适价值就是培养"全面发展的人"。19 世纪的英国教育家亨利·纽曼在《大学的理念》中说得很透彻:"如果必须给大学课程一个实际目标,那么我说它就是训练社会的良好成员……大学不能保证培养出像亚里士多德、牛顿、拿破仑、华盛顿、拉斐尔、莎士比亚那样的名人,也不满足于培养出评论家、科学家、实验者、经济学家或工程师,尽管大学内有他们这样的人才。大学训练是达到一种伟大而又平凡目的的伟大而又平凡的手段,它旨在提高社会的思想格调,提高公众的智力修养,纯洁国民的情趣,为大众的热情提供真正的原则,为大众的志向提供确定的目标,扩展时代的思想内容并使这种思想处于清醒的状态,推进政治权力的运用以及使个人生活之间的交往文雅化。这种教育使他准备去胜任任何职务,去精通任何一门学科。"

具有创新激情的技术专才比尔·盖茨和乔布斯,青年时期分别从哈佛大学和里德学院退学,一心一意地设计和开发计算机系统软件或者台式微型机。这恰恰从反面证明了那些大学坚守着培养"全面发展的人"(有人称为"精神贵族")的核心普适价值:那旦校园的气氛并不适合"沉湎"于计算机技术而不理会其他课程的比尔·盖茨和乔布斯,即使他们能力超群、才华出众。否则,他们何必放弃学位,退守到条件局促的汽车间里去呢? 奇怪的是,社会并没有因为比尔·盖茨的退学而非难或者低看哈佛。哈佛大学还不是照样荣登世界名校排行榜的魁首?

20 世纪最伟大的科学家爱因斯坦则说得更加干脆:"学生离开学校时,应该是一个和谐的人,而不是一个专家。"我们国内的教育家、曾担任过天津南开大学校长的母国光先生讲得更加明确:"大学教育应着眼于未来的社会栋梁的培养,而不是进行单纯的职业培训。"

七

高中阶段就将学生分成理科生和文科生来进行教育和测试,再分流到大学的不同学科中继续深造,可能是节约教育成本的一种"创举"。

　　但是,这种做法已经偏离了"育人"的方向,而步入了把人当成工具的"制器"模式。殊不知那些科技创新、求真务实的发明家,经常是兴趣爱好广泛、社会责任强烈、科学艺术相通、人文学识深厚的人物。他们思想深刻、意志坚定、不畏困难,并且善于合作与交往。所有这些,绝非仅仅依靠理科的概念、定理和公式即能堆砌和塑造出来的。早在 19 世纪中叶,英国科学家赫胥黎就对此提出批评:"如果我国人口中有一半人将成为没有一点科学气息的有造诣的文人,而一半将成为没有一点学问气息的懂科学的人,那的确是最令人讨厌的事情。"谁知 100 多年过去了,这种趋势竟然在我国愈演愈烈。

　　荒谬的结果出现了。一些颁发"财经类学科"(人们将其归类于"大文科")学位的专业,因为要熟练运用数学工具,竟然在招生简章中特地注明"只招理科"。我不禁要为那些误遭"分科"而丧失一大半选择专业自由的考生"抱不平":《上海市中长期教育改革和发展规划纲要》开宗明义提出"为了每一个学生的终身发展",但是在现实中,学生遇到的却是还未开始发展就先吃到"闭门羹"。

　　看来,大学的核心普适价值——培养"全面发展的人",还应该向下延伸到大学的预科教育。

八

　　大学的核心普适价值,仅仅是大学的基石。在这个基石之上,各校应建立起具有自我价值的、不同于其他大学的学科内涵和校园文化,使其特色绽放绚烂夺目之光。正因为高等教育园地中,各所大学呈现自我,宛如百花盛开、争奇斗艳,才使我们的教育事业春意盎然、多姿多彩。假如一所大学即便承认了大学的普适价值,但缺乏自我的创见和特色,尾随其他大学身后,亦步亦趋,人云亦云,那么建设好一所学校的想法,也只能是镜中之花、水中之月。

　　张扬学校的特色,要像牡丹富贵炫目,不易,但似米兰雅静隐逸,又不甘,确实叫人很为难。于是,许多学校将能够应用自己专业的职业(年收入可观的职业则更好!)倾向当成特色来宣传,当成重点来扶持。而用人单位和教育管理机构也加入其中,积极附和并推动。

　　用人单位掌握了人才选拔的主动权,它们将许多原属员工录用后的职业培训内容,变换成新员工的选拔标准,也就是说,让高校来承担行业的职业教育与训练,美其名曰:"市场导向。"

　　教育管理机构则推波助澜,2007 年提出了企业与高校联合制定人才标准和培养目标、合作建设课程体系和教学内容、共同实施培养过程和评价培养质量等意见,美其名曰:"卓越工程师教育培养计划"(注意:这里的"卓越"并非形容词,"卓越工程师"是一个专用词,它有前面罗列的具体内涵)。其实,这个计划是 2004 年中国台湾高等职技学校"卓越计划"的翻版。

虽然我们的教育不能脱离当前社会的需求,但是那种完全交给市场来决定而绝非符合现代教育的追求自由思想、独立精神的"人的自我实现"的理念,与大学的核心普适价值背道而驰。正如英国学者玛格丽特·唐纳森指出的,"得到我们的教育系统高度评价的某些技能,是彻底地与人类心智技能的自然模式格格不入的"。

大学,理应走在社会的前面,走在时代的前面,创新科技,引领文化,通过教育和研究,培养支撑和推动未来社会的各种人才。大学的生命在于对理想主义的坚持。但是,现在盛行的风气却要让大学跟在社会的后面,做一个现实主义的仆从。那么,"钱学森问题"还要不要去回答?

九

大学中的专业,虽然有一定的职业倾向,但是它与社会上的职业完全不是一回事。大学教师授课,并非仅仅为了适应职业的需要,而是着眼于培养"全面发展的人"。

亨利·纽曼说:"一位法学教授、医学教授、地质学教授或政治经济学教授在大学内与大学外是有区别的。在大学之外,他有可能被他的追求所同化,并变得目光短浅。做起演讲来,他讲的内容有可能与律师、医生、地质学家或政治经济学家没什么两样。而在校内,他就会知道他和他的学科所处的位置,并从某种高度来探讨它。他对所有的知识作通盘的考察。他从其他学科那里受到了异样的启示,获得了开阔的思路,获得了自由及自制。结果,他能用哲理和智谋来处理自己的学科研究。"大学"通过教授所有的知识分支来达到传授所有知识的目的"(《大学的理念》,第 86～87 页)。

请不要以为这仅仅是对大学和教师的要求,其实,它也让学生明白一个道理:假如一个学生实用主义地将课程分类为"有用"或"无用",且仅仅要求学习那些毕业之后即刻可用的知识与技能,那么他完全不必在大学中浪费时间,蹉跎人生,他只需到相应的职业岗位上去拜师学艺即可。

"徒观斧凿痕,不瞩治水航"(韩愈诗)。我们的大学、我们的教师和学生怎么能仅仅满足于此?

十

一座名副其实的大学,首先需要形成能完成自己使命、坚持大学核心普适价值的自主的校园文化环境。

　　人类早期的大学,是一座"两耳不闻窗外事,一心恭读圣贤书"的"封闭象牙塔"。大学在探索真理和自我完善的口号下,教师、学生的钻研和修炼完全脱离外界社会,最后也无助于社会。这是一种极端的校园文化环境模式,我们称为"封闭象牙塔"。

　　事实上,现代大学无法脱离现实的具体社会经济环境而独立运作。它需要接受党政领导和社会(特别是学生家长)监督,与相关学科的学术和业务部门保持有创意的互动关系,培养出来的学生将面临用人单位的遴选。许多大学因此拱手相让办学的自主权而完全听凭社会来决定。这是另一种极端校园文化环境模式,我们称为"社会决定型"(丧失自主型)。

　　显然,"封闭象牙塔"和"社会决定型"(丧失自主型)都不是适合我们学校的校园文化环境模式。我们大学又该如何抉择呢?

　　人类历史上,曾经出现过两位声名显赫、成效卓著的教师,他们分别是孔丘和亚里士多德。作为教育家的孔丘杏坛授业,拥有贤人七十二,弟子三千,开创了儒家学派,持续影响了中国及周边各国的文化长达 2 500 年。著名学者亚里士多德博学多才,曾长期担任世界古代史上最著名的军事家和政治家亚历山大大帝的老师。罗素认为:"很少哲学家对于哲学的影响之大是能比得上亚历山大大帝的。"古希腊的哲学、科学和文艺,正是在那个时代被传播到小亚细亚、埃及、波斯和印度等地。

　　孔丘生活于公元前 5 世纪及以前的东亚的黄河下游流域,而亚里士多德却生活在公元前 4 世纪巴尔干半岛的古希腊。两人竟然独立地、不约而同地拒绝走极端,赞成"执中"。孔丘说:"执两用中";"不偏之为中,不易之为庸";"中庸之为德也,其至矣乎"。他认为,中庸是人最高的德行和善行。这种观点同样出现在亚里士多德的《尼各马可伦理学》中。亚里士多德认为,许多德行往往处于两种极端的恶行(包括不道德的行为)的连线中间。例如,勇敢介于莽撞与懦弱两个极端之间;慷慨介于奢侈与吝啬两个极端之间;豪放介于自大与自卑两个极端之间;友善介于逢迎与粗野两个极端之间……他反对偏向任何一个极端。

　　我们学校不妨采用孔丘和亚里士多德的方法,在"封闭象牙塔"和"社会决定型"(丧失自主型)两个极端之间的连线中间,寻找既能体现大学的普适价值和自主办学精神,又能担负现代大学社会责任的、合适的校园文化环境平衡点。

十一

　　人才培养,环境具有举足轻重的作用。孟子渊博精深的学识和气势丰沛的文笔并非与生俱来。在他青少年时,他的母亲为了给他创造良好的学习环境,竟执着地搬了三次家,这就是有名的"孟母三迁"的故事。老聃《道德经》超凡脱俗的理性和机敏睿智的思辨,离不开他长期担任周朝国家图书馆馆长时所获得的知识和文化的涵养。无怪乎,西班牙著名思想家奥尔特加·加塞特概括了环境对教育的重要意义:"柏拉图的教育学建立在这样一个理念的基础上,即要教育个人,就必须先教育城市。"

其实,要让中国曾一度被冠以"臭老九"的教师去"教育城市"或"改良社会",去"治国平天下",还真有点勉为其难。但是,他们可以在自己的"领地"中,创建一种融科学与人文于一体的、有利于人才培养的校园文化环境。

校园文化,虽属一种不能脱离社会现实文化的亚文化,但是它依托着学校这个载体,影响和塑造的是未来社会的主体,因而在其精神内涵和表现形态上具有超前性、示范性和导向性。处在这种环境中的每个成员,在思想观念、心理因素、行为准则、价值取向等方面,接受自己校园的科学、传统、进步的有特色的文化影响和反哺,产生认同,实现自己的精神、心灵和性格的再塑造,在素质和能力上为建设未来社会做好准备。

德国哲学家康德一语中的地揭示出这层意思:"那么,怎样找到完美? 我们的希望何在? 在教育中,而不在别处。"

那么,如何建设高校的校园文化? 许多具有远见卓识的教育家和学者曾明确地提出了一系列重要的原则和理念:

大学是一个由学者与学生组成的、致力于寻求真理之事业的共同体……大学是一个精神家园,人们群居于此,可以享受到一项人权,即在这里可不受任何限制地探求真理(雅斯贝尔斯语)。

它联合青年人和老年人共同对学问进行富有想象的研究,而谋求知识与生命热情的融合……世界的悲剧在于,那些富于想象力的人经验不足,而那些富有经验的人又贫于想象。大学的任务就是要将想象力和经验融为一体(怀海特语)。

独立之精神,自由之思想(陈寅恪语)。

别人说过的才说,没说过的就不敢说,这样是培养不出顶尖帅才的(钱学森语)。

批判思想在教育活动的概念和组织中是第一重要的(谢弗勒语)。

科学及其进一步发现仅是手段,而非目标;全面提高个人素质以及培养一种全面、敏捷、清晰和富有独创性的思维习惯,才是大学的目标所在(麦克莱兰语)。

学生离开学校时,应该是一个和谐的人,而不是一个专家(爱因斯坦语)。

各大学虽有自己的个性和特色,但良好的校园文化这一根本点却常常相似,这就是坚持培养"全面发展的人"的普适价值。这是莘莘学子成才的需求,也是千千万万"孟母"的殷切期盼。

十二

奥地利学者布伯指出:教师通过对话,参与了在学生的品格上打下烙印,因此他必须自觉地使学生"把他当作某一部分人的代表,这部分人是经过筛选的,代表'正确的'和'应该的',教育者的使命基本上就表现为这种意志和觉悟"。

而今高校的一些教授、专家,不安心于教学工作,纷纷离开校内的讲席,经常出没于各种有酬劳的演讲、评奖、论证的场合,频频亮相在荧屏的聚光灯下或电台的话筒前,不管谈论的话题自己是否熟悉,都能以学者的身份指点江山、评价人物,海阔天空、滔滔不绝,很有一副改良社会、启蒙世人的热心肠。然而社会对于这副"热"心肠,非但不能体察到其良苦用心,反而攻击为"叫兽"、"砖家"。

更有某些教师"自我作践",或科研造假,或论文抄袭,或伪造学历,他们对校内的教学工作提不起劲,而一见到"外快",就如逐臭之蝇,不惜降低身价为不法商人站台吆喝,招摇撞骗。以"学为人师,行为世范"为校训的北京师范大学,最近就冒出了一个名叫董藩的教授,大言不惭地通过微博给学生为"师"作"范":"当你40岁时,没有4 000万元身价(家)不要来见我,也别说是我学生。"大学中还在不断涌现出"骂人教授"、"打人教授",甚至"雇凶教授",这不由让人匪夷所思:内地大学究竟怎么啦?

正是因为迷失了精神和沉迷于物质,内地的一些大学已经由"精神家园"(雅斯贝尔斯语)降格为"物欲社区"。那些丧失了起码的布伯所说的"意志和觉悟"的教师,在"物欲社区"中还会时时想到培养"全面发展的人"的大学核心普适价值吗?

十三

由于大学通过教育和研究,培养支撑和推动未来社会的各种人才,引领社会的科技和文化,所以它必须走在社会和时代的前面,去探索,去创新。

创新,也就是大学的另一项重要的"普适价值"。

创新,应该是思不拘常规、行不拘常法、言不拘常识的过程。用邓小平的话说,创新就是"摸着石头过河"。因为古希腊著名的哲学家德谟克利特有句名言:"人不能两次踏进同一条河流",所以每次过河总需要小心翼翼地探索。爱因斯坦不会使用牛顿的研究方法,孟德尔也不会像达尔文那样去周游世界。

创新的过程是一个探索的过程,没有人能以导师(弄不好就变成"巫师")的身份,先知先觉地站出来夸夸其谈,讲授所谓的创新课程,传播所谓的创新知识和技能。正如阿瑟·凯斯特勒说："创造力是一种师生同置于一样的个人地位的学习过程的标志。"[1]

　　我十分欣赏哈佛大学的校训："时刻准备着，机会来了你就成功了！"它的教育目标就是培养学生的全面素质，其中包括扎实的基础知识、进取竞争的意识和把握机会的能力。这才是教育尤其是高等教育的正道。机会总是青睐那些有所准备的人。

十四

　　大学期间，注意培养学生的创新原动力，可能比多讲几门课更为有效。

　　现代最伟大的心理学家马斯洛（A. H. Maslow）在对人的动机进行分析后，将人的需要由低到高分成五个层次，即生理基本需要、安全需要、归属和爱的需要、自尊需要、自我实现需要，并提出当低层次的需要得到满足后，人就不安分地要求实现高一层次的需要。他认为，自我实现需要的内涵应该是"人对于自我发挥和完成的欲望，也就是一种使其潜力得以实现的倾向"。他把人的创造性行为归于自我实现需要。[2]

　　马斯洛的理论是通过一系列实验和统计分析后得出的，具有一定的科学性和普适性。但是我发现许多伟大人物的创新动力，源自对人类的爱、对事业的爱，而非希望能出人头地、自我实现。我最崇拜的伟大科学家居里夫妇就是这样的具有高尚人格魅力的创新者。

　　前几天读书，偶然发现罗洛·梅在《创造的勇气》中竟完整地表达了我的相同意思：作为存在于这个旋转的星球的人类，我们能爱某些人和某些事物。但是作为个体，我们所有的时间短暂，死亡终将到来，而且任何延迟死亡的努力终将失败。只有通过创造性的活动，才能使我们超越自己的死亡，延续我们的爱。这就是为什么创造性如此重要。

　　孔丘在河边看着流水感叹道："逝者如斯夫，不分昼夜。"岳飞豪爽地呼喊："莫等闲，白了少年头，空悲切！"毛泽东更是干脆："只争朝夕。"杂交水稻之父袁隆平年逾古稀，还制定了水稻亩产 1 000 公斤的目标。因为他们的血管中奔腾的是对人民的爱和对社会的责任，他们在有生之年的创造性的工作将延续着这份爱，将惠及子孙后代。

　　培养学生对人类和事业的深切的爱，其实就是在培养他们的创新原动力。

---

〔1〕　丹尼尔·J.布尔斯廷.创造者[M].上海译文出版社,1997:847.
〔2〕　马斯洛.动机与人格[M].华夏出版社,1987:40—54.

十五

二十多年前我在上课时,为了讲清计算机系统的基本结构,就将它比作一个人:电脑裸机相当于刚出生的人的大脑;系统软件(包括操作系统)相当于人后天学到的永存于头脑中的知识和技能;人脑不可能容纳所有的知识,就将某些并非须臾不能离开的知识,印成书籍、写成笔记、置于书橱、存放图书馆,供需要时查阅,这就是存放在硬盘或软盘上的文件;受头脑指挥的口说、手写、做鬼脸,相当于外部设备在计算机指挥下进行工作。

让我始料不及的是,我的那个具有知识产权的比喻,竟然被我的一位学生加以改造,用来说明中国内地为什么出不了诺贝尔奖的获得者。

他首先打了个比喻:有的电脑配置相当好,但是运行得非常慢,为什么?请行家来分析,原来一个机器里装入了多个杀毒软件,并在启动时全部激活。你的任何一次读写操作,几个杀毒程序都当仁不让地一遍遍进行检测、比对和把关。它们之间少不了相互冲突,少不了对资源的竞争,那么这台计算机的效率就难以保证。

然后他继续分析:内地学生自小起就要接受几千年来传统文化(其中不乏程朱"理学"的糟粕)、马克思主义经典作家伦理道德、我国社会主义革命理论和经验、新时期我国的核心价值观等的灌输和教育,以后在旅游或朋友接触中,还要受佛教、道教、基督教或伊斯兰教教义潜移默化的影响。我们生活在多元文化的时代,各种文化语境下形成的做人规范(就好像各种杀毒软件)多了起来,做一个好人的代价大大地增加了。这个代价,将消磨掉人的探索精神和创新意识。正如叶圣陶先生指出的:"一个堪为士则世范的中年人的完成,便是一个天真活泼、爽直矫健的青年的毁灭。"因此,要回答"钱学森问题",还有赖于中国思想界和学术界像 1978 年讨论"实践是检验真理的唯一标准"那样解放思想,探讨和整理当前在中国老百姓当中提倡的种种规范,摈弃现有规范中那些与创新观念相悖的部分,从思想上给老百姓"解套"。

十六

我和同事们在撰写《计算机史话》一书时,曾对书中写到的 80 多位科技人员获得创新成果时的年龄计算过平均值:32.4 岁;且其中相当大比例的成果(包括创新思路的萌芽)产生于他们的学生时代。也就是说,对于创新,我们教师不见得有多少高明,更没有什么优势,基本上与学生处于同一起跑线上。

站在巨人的肩上瞭望,乃是创新探索的"捷径"。因此,教师要指导学生尽快成为一个既有全面的基础知识和技能,又熟悉某一方向前沿成果的"成熟的学习者"，提高他们的观察、理解、辨别、归纳、抽象、批判和创造的能力。教师所需要做的工作，就是与学生在平等友好的气氛中对话和讨论，触发学生的创新思路。

一个创造性的想法，往往非常脆弱，且稍纵即逝，需要教师及时地鼓励和扶持。1939 年，斯坦福大学的两位正在攻读电子工程博士的威廉·休利特和戴夫·帕卡德找到了最欣赏他们的导师弗雷德里克· 特曼。老师借给了他们538 美元(当时可不是一笔小数目！)，帮助他们在硅谷开创第一家公司——惠普公司。就是这世界上第一笔的"天使投资"成就了享誉全球的硅谷科技园的腾飞，弗雷德里克· 特曼因此成为计算机世界无人不知的"硅谷之父"。1977 年，威廉·休利特和戴夫·帕卡德向斯坦福大学捐赠 920 万美元，建造了最现代化的弗雷德里克·特曼工程学中心，作为 40 年前 538 美元的回赠。

大学教师在指导学生时，要尽量少说诸如"必须怎样"、"应该怎样"和"不能怎样"的话，而应鼓励学生去尝试、去实践、去探索，要允许学生想入非非，允许他们犯错误。

参考文献

[1]王国维. 论教育之宗旨[J]. 教育世界(上),1906(56).

[2]约翰·亨利·纽曼著,高师宁等译. 大学的理念[M]. 贵阳:贵州教育出版社,2006.

[3]上海市中长期教育改革和发展规划纲要. 2010.

[4]杨叔子. 杨叔子教育雏论选[M]. 武汉:华中科技大学出版社,2011.

[5]教育部. 卓越工程师教育培养计划. 2010.6.

[6]黄俊民,顾浩. 计算机史话[M]. 北京:机械工业出版社,2009.

[7]丹尼尔·J. 布尔斯廷. 创造者[M]. 上海:上海译文出版社,1997:847.

[8]马斯洛. 动机与人格[M]. 北京:华夏出版社,1987:40－54.

22. 立诚明德，持"敬"为先

——谈理学之"敬"

外语系 鲁 进

常言"立诚明德，经世致用"。其中"诚"为真实、真诚，与理学的"敬"本质上一致。持"敬"是宋理学家进行道德修养、格物致知的方法，是对孔子"修己以敬"的继承和发展。"敬"的理念后来成为官方大力倡导的社会道德规范和知识阶层的自觉追求，其正面的、积极的人生观对于我们当今的道德教育极具启发作用。

一、"敬"的定义和理学地位

北宋程颐说："所谓敬者，主一之谓敬；所谓一者，无适之谓一。"[1](169) "敬只是持己之道"[1](206)，所以，"敬"，根据程颐，即自我约束、精神专一、心无旁骛。他认为，"涵养须用敬，进学则在致知"。[1](188) 心中有"敬"，"此意但涵养久之，则天理自然明"。[1](150) 朱熹的学生陈淳对于"敬"专门做了总结，他对"敬"的理解是："所谓敬者无他，只是此心常存在这里，不走作，不散慢，常恁地惺惺，便是敬。"[2](35)

郭齐勇将理学的"敬"总结为五种意义：收敛、谨畏、惺惺、主一、整齐严肃。[3](280) 收敛，指身心内敛，不放纵散逸；谨畏，指内心保持的敬畏；惺惺，警醒而不迷沉的状态；主一，即专一、专心、无适；整齐严肃，指身心肃然，表里如一。真正做到了"敬"，便会内无妄思、外无妄动，提高道德修养的境界和格物致知的效率。

"敬"是理学核心要义之一。朱熹认为《四书》与《五经》大多说的是"敬"，他说："且如《大学》、《论语》、《孟子》、《中庸》都说敬；《诗》也，《书》也，《礼》也，亦都说敬。"[4](372) 朱熹对"敬"推崇备至，指出："因叹敬字工夫之妙，圣学之所以成始成终者，皆由此。故曰修己以敬。"[4](207) "敬字工夫，乃圣门第一义，彻头彻尾，不可顷刻间断。"[4](210) "敬之一字，真圣门之纲领，存养之要法。"[4](210) "敬胜百邪。"[4](210) 陈淳把"敬"拔高到无以复加的境界，认为它是"一心之主宰，万事之根本"。[2](35)

"敬"是理的体现，贯穿于人们生活的方方面面，是对待生活的严肃态度，帮助人们抵御外界的各种诱惑，所以"敬则万理具在"。[4](210) "常常存个敬在这里，则人欲自然来不得。"[4](207) "敬"，如下文所讨论，体现了传统儒学的核心理念"仁"，是传统儒学在宋代的进一步发展。

二、修身、为学皆需"敬"

"敬"的理学地位源于"敬"两方面的应用：心性的涵养和为学的态度。

"敬"在心性的涵养方面吸取了禅学的内容，强调明心见性。朱熹肯定了明性以"敬"为先，在生活中事事检点，做到自觉地提示和警醒。在理学中，"敬"是严肃的涵养功夫和认真的生活态度，朱熹说："如今看圣贤千言万语，大事小事，莫不本于敬。"[4](206) 朱熹等人把"敬"看得如此重要，首要的原因在于人性不可离"敬"，人性"敬"则长存，不"敬"则不存。有"敬"，则心性湛然光明。此性是天理在众生内心的反映，是与生俱来的本善而无恶的天性。陈淳说：

（性）共大目只是仁、义、礼、智四者而已。得天命之元，在我谓之仁；得天命之亨，在我谓之礼；得天命之利，在我谓之义；得天命之贞，在我谓之智。性与命本非二物，在天谓之命，在人谓之性。[2](6)

所以，持"敬"有利于儒家推崇的"仁、义、礼、智"落实于个人，对于涵养心性极为重要。古人相信，人之所以千差万别，是因为各自所禀受的气不同。理学家们认为气有偏正，理有通塞，气有驳粹，人有贤愚，使得人们原本纯善的心性不明。如何克服这种情况？陈淳认为须下苦功以修身，"非百倍其功者不能"。[2](7) 如何下苦功？须先存"敬"心，同时做到"人一能之，己百之；人十能之，己千之"（《中庸》），方可让人性回归本然的、纯善的天地之性，使天理常明。故涵养心性须以"敬"为前提。

体现在为学之道方面，"敬"表现为专心。古人认为读书不可不"敬"，这种"敬"，朱熹认为是"精专，不走了这心"。[4](168) "精专"又名收心。朱熹认为"博学，审问，慎思，明辨，力行"，皆是收心之道。专心于学，孜孜以求，便是"敬"。

陈淳认为，"敬"作为修身和学习的前提，其重要性是第一位的，所以陈淳强调："就学者做工夫处说，见得这道理尤紧切，所关最大。"[2](35) "格物致知也须敬，诚意正心修身也须敬，齐家治国平天下也须敬。"[2](35) 说明人生目标的实现不能离开"敬"，唯有"敬"才可以避免散漫无端和玩世不恭，才可以把理想付诸严肃的实践。人生目标的实现，离了"敬"，就无从谈起，"敬"必须贯穿于人生实践的始终。

三、持"敬"为仁

"仁"是儒家的一种道德境界，孔子建立了以仁为核心的伦理道德的思想结构，规范着人们的思想和行为。春秋时人们一般把尊亲敬长、爱民、忠君等统称为仁。"敬"在当时被看作治国的一种必备德行，是仁的内在要求。[5](52) 但是孔子的仁的内容更加丰富，如"爱人"，"克己复礼"，"孝悌"，"恭、宽、信、敏、惠"，"居处恭，执事敬，与人忠"等。孔子以"仁"为最高的道德标准和行为准则。

理学是孔孟学说的发展，对于仁的追求是理学的核心内容之一。仁的重要性可以从陈淳的话中看出：

> 且分别看仁是爱之理，义是宜之理，礼是敬之理，智是知之理……专就仁看，则仁又较大，能兼统四者，故仁者乃心之德……盖人心所具之天理全体都是仁，这道理常恁地活，常生生不息。举其全体而言则谓之仁，而义、礼、智皆包在其中。[2](18)

也就是说，仁、义、礼、智四者以仁为首，仁可以兼带义、礼、智。若无仁，则天理不存。

"敬"在仁先，"敬"既是通仁之路，也是仁的发端。若不"敬"，则"私欲万端生焉。害仁，此为大"。[1](1179) 仁的境界是"敬"的结果。朱熹认为，求仁须以"敬"为先，有"敬"方有仁，"敬以直内"，无一毫私意，仁自在其中。平常行走坐卧，时刻不离此心，是仁的表现，也是持"敬"的方法。不能持"敬"就是对仁的一种违背，就不能控制私欲。只有"敬"才会使人清心寡欲，祛除邪念，达到仁的境界。《论语·颜渊》中有言：

> 子曰："克己复礼，为仁。一日克己复礼，天下归仁焉。为仁由己，而由人乎哉？"颜渊曰："请问其目。"子曰："非礼勿视，非礼勿听，非礼勿言，非礼勿动。"颜渊曰："回虽不敏，请事斯语矣。"

孔子认为，"克己复礼"为仁。"克己"是敬，出于对仁的追求，它要求人们自我克制，严格自律，不任性，不妄为，不受诱惑。礼是"克己"的结果，是天理在人们身边的具体化。对于理学家们，这样的仁是无私欲的纯善，是克服人欲后天地之性在人身上的回归。"克己"工夫的关键在于不符合礼时须做到"勿视"、"勿听"、"勿言"、"勿动"。朱熹认为这是"敬"之目，他援用禅理说明：

> 克是克去己私。己私既克，天理自复，譬如尘垢既去，则镜自明；瓦砾既扫，则室自清。[4](1067)

所以，朱熹重申：

> 大率把捉不定，皆是不仁。人心湛然虚定者，仁之本体。把捉不定者，私欲夺之，而动摇纷扰矣。然则把捉得定，其惟笃于持敬乎！[4](213)

"把捉不定"，说明做不到"克己"，或"克己"工夫不够，唯有持"敬"是"克己"的最佳手段，体现于"吾日三省乎吾身"（《论语·学而篇》），以及"居处恭，执事敬，与人忠"（《论语·子路》）。朱熹认为这些是达到仁的途径，"但从一路入，做到极处皆是仁"。[4](2464)是改"心常敬，则常仁。"[4](2820)

二程说："视听言动一于理，谓之仁。"[1](1178)"敬"在于人们的言行细节符合规范，这对于二程来说属于仁，所以"敬"是生活的一部分，是针对仁的实践。

四、"敬"而有礼，礼为"敬"本

礼是我国古代的宗法等级制度和相应的礼节仪式，以及道德规范。礼的出现源于祭祀。祭祀作为对神明和祖先的敬奉，古人尤为重视，其间有着严格的等级界限。出于"敬"的需要，古时礼制充分反映了上下有别、尊卑有序，同时表现为态度的极度虔诚，如孟子所说："恭敬之心，礼也"（《告子上》）。礼若离了"敬"的谨畏、庄重，礼便徒有形式而无实质。"敬"通常用于三方面：敬人、敬事、敬鬼神，礼的形式在这些方面不断完善，成为人遵行的规则，演变成"各种事之至当处置底办法"。[6](131)最终成为"理"的内容。

根据孔子，礼的道德的和心理的基础是仁。"人而不仁，如礼何？"（《论语·八佾》）。礼是行为的节制，是对于仁的实践的合理约束，这种节制和约束的目的也是"敬"的需要，其结果是产生符合礼的态度或言行，这样的态度和言行，又是"敬"的表现。所以，"礼为恭敬之本"。[4](475)

朱熹认为，礼主"敬"，"敬"则和。此处的"敬"是严敬，此处的"和"是不做作而顺于自然，"只就严敬之中顺理而安泰者便是也"。[4](516)"敬"要发自内心，表面文章不是真正的"敬"。真正的"敬"表里如一，延伸到人与人之间，使得礼成了"敬"的外在形式。当今社会的"礼"应该是符合社会整体利益的行为准则和社会规范,实质是人与人彼此谦恭的态度和行为,表现为礼尚往来、互相尊敬、和睦相处,这符合孔子对于仁的定义和要求。对于二程而言,礼的地位远高于此:"礼,理也,文也。理者,实也,本也。文者,华也,末也。"[1](1177) 所以,礼是天理的反映,既是天理的内容,也是天理的装饰。持"敬"、复礼,说法虽异,本质一致,都是以求仁存理为目的。

五、"敬"、"诚"一体

程朱主张既诚又敬,诚敬双为,不可偏废。陈淳说:"诚与敬字不相关。"[2](34) 此话说得绝对了。"诚"与"敬"释义不同,但是内涵有重复处。诚者,真实无妄之意,不欺诈,不虚伪,真心待人。"诚"而无"敬",非真"诚";"敬"而无"诚",非真"敬"。周敦颐说:"圣诚而已矣,诚,五常之本,百行之源矣。"[7](123) 根据此说,诚是五常(即仁、义、礼、智、信)的根本,人的一切思想和行为离不开诚。

依据朱熹,诚是"天理之本然"。[8](50) 陈淳认为,诚作为天道,流行自古至今,无一毫之差,是真实的道理,但就人伦来说,诚的实理是自然流露出来的,他说:"如孩提之童,无不知爱亲敬兄,都是这实理发见出来,乃良知良能,不待安排。又如乍见孺子将入井,便有怵惕之心。至行道乞人饥饿濒死,而蹴尔嗟来等食乃不屑就,此皆是降衷秉彝真实道理,自然发见出来。"[2](33)

陈淳总结诚为理,为天道,为天命。但若使得诚成为人之道,需要做工夫,方能变化气质,达到仁的境界。"敬"和"诚"都是要做工夫的,朱熹说:"元来都无他法,只是习得熟,熟则自久。"[4](212) 可见"敬"与"诚"的工夫都重视心理和行为习惯的养成,使得平时习惯符合"敬"和"诚"的要求。

"诚"是体,"敬"是用;"诚"抽象,"敬"具体。"敬"围绕着"诚",有境界的层次。程颢说:"诚者天之道,敬者人事之本。敬则诚。"[1](127) 又说:"诚然后能敬,未及诚时,却须敬而后能诚。"[1](92) 说法似乎矛盾,其实反映了"敬"的境界的层次性。"敬而后能诚"之敬是入门工夫,是举止行为的中规中矩,表现在"头容直,目容端,足容重,手容恭,口容止,气容肃"(《礼记·玉藻》),以及"正其衣冠,尊其瞻视"(《论语·尧曰》)。朱熹认为"皆敬之目也",皆"所谓直内,所谓主一"。[4](211) 此时的"敬",是诚的发端,是依赖外在形式达到内在真诚的心理倾向。"诚而后能敬"之"敬"是更高境界的"敬",是做工夫的结果,此时,"诚"、"敬"一体,朱熹认为"自然不费安排,而身心肃然,表里如一矣"。[4](211)

所以,"诚"与"敬"其实相关。对于理学家来说,"诚"的诚实不欺与"敬"的涵养功夫互相补充,主导人的行为,最终使人达到道德的最高境界。

六、心学之"诚"含理学之"敬"

心学不承认"敬"，认为"敬"字多余。陆九渊说："存诚字，于古有考；持敬字，乃后来杜撰。"[9](2) 王守仁说："若须用添个敬字，缘何孔门倒将最紧要的字落了，直待千余年后要人来补出？正谓以诚意为主，即不须添敬字，所以提出个诚意来说，正是学问的大头脑处。"[10](116) 陆、王为心学巨擘，难道会拒绝"敬"的存在？其实非也。对于陆、王而言，"诚"包含"敬"，这点主要源于《中庸》以下之言：

诚者，天之道也；诚之者，人之道也。诚者，不勉而中，不思而得，从容中道，圣人也。诚之者，择善而固执之者也：博学之，审问之，慎思之，明辨之，笃行之。有弗学，学之弗能弗措也；有弗问，问之弗知弗措也；有弗思，思之弗得弗措也；有弗辨，辨之弗明弗措也；有弗行，行之弗笃弗措也。人一能之，己百之；人十能之，己千之。果能此道矣，虽愚必明，虽柔必强。

此段重点说诚，其言"择善而固执之"，实际指"敬"的主一，"博学之，审问之，慎思之，明辨之，笃行之"，以及"人一能之，己百之；人十能之，己千之"，其实都是持"敬"的工夫。所以，陆、王心学讲诚，实质上有程朱理学"敬"的内容。再如：

惟精惟一，须要如此涵养。[9](286)

小心翼翼，昭事上帝，上帝临汝，无二尔心。战战兢兢，那有闲管时候。[9](292)

夫君子之所谓敬畏者，非有所恐惧忧患之谓也，乃戒慎不睹，恐惧不闻之谓耳……尧、舜之兢兢业业，文王之小心翼翼，皆敬畏之谓也。[10](289～290)

上例中，"惟精惟一"、"无二尔心"即"敬"的主一工夫，"小心翼翼"、"战战兢兢"即"敬"的谨畏和警醒。

所以，对于心学家来说，"诚"含"敬"，对于"诚"的追求即"人之道"，或曰仁道。

七、"敬"者，立身之道

"敬"是内敛的、专一的、主重的、真挚的。以"敬"待人接物，是一种严肃、认真、负责的工作、学习和生活的态度，贯穿于人生的方方面面、时时刻刻。朱熹说:"无事时敬在里面,有事时敬在事上。有事无事,吾之敬未尝断也。"[4](213) 所以,"敬"是积极的心境和严肃的生活态度。"敬"在理学中虽然上升到形而上的高度,但它不是抽象的、高高在上的,而是与每个人的生活密切相关的。

我们的社会离不开诚信,有"敬"则有诚信,无"信"则"敬"失去意义。朱熹认为"敬"是诚信的根本。他说:"若不敬,则虽欲信不可得。如出一令,发一号,自家把不当事忘了,便是不信。然敬又须信,若徒能敬,而号令施于民者无信,则为徒敬矣。"[4](495) 生活中处处持"敬"方可立信。

与人相处,"恭"与"敬"互为表里、互相促进。"敬"于内而"恭"于外。"敬"在内心,"恭"在外貌。"恭"之于"敬",反映在言谈举止。无"敬",则表面的"恭"虚伪做作;无"恭",则内心的"敬"难以生成。陈淳认为"恭"与"敬"本是一体,如形影然,两不相离。

理学家推崇"敬以直内,义以方外"。"敬以直内"要求人们以"敬"之心匡正内心的思想,具有正确的原则和正义感,心地纯正,不受干扰,不受诱惑,这是传统儒家对于修身的基本要求。"义以方外"要求人们以"义"之德规范外在的行为,让"视、听、言、动"合乎社会道德和法律规范,做有益于社会的人。"敬"的结果必定会反映在行动上,时刻持"敬"之人,一定会做到"义以方外"。

对于真理的追求,居"敬"方可穷理,根据朱熹:"学者工夫,唯在居敬、穷理二事。此二事互相发。能穷理,则居敬工夫日益进;能居敬,则穷理工夫日益密。"[4](150) 所以,居"敬"和穷理,两者实为一体,不可偏执其一。持"敬"方可真正达到穷理的目的,而穷理又可以促进"敬"的工夫。

总之,理学的"敬"突破了西汉以后儒学家以宇宙论为主导的意向,重新强调涵养省察的自我修养工夫,令孔孟道德内省工夫得以重新弘扬,意义深远。[11](27) 现实作为后天环境,影响并形成了理学家们所说的人们的"气质之性",它有善恶之分、好坏之辨。如何扬善抑恶,让后天的"气质之性"回到理学家所推崇的本善的"天地之性",使得人们的道德素养产生质的飞跃,是我们素质教育的重要任务。从近年来的资料看,目前的研究集中在借鉴理学的思想用于当今的思想道德教育,但大多忽视了"敬"的前提。居"敬"方可涵养,提高人们的心性觉悟。"敬"是态度,持"敬"是方法,"穷理尽性"和"涵养心性"是目的。我们的教育需要"敬",最根本的目的在于为我们的社会培养具有崇高理想和高尚道德情操的有用人才。

参考文献

[1][宋]程颢,程颐. 二程集[M]. 王孝鱼点校. 北京:中华书局,2008.

[2][宋]陈淳. 北溪字义[M]. 熊国祯、高流水点校. 北京:中华书局,1983.

[3]郭齐勇. 中国哲学史[M]. 北京：高等教育出版社,2006.

[4]黎靖德编. 朱子语类[M]. 北京：中华书局,1986.

[5]刘玉敏. 敬与静——二程"主敬"思想对先秦儒家之"敬"及佛道"静"的思想整合[J]. 江汉大学学报(人文科学版),2006(1):52.

[6]冯友兰. 新理学[M]. 北京：三联书店,2007.

[7][宋]周敦颐.通书一·诚下第二[A].//王云五主编.周子全书(卷七)[C].上海：商务印书馆,1937.

[8][宋]朱熹. 四书集注·中庸[M]. 长沙：岳麓书社,1985.

[9][宋]陆九渊. 陆象山全集[M]. 北京：中国书店,1992.

[10][明]王阳明. 王阳明全集[M]. 北京：线装书局,2012.

[11]吴成瑞. 论二程道德修养观[J].东南大学学报(哲学社会科学版),2009(S1):25—27.

23. 论高校团学组织在学风
建设中的功能

财税与公共管理学院 胡 亭

学风依不同学校表现出具有特色的内涵,它是衡量一所高校人才培养质量的重要标志,是高校文化底蕴和办学思想的集中体现。学风的好坏直接关系到学校人才培养目标的实现。发挥好高校共青团和学生会工作在学风建设中的功能,具有重要的现实意义。

一、学风建设是高校科学发展中的重中之重

学风是一所大学精神的重要体现,是高校校园文化建设的重要内容。它综合体现和反映了一所高校在办学过程中的办学治学理念、人才培养目标、学习学术风气、师生精神面貌等方面情况。学风是高校教学质量的重要条件之一,是衡量一所高校教学质量高低的重要标准,也是高校生存与发展的精神支柱。目前影响学风的因素有很多,既有管理者、教师、学生等因素,也有学校、社会、家庭等因素,各因素之间关系复杂,加强高校学风建设是一项复杂的系统工程。[1] 因此,学风指向办学水平,体现办学品位,是一所高校最宝贵的精神财富。

学风不会自然优良,而是需要传承、发扬、管理和建设的。学校不能容忍学生学习纪律松散、抄袭作业、考试作弊和学术不端等现象任意蔓延。开展学风建设、营造优良学风氛围,是教育内在的客观要求,是高校培养人才的需要,是提高教育质量的需要,是高校科学发展的一个永恒的主题。学风建设既是高校

---

〔1〕 吴梦秋,程光旭.用 ISM 分析影响高校学风建设诸因素的关系[J].中国大学教学,2009(4):77—79.

培养人才的重要途径和手段，又是高校发展建设内在的重要内容和目标，凸显出艰巨性、长期性和复杂性等特点，需要高校管理者、教师和学生的广泛参与和长期不懈的努力。

简要地说，学风是指学生集体或个人在对知识的渴求过程中表现出来的带有倾向性、稳定性的治学态度和学习行为的综合表现，是学生学习精神风貌的表现和概括。学风建设是实现培养目标的重要条件。良好的学风对学生不断产生强烈的熏陶和感染，不断激励学生奋发努力。

二、团学工作与学风建设的密切关系

高校共青团和学生会组织的基本任务是遵循和贯彻党的教育方针，促进大学生德、智、体全面发展，团结和引导大学生成为适应中国特色社会主义现代化建设需要的合格人才。更好地发挥高校共青团组织凝聚青年、团结青年、服务青年的重要作用，推动高校的发展。[1] 学风建设是校园文化的内容之一，团学组织是校园文化活动的具体组织者，对于广大青年学生的成长成才具有积极的促进作用。校园文化对高校优良学风的形成起着推波助澜的积极作用，也成为促进高校科学发展的重要保证因素。

高校团学工作与学风建设的密切结合主要表现在以下三个方面：

首先，高校团学工作与学风建设在目标上是一致的，都是为了培养合格的人才。要贯彻落实党的教育方针，势必要求团学工作密切结合学风建设，营造良好氛围，实现培养合格人才的目标。

其次，高校团学工作与学风建设在内涵上是融合的。共青团和学生会是高校开展校园文化活动的生力军，对大学生开展的理想信念、世界观、人生观和价值观等素质教育正是学风建设的核心内涵，都是促进大学生成长成才。

再次，团学工作与学风建设形成互利关系。高校团学工作为学风建设起着引导和推进作用，成为重要力量；学风建设为团学工作明确目标和任务，成为衡量标准。

团学工作与学风建设的有机结合，既有利于增强团学工作的针对性，积极为大学生顺利完成学业提供帮助，又有利于学风建设的有效性，扎实营造优良学风建设的氛围。

---

〔1〕 张炜. 以科学发展观增进高校共青团工作科学发展[J]. 西昌学院学报（社会科学版），2009,21（4）:94—96.

三、团学组织在优良学风建设中的有效作用

(一)发挥团学干部在学风建设中的表率作用

高校团学干部一般都是经过选举或竞聘产生的有一定素质的大学生,他们具有双重身份,既是学校教育和管理的对象,同时在开展学生各项活动中又是教育者、管理者和服务者,是开展学生工作的重要力量。抓好团学干部队伍建设显得尤为重要,主要从三个方面加强培养:第一,有组织、有计划地对团学干部进行思想政治教育,提高他们的政治素养;第二,引导和教育他们准确定位,要刻苦学习,成为所在集体的学风建设表率;第三,在实践中培养他们的组织管理、团队合作和交流协调能力,发挥主观能动性,鼓励创新。团学干部是高校中最活跃、最有影响力的学生群体,他们来源于学生,分散在学生寝室、班级、二级学院等各种集体之中,与学生朝夕相处,最了解学生的思想和精神状态,熟悉学生的学风状况。学校要关注团学干部的特殊性,发挥好团学干部的辐射带动功能。通过团学干部增强学风建设在各项学生活动中的渗透力,营造良好学风的氛围。

团学干部是校园文化建设的生力军,在团学干部身体力行的影响和带动下,促使广大学生对第二课堂的活动兴趣反作用于第一课堂的学习兴趣,发挥团学干部在老师与学生之间的桥梁和纽带作用[1],使学风建设根植于学生自我教育、自我管理,落实于教师与学生共建良好学风。

(二)重视团学组织在学风建设中的感召作用

高校共青团和学生会组织是青年学生自己的组织,是高校发展中重要的基层组织之一。团学组织既是学校学生教育与管理部门的得力助手,又是学校了解学生思想与行为动态的有效窗口。学校的一些管理制度通常经团学组织加以具体实施,学校的教育目的也通常经团学组织加以贯彻。例如,为了贯彻学校确立的"以学生为本"和"素质教育"理念,团学组织在校园文化建设中担负了重大的责任和使命。团学组织围绕学校中心工作和学生成长成才开展了许多卓有成效、形式多样、内容丰富的活动,吸引了广大同学参与,促进了一大批大学生综合素质的提高。由此,加强高校团学组织建设非常重要,学校要根据团学组织的开放性、基层性、自主性和创新性的特点,抓紧抓好组织建设,让其充分发挥"枢纽型"功能。

同样在学风建设中,团学组织发挥其感召同学的优势,开展活动。高校团

---

〔1〕 吴志功,张新娟,姚建平.高校基层团学组织现状调查研究[J].华北电力大学学报(社会科学版),2011(2):119－123.

学组织的感召力来自五个方面:(1)与学生有着密切的联系,能贴近学生实际开展既喜闻乐见又标新立异的活动。如传递感恩活动、读书沙龙活动、学术科创活动、校内外志愿者活动、结合专业的各种模拟大赛、学风建设倡议签名活动等。(2)运用青年学生喜欢的科技手段开展活动。如建立网上组织活动、开辟网上学习交流或论坛、网络设计比赛等。(3)让大学生充分享受团学工作乐趣,体验成长成才的成就,使学生在活动中产生归属感。(4)参与团学组织的学生精英代表是学风建设和校园文化建设的引领者,他们学习方法得当,成绩优良,在工作中坚持思想性、教育性与创新性相结合,讲策划设计、求水平质量,一届带一届地传承良好学风建设。(5)高校团学组织发挥着信息沟通的桥梁作用,在维护学生利益和学校维稳工作中起着不可替代的作用。

(三)增强团学活动在学风建设中的推动作用

高校团学活动是大学生活中的重要部分,它对大学生正确价值观的树立、视野的拓宽、综合素质的提升等有着不可低估的作用。高校团学活动培养了大学生的团队精神和创新意识。同学们通过自我设计策划、自我组织运筹、自我协调管理,成为学校校园文化和学风建设活动的主角,形成校园中一道亮丽的风景线。

积极推进学风建设践行与示范活动是团学工作的要义。每年的迎新和新生入学教育期间,是学校的一项重要工作,也是团学活动在新学年的头一项重要活动。学校像过节一样,张灯结彩,其实高校校园文化建设和学风建设就此开始了,团学组织在围绕学校的总体安排下,精心设计策划团学活动。每年与新生第一个见面并热情接待的往往是参加团学活动的同学;迎新晚会、和谐校园、温暖寝室和传授学习方法等活动也是团学组织的任务;转接团员关系和接收新社团成员等都有团学活动成员的身影。通过重要节日、主题日的团学活动加强学生的爱国荣校教育、校纪校规教育、校风学风教育、安全法制教育、学籍管理教育、卫生健康教育、校园服务介绍、社会实践、学术科创等活动都属于营造优良学风建设氛围。

(四)发挥团学工作与任课教师的沟通作用

学风建设最终是要落实到班级和上课班级来抓的。教风如何,这在很大程度上与学风有着密切关系。如果任课教师注重抓上课迟到问题,迟到的学生就会少些,甚至没有学生迟到。

1. 尊重任课教师,维护任课教师威信

认真听取和落实任课教师对课堂教学、布置作业及课堂管理的要求,是尊重的最好体现。团学工作要以此为突破口,让任课教师参与学风建设,维护任课教师敢抓课堂纪律、开展教学互动等学风建设的做法,帮助任课教师建立威信。同时,有机会邀请任课教师参加团学活动或班级活动,创造条件使任课教师与同学有更多的交流和沟通机会。融洽的师生感情是建设优良学风的重要基础,也是培养人才的重要条件。

2. 抓住时机,策划组织班级学风建设倡议

优良学风的建立是提升教育教学质量的重要前提,是培养合格人才、推进素质教育的基本要求。在学习氛围浓、课堂纪律好的班级上课,能激发教师的讲课激情,学生也喜欢听这样的课。团学工作要适时抓住时机,如在迎接教学评估、开展三风建设活动、抓内涵建设等时,在听取辅导员的意见和收集所有任课教师的要求后,联系实际,组织发起学风建设倡议,形成学生自我管理、自我约束的机制,逐步建立学院或班级学风建设相关制度,固化成果,变他律为自律。

3. 协助任课教师收集学生疑难问题和对教学的建议

培养学生是教师的职责,是学校的责任。团学组织是学校与学生联系的桥梁和纽带,具体来说,团学工作可以发挥教师与学生的沟通渠道作用,在得到任课教师同意后,协助教师在学生中收集学习中的疑难问题和对教学的意见或建议,经梳理分类后,用尊敬教师的语气形成书面材料,与任课教师沟通。这项工作既能调动学生的学习积极性,又能激发教师的教学相长的热情。

高校学风建设是一项长期的工作,也是团学工作的重点。高校团学组织发挥自身优势,以团学活动为抓手,以团学干部为骨干,坚持在学风建设上求质量,努力打造出高质量的团学活动,使团学活动在努力推进学风建设中成为大学生展示风采和成长成才的重要平台。

参考文献

[1]吴梦秋,程光旭. 用 ISM 分析影响高校学风建设诸因素的关系[J]. 中国大学教学,2009(4):77—79.

[2]张炜. 以科学发展观增进高校共青团工作科学发展[J]. 西昌学院学报(社会科学版),2009,21(4):94—96.

[3]吴志功,张新娟,姚建平. 高校基层团学组织现状调查研究[J]. 华北电力大学学报(社会科学版),2011(2):119—123.

24. 新媒体冲击下高校德育话语权的提升[1]

学生处 肖君政

　　法国后现代主义者米歇尔·福柯认为,话语存在于人类的所有理解活动和解释活动之中,话语既是解释和理解世界的一种手段和方法,又是掌握和控制世界的一种工具和武器。德育作为一种应用话语展现说服力的实践活动,其话语权直接影响到学生德育工作的效果。德育话语权包含话语权利和话语权力两个部分。[2] 话语权利是指德育主体自主地对德育生活进行真实和具体的表白,并充分反映自己的感受、态度、需要、价值和思想的权利。话语权力是指德育主体凭借德育话语这一中介有意识地对对方产生的有效影响。话语权力是高校德育工作者的灵魂,是高校德育工作的核心要素。从德育工作者的角度来看,德育话语权主要指的是德育话语权力。

　　长期以来,凭借着传统媒体所拥有的强势话语权力,高校的德育话语权一直牢牢掌握在德育工作者手中。然而,新媒体的变革改变了现代生活,对德育话语权产生了极大的冲击。新媒体以数字媒体为核心,涵盖了诸如数字杂志、数字报纸、数字广播、手机短信、移动电视、网络、桌面视窗、数字电视、数字电影、触摸媒体等媒体形态,是一种"通过数字化交互性的、固定或移动的多媒体终端向用户提供信息和服务的传播形态"。[3] 新媒体实现了传播形式的革命性转型,改变了文化生产、传播、消费的流程、结构以及受众对信息的储备、认知视角、接受方式,促进了文化的变迁,促使人类的生活方式发生重大变化。德育过

〔1〕 本文系 2012 年度上海学校德育实践研究课题(编号:2012－D－073)的部分研究成果。
〔2〕 禹旭才.高校德育话语权的现状及其原因分析[J].大连大学学报,2007(5):106－109.
〔3〕 廖祥忠.何谓新媒体[J].现代传播,2008(5):121－125.

程的复杂性和多端性使得德育可以从知情意行的任何一端着手进行,新媒体引发的这些变化势必从各个方面对德育话语权产生影响。因此,作为高校德育工作者,思考和研究如何因应新媒体的冲击来提升高校德育话语权,是当前迫切要解决的重要问题。

一、整合资源,抢占德育话语阵地

(一)拓展边界,提高德育话语的覆盖面

德育资源整合,是指德育主体根据现代德育理念,对现有或潜在的德育资源进行深度挖掘,重新发掘和优化组合,促使其转变成现实的、系统的、有序的、高效的资源体,使之更有效地服务于德育活动的动态过程。[1] 这一过程包含三个方面的内容:一是拓展边界,提高德育话语的覆盖面;二是整合现有的各类资源,探讨共同运作机制,实现德育话语的功用最大化;三是深度开发和挖掘新媒体德育资源,进行平台创新。

新媒体打破了传统媒体信息传播上的时空限制,实现了信息的随时随地传播。大学生正处于价值观和世界观形成时期,对于外部世界的变化充满好奇,具有探索外在世界的强烈愿望,以打破大学校园环境下信息封闭性的制约,而新媒体丰富的信息能够极大满足他们的需求,同时也带来其生活方式的重大变化。大学生学业生活方式因信息获取便捷而呈现依赖性的加剧,交往生活方式受到网络社交的熏染正引发信任危机,消费生活方式表现为网购消费、时尚消费和情感消费,闲暇生活方式呈现网络化和泛娱乐化的特征,婚恋生活方式更是遭受物化的扭曲。导致这些变化的其中一个原因是由于德育资源建设和整合的滞后,新媒体领域充斥着西方大众低俗文化和各种不良信息。因此拓展边界,提高德育话语权覆盖新媒体领域是整合德育资源的首要环节。

拓展边界可以从两个方面着手:一是从时间层面进行拓展。这就要求德育不仅仅是停留在课堂和课程上,而是要深入学生的日常生活之中。理查德·莱特在其著作《穿过金色阳光的哈佛人》中写道:"所有对学生产生深远影响的重要具体时间,有 4/5 发生在课堂外。"这就告诉我们,德育的话语权其实更为重要地体现在学生玩手机、打游戏、上网聊天、网购等日常活动中。二是从空间层面进行拓展,即德育内容的拓展。目前德育教育的内容存在陈旧、狭窄、缺乏时代感等问题,因此必须开拓德育内容的新领域。例如,可以从国情教育、公民法制道德教育、职业素养教育、文明礼仪教育、心理健康教育等方面进行内容的拓

---

〔1〕 田月.新媒体时代高校德育资源的整合研究[D].重庆:西南大学,2010.

宽，而不是仅仅局限于思想政治教育。时间和内容的德育边界扩展，可以实现德育话语权的多层次全覆盖。

（二）整合信息，促成话语功用的最大化

整合德育信息资源，首先要做精。德育的最大资源是校园媒体。高校德育工作者要想提升德育话语权，促成话语权的功用最大化，就要充分利用好校园媒体，对不同的媒体进行功能定位。具体而言，广播新闻可关注时事政治、财经新闻、体育赛事等动态新闻；手机短新闻可发布一些传统节日习俗、红色短信、当日发生的重大历史事件等特色新闻；电视新闻可在文明创建、文化建设、讲座报告、大型活动等新闻报道上多下工夫；校园网络新闻则要突出"新、短、快"的特点，以海量、快捷、新鲜的报道吸引受众；校园报纸则应突出"优、精、深、专"，优选稿件，精心改稿，深入挖掘，分多次、多角度地对社会价值高、学生参与深、关注度高、认可度大的新闻进行连续深入的报道，必要时还可配发评论，吸引学生互动。媒体的定位区分可以达到传统媒体和新媒体各有侧重和特色，相互补充、相互配合的效果。[1]

整合德育信息资源，其次要管好。在新媒体冲击下，信息传播的快捷性和匿名性等特点引发了海量信息的爆炸，各种主流、非主流信息充斥其中，打着"自由开放"的旗号，好的、不的信息鱼龙混杂，大量消极思想和文化甚至反党、反社会言论乘虚而入。媒体选择什么信息提供给受众，决定了受众关注的焦点和范围，同时，媒体选择的报道内容、报道角度和报道强度也在影响着受众的兴趣点和关注点，因此媒体具有"把关"的权力。作为德育工作者，更应该发挥好把关的权力，高校德育相关部门要精心筛选信息，充分掌控信息的流通和发布，优化和净化新媒体信息环境，强化对网络、手机的监控和管理，防止不良信息通过校园网络、手机等途径进行传播和蔓延。

德育信息资源的整合要防止两种倾向：一是放任自流。放任自流可能会成为伪人本主义的台词和借口，实际上是让学生在信息的海洋中自生自灭，其必然造成学生价值离散化、追求功利化、交往利益化、消费时髦化、闲暇娱乐化、人际冲突化、婚恋扭曲化、心理问题危机化等危害。二是只堵不疏。党的十七大报告明确提出，加强和改进思想政治教育要注重心理疏导，其核心在于"疏"。德育信息资源的整合如果为了逃避放开资源而带来的挑战，选择堵而不是疏，势必带来长期负面性的情绪积累，如果没有其他渠道的调整和宣泄，一旦爆发将产生不可挽回的后果。新媒体实现了随时随地传播，堵只能一时，采取只堵

---

〔1〕 田月.新媒体时代高校德育资源的整合研究［D］.重庆:西南大学,2010.

不疏的方式也就意味着宣告对于新媒体德育话语权的完全放弃。

(三)统一部门,增强德育话语的权威性

"报纸是人体的延伸,广播是耳朵的延伸,电视是视力、听力的同时延伸",这是加拿大传播学者迈克·卢汉的著名论断,然而在新媒体时代的现在,可以说新媒体是思想的延伸。随着时代的变革,报纸、广播、电视等传播媒体的作用日渐式微,正在逐渐被新媒体所取代。这种变化并没有引起高校德育工作者的重视。考察国内大多数高校,德育工作多由学校党委宣传部、学工部、团委等部门管理,体现出德育的政治把关性和操作主体的学生化倾向。但在信息激增、受众兴趣和选择方式日益多元化的现代社会,这一模式的必要性和合理性受到了质疑和挑战。其一,德育的多部门管理可能会出现交叉重复的德育教育内容,各部门领导的德育理念不一致可能导致教育效果相互冲突和抵消。其二,德育的多部门管理可能存在教育死角的情况,特别是面对德育的重点、难点问题难以研究和突破,最后都变成"不属我们的管理"。其三,新媒体的无边界特性决定了需要一个统一的德育教育和管理部门。

这需要现有高校德育管理模式的变革。一种变革的路线是,参照上海市教委成立的上海市学生德育发展中心在各高校组建德育发展中心机构,综合管理协调各部门,统一负责全校德育资源的调配和协调运转,形成合力,打破以往高校多部门分散管理、各自为战的格局,创设有利、有序、有效的发展平台和空间。有了这个机构,党委进行宏观的指导和要求,相关具体运作则交由德育发展中心去负责实施,从而增强了德育话语的权威性,实现真正意义上的宏观舆论全局调控,以及真正意义上的"大德育"观。高校德育由此可以获得更大的遵循自身运作规律的发展空间,为其顺应新媒体时代的发展、抢占德育话语阵地争取到一个有利的环境和位置。

二、转换体系,增强德育话语黏性

(一)更新观念,贴近德育话语对象

德育观念是德育的根本指导思想,更新德育观念是增强德育话语黏性的深层次需要,是提升德育话语权的最高境界。在后现代主义思潮的影响下,德育工作者纷纷重新审视德育的现状和实际,积极投入改革探索,期望能改善长期以来德育低效的状况,于是提出了关注个体、平等对话、开放包容的德育理念[1],然而理念上得到赞同,但是在落实过程中受到束之高阁的待遇,德育收效

---

〔1〕 廖英.对后现代思潮中德育话语权的重新思考[J].江苏高教,2009(2):126-128.

甚微。

新媒体的发展改变了以往信息传播由传播者主导的单一线路,赋予了受众信息自由选择的权利。此种变化预示着德育的过程不再是由教师所主导的单向说教过程,而必须平等引导、双向互动,方能贴近德育话语对象,引起共鸣。德育工作者必须更新德育观念以适应社会变革,否则德育话语权将逐渐弱化而慢慢消失。

高校德育观念的更新转变是一场触及灵魂的变革,因此是一个艰难的过程[1],但只要因应时代变化树立起科学的德育观念,就不难找到解决德育问题行之有效的方法。德育观念的更新首先要做到从说教到引导。教条的形式呈现和价值灌输转变为教师启发和引导促使学生进行自主道德建构。其次要做到从等级到平等。新媒体的去权威性、去中心化等特点,决定了基于人与人平等的对话教育比等级关系基础上的道德教育更为有效。再次要做到从单向到双向。契合新媒体特征的双向互动的德育过程意味着师生在交流中互相学习、互相理解,意味着老师愿意倾听学生的自我表达,意味着双方共同创造新的道德境界。最后要做到从他律到自律。在新媒体环境下,高校德育再也不可能以传播绝对真理的身份立足,而必须以培养学生自身的道德判断、分析评价、选择和创造力为宗旨,促成学生自主的道德评价、道德判断、道德选择和道德行为。

(二)多种形式,畅通德育话语途径

德育途径作为实施德育的渠道,是为了达到一定的德育目标,采用一定的德育方法,进行一定德育内容的教育所利用和选择的路径。[2] 德育途径是德育内容、德育方法、德育过程的承载体,是实现学校德育目标、落实德育内容的组织形式,是做好德育工作不可缺少的重要条件。在新媒体冲击下,信息传播由单一线路向多重线路转变,形成了多方向的上下互动式传播,增加了传播者之间的沟通与了解。高校德育工作要充分利用新媒体的这一特点,构建相互联系、相互补充的高校德育途径体系,畅通德育话语途径。

从媒介来看,德育话语途径的构建主要是指通过各种数字化交互性的新媒体终端向用户提供多样化的信息和服务,具体包括网络、手机短信、杂志、报纸、广播、电视等形态和途径。从德育工作形式来看,可以开展自主式教育,有意识地引导和塑造自省、自强的意志品质,发挥学生在成长过程中的主观能动性,在参与学校的教学、管理和服务工作中,变被动为主动、由自发变自觉。可以开展体验式教育,使学生不知不觉地进入德育情境,受到熏陶、感染和鼓舞,从而达

〔1〕 卓越.论高校德育观念的变革[J].社会科学战线,2007(2):215-218.

〔2〕 陈友放.整体构建大学德育途径体系刍议[J].黑龙江高教研究,2011(8):113-115.

到"润物细无声"的教育效果。可以开展实践式教育,引导学生正确地观察社会、了解社会的复杂性,培养和提高其是非辨别能力,对社会上的多样道德观念做出正确判断,使学生在实践中得到锻炼。

(三)贴近生活,回归德育生活世界

现象学家胡塞尔提出的"生活世界"这一概念是指人的日常生活世界,它是人和世界的各种实践关系的汇总,是人存在的境域和交往的依托。[1] 哲学家哈贝马斯认为,生活世界是围绕文化价值子系统与人的意义理解、交互主体性相关联的世界。生活世界是与人的目的、主观性联系在一起的意义世界和价值世界。由此可见,教育必须根植于人的生活世界才能拥有繁殖的肥沃土壤,而作为教育之首的德育从本质上说更应该贴近生活,从生活中来,到生活中去,达到德育生活化的目标。只有这样,德育才有生动性,德育才具鲜活性。

然而德育教育话语长期远离生活世界,表现为道德教育只注重方向性、政治性,缺乏时代性、层次性和生动性,道德教育话语一贯树立高大完美、无可挑剔的榜样形象,少数先进优秀分子的高标准力求普遍化为全体民众的行为准则,脱离了受教育者身心发展的实际。同时,教育者言说的教育内容与日常生活之间存在极大反差,课堂上讲授的德育内容、价值观念、道德规范等,很大程度上都是基于逻辑推衍的应然结果,对社会生活进行随意切割和剪裁,遮蔽了社会生活的本真,因此受教育者在进入社会或在所置身其中的日常生活时便与社会规范往往发生龃龉。受教育者陷入了面对课程文本无言可说、面对有话可言的现实却又无处可发的失语困境,从而使原来在学校里所接受的价值观和道德规范在日常生活中显得苍白无力。

正因为如此,德育教育的内容体系回归生活世界才显得尤为重要。德育生活化不是简单的回归,而是高层次、高境界的生活创造和扬弃。[2] 德育工作者自身首先要对生活有一定的预见性,懂得驾驭生活、提升生活、享用生活,然后去关注和指导学生的现实生活。这样的德育过程既是自然的,又是别出心裁、精心设计的,德育的目标无形而有意,自然蕴含和隐匿于德育内容当中,展现了德育的原生意义。德育内容回归生活世界的价值在于,把个体从道德理想主义和教条化的意识形态当中解脱出来,关注个体当下的实际生活境遇和现实生活的幸福目标,而这种幸福目标是基于个体某种可以辨认、明证和兑现的愿望和动机。

〔1〕 胡塞尔.欧洲科学的危机与超越论的现象学[M].上海:上海译文出版社,2001.
〔2〕 徐湘荷."德育回归生活世界"的本土化反思[J].中国德育,2008(6).

三、创新机制，提高德育话语有效性

（一）人文关怀，提升德育话语主体的自觉性

当前的道德教育大多拘泥于道德理论的灌输和道德知识的传授，忽视了道德学习者的积极参与，造成学习者主体地位丧失的现象。在道德话语权方面，形式上拥有绝对的话语权力，实质上的德育话语权有效性却极为有限，这在高校的德育中尤为突出。高校道德教育依托思政教师和辅导员群体，借助"两课"教学及主题教育活动途径向学生宣讲极具"政治化"、"理论化"、"理想性"的道德内容，在内容和形式上都严重脱离学生主体实际，教与学的脱节造成的不仅是学生对德育教育的反感，更有德育话语实效意义上的权力丧失。新媒体的出现对大学生主体性精神觉醒有着积极作用，新媒体作为一种新兴的信息传播手段，在实质上树立和营造了一个平等而开放的交往平台，为平等意识、自主观念、开拓创新、竞争意识、理性质疑创造了条件。而新媒体引起学生主体意识的改变，实际上为德育改变低效的现状、冲破德育教育的困境提供了良好的契机。

德育话语主体自觉性的提升，需要从关怀人、关怀人的德性发展这一本质入手，走主体发展性德育路线。现代人的发展在 20 世纪一直备受重视，从澳大利亚教育史学家 W.F. 康对教育"人性化"的呼喊、苏联教育家哈尔拉莫夫"教育人格化"的要求、联合国教科文组织"学会生存"的倡议，一直到 20 世纪 80 年代末国际社会"学会关心"的提出，都把教育的出路指向了人文关怀。[1] 德育中的人文关怀就是要发展主体性德育，要求德育学习者自己认知、自己体验、自己领悟、自己抉择和践行，这就要求高校德育工作者在道德教育中充分尊重学生的人格，尽量满足其内在的道德需要，让学生体验生命的意义和生存的价值。主体性德育与传统德育并不矛盾，在主体性德育中，德育教育者在教育中仍然扮演着指引者的角色，这种引导是建立在对学生最基本的尊重、理解和爱护之上，通过教育者本人的系统学识、言行举止和道德风范去引导、启发和帮助学生自主学习道德知识，独立思考道德问题，积极践行道德准则。这种道德学习是学生自主构建的，也是最富有实效的。

（二）优化队伍，提高德育话语的号召力

新媒体的勃兴带来了一个话语权众声喧哗的时代，使全民出版成为可能，话语表达进入机构传播和个人传播共处的时代。这种话语权的弥散化造成话语整合的困境，强烈呼唤新的机制创新以重整局面，提高高校德育话语的号召力。

---

〔1〕 班华.德育理念与德育改革——新世纪德育人性化走向[J].南京师大学报（社会科学版），2002(4):73－80.

　　高校德育话语的号召力,有赖于其信息的真实性和德育管理部门的权威性,但更为重要的是取决于德育工作队伍的影响力。新媒体是技术发展草根化的产物,要有组织、有系统地管控、引导、整合自由弥散的话语实属不易。这就需要改革德育工作队伍机制,大胆尝试,开辟专门的德育岗位,例如,可以借鉴有的高校正在施行的专职网络辅导员聘任制度,推进辅导员队伍专职化、专业化发展。

　　新媒体的特殊性和复杂性需要优化、培养和锻造一支高素质、与时俱进的工作队伍。这支队伍首先是要具有坚定的政治责任感,要有"主心骨"。在面对数量众多的看不见同时也不知道其真实身份而且各自有不同的想法和意向的学生受众时,如何帮助他们去鉴别各种信息,正确认识各种社会现象?此时格外需要有主心骨,要有善于运用正确的理论分析、认识事物本质的能力,要有坚定的信念,只有这样才可能帮助他人、教育他人、引导他人。其次是要懂得新媒体传播的基本规律,要认清新媒体的特点,熟悉并掌握新媒体传播的特性。尽可能熟识新媒体,德育工作才会准确到位、事半功倍。再次是要"讲平等",要有一定的亲和力。新媒体的开放和平等也就意味着无法强制任何人做任何事,要赢得大家的认同,关键是要平等地尊重对方、关心对方,要有亲和力,这样才能吸引学生,取得学生的信任。[1] 这三条是最基本且最重要的条件。

(三)创新平台,提高德育话语的凝聚力

　　新媒体的出现,一方面因为其所承载的各种社会思潮及西方腐朽没落的价值观念冲击了传统的高校德育,造成了高校德育话语权的消解,但另一方面也为德育话语权的提升提供了一个全新的平台。在开放的新媒体平台,任何拥有新媒体终端的人都可以根据自己的喜好自由进出,任何人都可以发表自己的意见,许多素未谋面的"朋友"构成了大学生的网络人际关系网,在这里,没有固定的中心权威信息源,人人都可以成为意见领袖,而任何一个意见领袖也可能因为与"粉丝"的意见不合而被抛弃,只有通过公共辩论才可能取得传统社会中拥有规则解释权的长者或尊者的地位。这也就意味着,如果高校德育工作者能够积极利用新媒体平台,通过大学生喜闻乐见的形式,用不断丰富和发展的马克思主义理论,广泛听取民意,公开信息,积极主动地回应大学生的要求,及时答疑解惑,那就很容易成为德育意见领袖,掌握具有时效性的德育话语权。

　　平台的创新要注重两个原则。第一个原则是要注重顶层设计。顶层设计不是自下而上地摸着石头过河,而是自上而下地系统谋划,要从机制创新的角

---

　　[1] 唐景莉等.与网络辅导员面对面——访北京交通大学新闻中心主任王想平[N].中国教育报,2004 年 7 月 30 日(第 3 版).

度和战略管理的高度统筹全局,使平台创新朝着德育的预期目标迈进。第二个原则是要注重细节创新。彼得·德鲁克曾写道:"有效创新都从小处开始,而并非宏伟壮阔。"的确,德育的平台创新不能只有顶层设计,也要重视细节创新对于德育教育的重要性,德育的实效往往体现在细节上。

平台的创新和建设可以从两方面出发:一是进行精品网络平台建设。高校可以调研大学生对于新媒体的实际需求和行为特点,要大胆借鉴商业网站运营经验,应用最新的网络技术,融合各类新媒体的强大功能,不断研发新型文化产品,实现德育工作从宣传型向引导服务型转变,以平等对话的姿态赢得大学生的信任和认同。[1] 上海高校正在试点使用的兼具学习、服务与教育功能的"易班"项目就是精品网络平台建设的代表之一,平台已经在高校逐步推广和应用,受到学生的普遍欢迎和社会的广泛赞誉。二是进行品牌活动平台建设。高校可以梳理挖掘自身的德育资源积累和优势,正确定位,科学规划,结合网络平台,创建特色品牌活动。依托特色品牌活动的开展,形成德育凝聚力,真正实现"品牌育人"。

参考文献

[1]禹旭才.高校德育话语权的现状及其原因分析[J].大连大学学报,2007(5):106—109.

[2]廖祥忠.何谓新媒体[J].现代传播,2008(5):121—125.

[3]田月.新媒体时代高校德育资源的整合研究[D].重庆:西南大学,2010.

[4]廖英.对后现代思潮中德育话语权的重新思考[J].江苏高教,2009(2):126—128.

[5]卓越.论高校德育观念的变革[J].社会科学战线,2007(2):215—218.

[6]陈友放.整体构建大学德育途径体系刍议[J].黑龙江高教研究,2011(8):113—115.

[7]胡塞尔.欧洲科学的危机与超越论的现象学[M].上海:上海译文出版社,2001.

[8]徐湘荷."德育回归生活世界"的本土化反思[J].中国德育,2008(6).

[9]班华.德育理念与德育改革——新世纪德育人性化走向[J].南京师大学报(社会科学版),2002(4):73—80.

[10]唐景莉等.与网络辅导员面对面——访北京交通大学新闻中心主任王想平[N].中国教育报,2004年7月30日(第3版).

[11]赵扬.新媒体背景下大学生思想政治教育工作的创新思考[J].思想教育研究,2011(12):72—74.

---

〔1〕 赵扬.新媒体背景下大学生思想政治教育工作的创新思考[J].思想教育研究,2011(12):72—74.

25. 关于大学文化核心价值观的认识与发展的若干思考

保险学院 张敏健

一、引言

党的十七届六中全会通过的《中共中央关于深化文化体制改革、推动社会主义文化大发展大繁荣若干重大问题的决定》中强调了"文化越来越成为综合国力竞争的重要因素",提出要求培养高度的文化自觉和文化自信,推进社会主义核心价值体系建设。大学是文化传承的重要载体,也是文化创新的源泉[1],担负着以文化人、以文育人的职责,文化的核心是价值观,它是文化中最深邃和根本的部分。文化与价值观的关系表明,大学文化建设就是要提炼出适当的价值观体系,并通过有效的文化传播措施使之深入人心。

大学文化核心价值观能否成功实施和坚守,是大学文化建设的关键所在。大学要坚守文化核心价值,在理想与现实、适应与超越、独立与依附的空间中自觉地开展文化反思与批判,不断地通过文化建设和整合为师生提供系统完整的价值体系[2],在推动社会主义文化大发展、大繁荣中起到应有的作用。由此,如何认识和发展大学文化的核心价值观,是大学在建设发展过程中应该深入思考的问题。

---

〔1〕 郭丹.大学文化的内涵与建构[N].文汇读书周报,2012.2.17.

〔2〕 雷庄,胡庆龙.文化·价值观·人——大学文化建设新思.长江大学发展研究院理论研究,2012.4.1.

二、大学文化的深层内涵

文化是一系列习俗、规范和准则的总和,起着规范、导向和推动社会发展的作用。马克思主义经典作家在论述文化的本质和作用时,认为文化是一种深深熔铸在民族生命力、创造力、凝聚力中的力量,对于民族精神的培育、健全人格的塑造和促进人的全面发展,具有不可替代的作用。大学既是文化的有机组成部分和重要标志,也是文化发展到一定程度和阶段的产物,与文化具有极为密切的互动关系。[1] 因此,大学文化的深层内涵应该是能体现出一所大学自建立以来所形成的具有自身特色的大学精神。作为文化的殿堂和学术的高地,大学还必须具有自己独特的文化品位和格调,因此,大学文化的深层内涵实质上蕴含的是价值观。尤其是在当代社会条件下,大学面向开放环境,推进科学技术创新,又承担着科教兴国重任,它所具有的培养人才、创新知识、传承文化、服务社会的功能决定着它的办学理念、学术思想、学科建设和人才培养模式等都构成大学文化的深层内涵。自然应该对社会文化建设作出贡献,更要以自身文化建设告诉和引领社会应该崇尚什么样的文化。

某种层面上人们往往会把校园文化建设、校园活动生活的各个方面,包括一所大学校园建筑、格局风貌所反映出的风格趣味等误认为也是大学文化的内涵。的确,在大学文化建设中,比较容易也比较见效的建设是硬件建设,以及以多种具体形态展现的活动。当然没有这种具体形态的展现,所谓的文化核心价值或精神也就没有立足或依托的基础与场所。但毋庸讳言,这仍属于大学文化的表象,更实质性的和关键的还是对大学文化深层内涵的认识、把握,两者并不矛盾冲突,共同的指向就是其价值观。

随着当今大学功能的多元化,其相应带来多元的价值取向。多元文化的不同,归根到底是所体现的价值观不同。一个民族、国家乃至社会团体都有属于自己的文化,这种文化就是共同拥有和追求的价值观,维系着民族、国家和社会团体的形成与发展。换言之,高等教育以文化育人,根本目的在于培养一代代既能继承前人优秀文化成果,又能消化融合、敢于创新、承担重任和引领社会进步发展的人才,因为文化发展的实质也就是社会发展的实质。以育人为本的大学必须注重文化和文化的发展,大学文化的核心价值观的所在、追求及体现正是一所大学必须传承和弘扬的。

---

〔1〕 李家珉. 文化育人的三维思考[J]. 思想理论教育,2012(1).

三、大学文化核心价值观的认识与理解

(一)大学的文化育人功能是大学文化价值观的核心根本

大学坚持教书育人、管理育人、服务育人、环境育人,这些育人的内容都是以一定的文化统筹贯穿着的。党的十七大报告明确指出:坚持育人为本、德育为先,实施素质教育,提高教育现代化水平,培养德、智、体、美全面发展的社会主义建设者和接班人,毫无疑问昭示着大学的一切工作都应该以人才培养为根本出发点和落脚点。当代大学生正处在世界观、人生观、价值观形成的多变关键时期,极其需要正确价值观的引领。而文化的力量终究还是来自凝结其中的核心价值体系的影响力和感召力,把一定的文化转化为受教育者的本质,即我们所称的"以文化人"。事实上,世界公认的一流大学都讲素质教育,都把育人放在首位。[1]

随着时代的不断发展以及社会对人才素质要求的变化,大学的组织结构、发展形式、办学模式或许也都会发生改变,因而大学的功能也会因此而不断拓展、深化。但无论如何,这些功能的实施与实现都与人有着千丝万缕的关系,都是其核心功能"育人"的延伸。由此可见,大学文化的价值观就是"育人为本"的价值观,且大学文化价值观应该是创造引领社会高尚的大学文化,这些揭示出文化与价值体系的内在关联和深层结构,继而使我们进一步理解价值体系在文化发展中的核心意义和作用。

(二)大学遵循的"人的全面发展"理念是大学文化价值观的核心追求

人的全面发展是指人具有自然的、社会的、精神的本质,它们之间是协调统一、不可偏颇的。通俗来讲,人的全面发展也是人的个性、能力和知识的协调发展。党的十七大报告指出,社会主义建设者和接班人是德、智、体、美全面发展的人,即要有正确的世界观、人生观、价值观,具有良好的思想道德、理想信念等政治素质。推动文化大发展、大繁荣必须借助思想政治教育,社会主义核心价值体系建设任务的核心是解决理想信念问题,增强大学生理想信念教育是大学思想政治教育工作的重要使命,尤其是立足于当前中国社会转型时期,理想信念教育面临的新情况、新问题是实现新时代任务目标的精神动力。这些精神层面的建设是文化最本质的体现,以大学生全面发展为目标就应成为高等教育改革发展的核心价值取向,成为大学培养人才的核心价值目标。

每个人的自由而全面的发展也是社会主义核心价值体系的着眼点,一个社

---

〔1〕 杨福家.年轻人怎样成长[N].解放日报,2012.9.22.

会的核心价值体系表征了这个社会的追求与宗旨，也是形成社会向心力的重要因素。科学发展观所说的"以人为本"，实质上的发展就是人的发展，所以大学遵循的"人的全面发展"对大学生成长有着重要意义，它可以引导、教育学生自觉地以每个人的全面自由发展为价值追求。耶鲁大学之所以能成为世界一流大学，可以从那份值得我们从事教育工作的人都去阅读的《耶鲁报告》中一窥端倪。这份报告在184年前就提倡"大学教育应该是完整的教育"，大学毕业生应该是接受全面教育的人。耶鲁大学的教育目的并不局限于传授特定的知识，而是传授所有专业都需要的专业课程，这其实就是"博雅"教育的一种想法，告诫大学生，一个人除了以职业谋生外，对家庭、对社会、对国家还有责任，承担这些责任就需要全面知识和高尚品德。所以从今天来看，"人的全面发展"是一流大学教育发展、人才培养的核心价值目标，如果说没有文化的大学称不上是一流大学，那么从耶鲁大学的教育理念、培养方式上看，一流大学的文化价值观也是追求、强调人的发展的全面性。

当然，人的全面发展也应是与时代发展、社会需求紧密结合的发展，我们的目标是建设公正、富强、民主、文明、和谐的社会主义，社会主义核心价值体系的传播应使大学坚持运用先进文化教育引导学生，充分发挥大学文化在促进大学生全面发展和健康成长中的特殊优势。人的全面发展中所指的社会的本质，即指出了人是社会人，那么人的发展就只有与社会需求相结合，才是真正全面和富有意义的，处理好个人与社会、民族文化与世界文化、行为规范与为人品格等的关系，在不断贡献社会中实现自身的全面发展。大学教育要自觉地尊重教育规律和学生身心发展规律，把促进人的全面发展、适应社会需求作为衡量教育质量的根本标准，所以大学文化的价值观既追求人的发展的全面性，又追求对于社会需求的适应性。

（三）提倡和实施素质教育是大学文化价值观的核心体现

事实上，世界上所有一流大学都讲素质教育，都把育人放在首位。中共中央16号文件早已指出："学校教育要坚持育人为本、德育为先，把人才培养作为根本任务……"育人的理念从来不是抽象的，它有着丰富而鲜活的时代内容，体现在实践中就是素质教育，这是大学文化价值观反映出的教育作为优秀文化传承重要载体，在社会文化的传承中起到的举足轻重的作用，也符合马克思的观点，即人的全面发展是未来社会的最高原则。

素质教育是相对于应式教育而言的。作为一种全面提升学生各种素质的教育模式，其根本宗旨就是彰显个性，挖掘学生的潜能优势，使人的各种素质得到全面发展。这种"全面性"阐释出素质教育必须是超越"知识传授"、"重智轻德"的德、智、体、美以及心理的全面教育，它绝对不是如某些人认为的简单的知识传授的扩充,而是理念上的完全不同,是一种新的教育观,也是教育文化发展的新境界。[1]强调促进知行合一,引领学生在德、智、体、美的相互促进、有机融合中实现思想道德素质、科学文化素质、身体心理素质的全面发展,其间有多层性和系统性,涉及人本层面、专业层面和发展层面。作为全面提升学生各种素质的教育模式,如前所述,它必定是将人的全面发展与社会的需求有机结合起来,在涉及专业基础上又要超越专业教育,更着眼于为掌握专业技能而需具备的专业素质,如专业道德、责任感、审美能力、作风等。此外,对于当前结构转型、创新驱动的社会发展要求,更要培养满足这种新要求的触类旁通、灵活敏锐的专业适应性人员,包括被称为一个国家、民族进步的灵魂的创新精神和素质。

正确理解大学文化的价值观,还必须清醒地认识到应充分尊重大学生的主体地位与意识,要把学生健康成长成才放在首位来考虑,如此体现出的素质教育一定要摒弃高高在上的或一味包办代替的传统局限,让学生在自我表现、自我教育、自我服务中提升,有效启发学生对"全面发展"的自觉,而大学就是为其提供平台和契机的地方,大学文化的精神气质往往就是这样对学生产生潜移默化的感染与浸润。平台创设和提供的机会环节,同样也是支撑验证为了人的全面发展而实施的素质教育是建立在实践基础上的。实践是人的存在方式,是人的发展方式,只有通过实践或只有在实践中才能实现人的全面发展,完成真正的素质教育。如果素质教育仅仅停留在口头上,或仅采取实施于表面的简单形式,那显然是对于大学文化核心价值观的偏离。但遗憾的是,现实中仍有这些现象的存在,因此这是我们今后要努力加以改变的。诚然观念的先行转变至关重要,可关键还是要坚守这样一种信念意识,即大学全面实施素质教育的根本目的是整体提高人才培养质量,造就一大批适应社会需求的高素质人才。

四、大学文化核心价值观发展的重要性

文化是大学核心竞争力的构成要素,大学在探索真理和承担科教兴国、人才强国使命以及发挥各项功能时所体现出的具有时代性的价值追求、人才培养的教育教学理念、独特的精神品质和校园文化,是一所大学赖以生存、得以发展并引领社会的根本。优秀的大学文化是引导大学发展的精神力量,而大学文化的核心价值观正是推动这种力量沿着确定方向发挥作用、效应的坚强保障。

《中共中央关于深化文化体制改革、推动社会主义文化大发展大繁荣若干重大问题的决定》认识并强调了文化越来越成为综合国力竞争的重要因素,越

---

〔1〕 龚克,王泠一.大学文化应追求怎样的价值观[N].解放日报,2012.5.15.

来越成为经济社会发展的重要支撑,从更高层面提出要培养高度的文化自觉性。文化自觉的品格是高校应有的品格,这是我们在以育人为本、实施素质教育、促进人的全面发展和与社会需求相适应的发展的大学文化核心价值观认识基础上,对其如何进一步发展而延伸出的思考,这是必需的思考,符合文化自觉性本身所具有的生活在一定文化历史圈子的人对自己文化的自知之明,对其发展历程和未来有充分认识的含义。要做到文化自觉,就要进一步认识发展大学文化核心价值观的重要性,自觉认同、自觉运用,并自觉承担起用先进文化引领进步、发展高校文化、提高国家文化软实力的责任,这一切都应成为大学在其核心价值观指引下努力寻求各方面发展创新的不懈追求。唯有如此,大学才能成为先进文化的殿堂,成为社会文化的示范。

参考文献

[1]郭丹.大学文化的内涵与建构[N].文汇读书周报,2012.2.17.

[2]雷庄,胡庆龙.文化·价值观·人——大学文化建设新思.长江大学发展研究院理论研究,2012.4.1.

[3]李家珉.文化育人的三维思考[J].思想理论教育,2012(1).

[4]杨福家.年轻人怎样成长[N].解放日报,2012.9.22.

[5]龚克,王泠一.大学文化应追求怎样的价值观[N].解放日报,2012.5.15.

26. 我校金融学专业本科毕业生的就业质量跟踪调研报告

国际金融学院 褚红素

就业质量概念的探讨在 20 世纪 30 年代初露端倪,其中包括 1933 年哈佛大学教授梅奥基于霍桑实验提出"工作生活质量"的概念(包括劳动报酬、人际关系、生涯发展、工作时间、管理者的领导力),1999 年国际劳工组织首次提出"体面的劳动"新概念(包括劳动者的权利得到保护、有足够的收入、充分的社会保护和足够的工作岗位)。在就业质量的基本概念上,国内学者已经形成了比较一致的意见,重点关注与劳动者个体就业状况相关的内容要素,就业质量评价指标体系包括工作质量、社会福利保障、个人成长与就业稳定性。

我校升本建院 9 年以来,已经有 7 届本科毕业生(2004 级春、秋;2005 级春、秋;2006 级秋、2007 级秋、2008 级秋),他们的毕业去向如何、就业结构如何、就业质量如何,都是我校学生工作者(乃至全校师生员工)亟待分析、总结、提炼的课题。本项目通过书面问卷、电话、当面访谈、飞信、电子邮件等方式抽样跟踪调查国际金融学院金融学专业 2004 级(秋季)、2007 级(秋季)本科毕业生的就业质量,分析用人单位、社会、毕业生主体对就业质量的评价,了解用人单位对毕业生的素质要求,为学校调整专业结构和课程设置、培养优秀金融学应用型人才提供参考,为毕业生提高素质、增强能力、拓展知识和系统定位提供指导。

一、我校金融学专业本科毕业生的就业去向分析

人才是金融业的核心,也是夯实金融体系、壮大金融实力的基础。根据《"十二五"时期上海国际金融中心建设规划》目标,2015 年上海金融从业人员将达到 32 万人,国际化高端金融人才和新兴金融领域的人才明显增加。目前上海金融人才的匮乏不仅表现在质上,同时也表现在量上。从质上看,与传统金

融人才相比,上海更缺乏新金融人才,尤其是有较强的应用能力、创新精神、国际化视野和复合型知识结构的人才;从量上看,上海目前有 24.5 万金融从业人员,距离目标还有 7.5 万人的较大缺口,每年需要增加 1.5 万人,如考虑自然减员和人员流动因素,可能每年要增加近 2 万人。

我校从 2004 年春季开始招收第一届金融学专业本科生,截至 2012 年 6 月,已经有 7 届本科毕业生。本项目抽样 2008 届金融学本科(秋季)、2011 届金融学本科(秋季)毕业生的就业状况,共计 217 名毕业生,从就业、考研、出国、报考公务员等去向进行统计、分析,以厘清我校金融学专业毕业生的就业状况。

案例 1:我校 2008 届金融学本科(秋季)毕业生的就业状况

我校 2008 届金融学本科(秋季)毕业生一共 7 个班级,抽样 3 个班级(120人)进行调研统计分析,结果显示:有 100 人选择就业,占毕业生总人数的83.33%,其中 61 人进入中资股份制商业银行(交通银行、招商银行、浦发银行等),占就业人数的 61%。由此可见,金融业中的中资股份制商业银行相对而言对我校的毕业生需求量较大,而国有四大商业银行和外资银行对我校毕业生的需求较少。具体情况统计如表 26.1 和表 26.2 所示。

表 26.1　　　我校 2008 届金融学本科(秋季)毕业生的就业去向统计

毕业去向	出国	公务员	考研	签约	意向	创业	不作为	总数
人数	7	1	6	57	43	1	5	120
百分比	5.83%	0.83%	5.00%	47.50%	35.83%	0.83%	4.17%	100.00%

表 26.2　　　我校 2008 届金融学本科(秋季)毕业生的就业去向

就业状况 (100 人)	意向单位 (43 人)	男生	上海生源 9 人	2 人在股份制商业银行,7 人在基金及证券公司
			外地生源 6 人	6 人留沪(2 人在股份制商业银行,1 人在证券公司,3 人在非金融机构)
		女生	上海生源 24 人	14 人在股份制商业银行,10 人在非金融机构
			外地生源 4 人	2 人回生源地,分别进入中信实业银行和农业银行;2 人留沪,分别进入投资公司与外资银行
	协议单位 (57 人)	男生	上海生源 11 人	3 人在四大国有商业银行,7 人在股份制商业银行,1 人在非金融机构
			外地生源 6 人	1 人回生源地,进入华夏银行;5 人留沪(其中 3 人在股份制商业银行,2 人在非金融机构)
		女生	上海生源 36 人	3 人在四大国有商业银行,3 人在非银行金融机构,29 人在股份制商业银行,1 人在非金融机构
			外地生源 4 人	1 人回生源地,进入农村信用联社;3 人留沪(其中 2 人进入股份制商业银行,1 人进入高校)

考研状况	一共 6 人,其中外地生源 5 人(考取 1 人)
出国状况	一共 7 人,其中外地生源 4 人
考公务员	一共 1 人,为外地生源
创业	一共 1 人,为外地生源
不作为	一共 5 人,都为上海本地生源

案例 2:我校 2011 届金融学本科(秋季)毕业生的就业状况

我校 2011 届金融学本科(秋季)毕业生一共 6 个班级,抽样 2 个班级(97 人)进行调研统计分析,结果显示:有 74 人选择就业,占毕业生总人数的 76.29%。其中 24 人进入国有商业银行(工商银行、农业银行、建设银行、中国银行),占就业人数的 32.43%;24 人进入股份制商业银行(交通银行、浦发银行、农商行、民生银行、中信银行、大华银行、澳新银行、渣打银行),占就业人数的 32.43%;9 人进入证券期货公司,占就业人数的 12.16%。由此可见,国有四大商业银行对我校学生的录取数量相较 2008 届学生大幅增加,而股份制商业银行和外资银行对我校毕业生的需求减少。具体情况统计如表 26.3 和表 26.4 所示。

表 26.3　　　　我校 2011 届金融学本科(秋季)毕业生的就业去向统计

毕业去向	出国	公务员	考研	签约	意向	总数
人数	10	2	11	45	29	97
百分比	10.31%	2.06%	11.34%	46.39%	29.89%	100.00%

表 26.4　　　　　　我校 2011 届金融学本科(秋季)毕业生的就业去向

就业状况 (74 人)	意向 单位 (29 人)	男生	上海生源 9 人	1 人在四大国有商业银行,3 人在股份制商业银行,5 人在期货及证券公司
			外地生源 4 人	4 人留沪(其中 3 人在证券公司,1 人在投资机构)
		女生	上海生源 10 人	5 人在股份制商业银行,1 人在证券公司,4 人在非金融机构
			外地生源 6 人	6 人回生源地(其中 4 人在四大国有商业银行,1 人在证券公司,1 人在保险公司)
	协议 单位 (45 人)	男生	上海生源 20 人	9 人在四大国有商业银行,7 人在股份制商业银行,4 人在非金融机构
			外地生源 5 人	1 人回生源地,在四大国有商业银行;4 人留沪(其中 3 人在股份制商业银行,1 人在非金融机构)
		女生	上海生源 18 人	9 人在四大国有商业银行,5 人在股份制商业银行,4 人在非金融机构
			外地生源 2 人	2 人回生源地,分别进入股份制商业银行、烟草公司

考研状况	一共 11 人（考取 5 人），其中外地生源 11 人
出国状况	一共 10 人，其中外地生源 4 人
考公务员	一共 2 人（考取 2 人），为外地生源

二、我校金融学专业毕业生的职业内涵

（一）金融业就业形势

国务院于 2012 年 2 月发布《关于批转促进就业规划（2011－2015 年）的通知》指出，"十二五"时期，我国劳动者技能与岗位需求不相适应、劳动力供给与企业用工需求不相匹配的结构性矛盾将更加突出，就业任务更加繁重。一是劳动力供大于求的总量压力持续加大，城镇需就业的劳动力年均 2 500 万人，还有相当数量的农业富余劳动力需要转移就业；二是就业的结构性矛盾更加突出，技能人才短缺问题将更加凸显，部分地区、企业用工需求与劳动力供给存在结构性失衡；三是经济社会环境变化对促进就业提出了新的挑战，转变经济发展方式，推进产业升级、科技进步和管理创新对提高劳动者素质提出了更高的要求。

在经济全球化的快速推进过程中，金融全球化的步伐日趋加速。金融业的发展，必将带来金融人才的需求扩大。世界上的国际金融中心城市中，10％以上的人口从事金融业，作为国际金融中心的纽约拥有 77 万金融人才，中国香港的数字是 33 万人，而上海只有 10 余万人。高校培养人才是金融业解决人才短缺的途径之一，2000 年以来特别是 2005 年，众多的高校开设金融专业：一类是专门的财经院校，如中央财经大学、西南财经大学、上海财经大学等；另一类是综合性大学里的经济学院或金融学院下设的金融学专业，如北京大学光华管理学院、中国人民大学财政金融学院等。另外，一些师范类、理工科院校也开设了该专业，如北京师范大学、华东师范大学、上海理工大学、东华大学等。各高校每年的招生量都比较大，中国高校的金融专业已经发展成为专科、学士、硕士、博士和博士后流动站多培养层次的重要专业；金融业更需要愿意深入底层工作的大学专科、本科生。

（二）毕业生就业岗位群的构成

我校金融学专业毕业生就业的金融企业主要包括银行业、证券公司、保险公司、基金公司和金融业监管部门，在金融企业的就业信息中，金融学专业毕业生的就业岗位类型以客户服务类、业务操作类为主，各类岗位群的分布构成具体如下：

1. 商业银行

（1）私人客户业务岗（职能：私人客户推广与维护、业务柜员、后台技术支持性业务等）；（2）公司客户业务岗（职能：公司客户推广与维护、客户服务、业务柜员、后台技术支持性业务等）；（3）资金交易岗（职能：金融机构业务、外汇交易、资金营运等）；（4）风险管理岗；（5）会计核算岗；（6）信息技术岗；（7）新业务（产品）研发岗；（8）稽核监督岗。

2. 证券公司（包括综合类证券公司、经纪类证券公司）

（1）市场推广岗（职能：客户开拓与维护、产品推广等）；（2）客户服务岗（职能：客户咨询、产品介绍、后台技术支持等）；（3）市场研究岗；（4）风险管理岗；（5）资金财务岗。

3. 基金公司

（1）客户服务专员岗（职能：客户开拓与维护）；（2）基金交易岗（职能：基金交易、收集反馈市场及交易信息、交易资料维护等）；（3）市场调查研究岗（职能：走访上市公司、上市公司估值分析、有价证券研究等）；（4）产品研发岗（职能：新产品设计开发、建立改善投资模型、风险管理、业绩评价、研发类新产品设计和数量支持等）。

4. 保险公司

（1）保险经纪；（2）保险代理服务；（3）保险核保岗。

（三）我国金融业的人才观

金融行业发展的关键是人才，针对我国现在的金融市场状况，迫切需要有专业知识、有专业经验、有专业能力和有专业精神的"四有"专业人才，同时，在培养金融人才时要加强专业素质的培养。

1. 专业教育是基础

具备专业素质的最基本环节是接受专业教育，教育的目的是获得专业知识。因此要有一流的专业人才，必须有一流的专业教育，而一流的专业教育需要一流的教材、一流的教师、一流的教学方法和一流的学生，通过一流的专业教育获取专业知识。而拥有专业知识是衡量金融人才素质非常重要的一个方面。此外，由于金融业和各个行业都有关系，所以在学习专业知识的同时，还要注重综合知识的获取，不能是单一的金融知识。

2. 重视专业实践

人才获得专业知识之后要有专业实践，通过专业实践可以积累起专业经验。在金融市场自身的发展过程中，有了专业经验不仅可以少走弯路、少付学费，工作起来还会更有效率，效果也更好。专业实践还指在成熟市场中的实践。其实，现在很多公司都参与境外融资，不少从事过境外市场实践的人才也回到了国内市场，这也会在一定程度上为专业人才提供一个更好的实践环境。

3. 培养专业能力

优秀的金融人才通过专业实践累积了相应经验后,还要能够应用好专业经验并形成专业能力,解决市场发展中遇到的各种问题。专业能力包括分析判断的能力、找到问题的能力。

4. 专业精神是职业操守

在形成了一定的专业能力之后,最重要的是要具备专业精神。专业精神可以说是职业道德,也可以说是人才的独立性和公正性。在中国经济体系、文化和诚信体系都不太健全的情况下,提倡专业精神显得尤为重要。

三、毕业生就业质量主要评价指标

从毕业生、用人单位、政府及高校等层面考察设计毕业生就业质量评价指标体系,以全面反映毕业生就业主要过程和主要层面的实际情况,为毕业生、用人单位和就业管理部门决策提供定量化参考。

(一)毕业生主观愿望指标

该项指标主要包括工作条件、工作稳定性、劳动关系、薪酬福利水平、个人发展。工作条件是指职工在工作中的设施条件、工作环境、劳动强度和工作时间的总和。工作稳定性是指用人单位与雇员约定的劳动合同期限比较长且工作岗位相对固定。劳动关系是指劳动者与劳动单位在现实生产中形成的关系,主要包括正式工、人事派遣、合同制。薪酬福利包括劳动报酬和社会保障。劳动报酬是指毕业生在一定时期内(周、月、年等)工作收入的总和,包括工资、奖金、津贴等;社会保障包括社会保险、社会救济、社会福利和优抚安置四个方面的内容,其中主要是社会保险。社会保险具体包括养老保险、医疗保险、失业保险、工伤保险、生育保险等。个人发展包括学习培训、专业对口、兴趣与岗位适应、继续教育与深造等。

目前金融行业属于热门职业,工作环境比较优越,稳定性比较好,薪酬相对丰厚,职业前景比较理想,但工作压力比较大,工作时间比较长,学习培训的任务比较重。以2011届金融学专业74名就业的毕业生为例,他们中的61名同学在银行、证券、保险、期货等金融机构就职,占总就业人数的82.43%,专业对口性比较强;日工作时间为8.67小时,每周培训学习的时间为3.39小时,与用人单位签约的年限为3.14年,第一年平均月收入为4 158.37元。

(二)用人单位客观需求指标

该项指标主要包括持续学习能力、金融风险意识、对金融机构的忠诚度、较好的心理素质、应用性与创造力。金融业务具有高度的同质性,在相当大程度上,金融的业务与主要业务骨干的个人关系密切相关,一名金融业务骨干离开

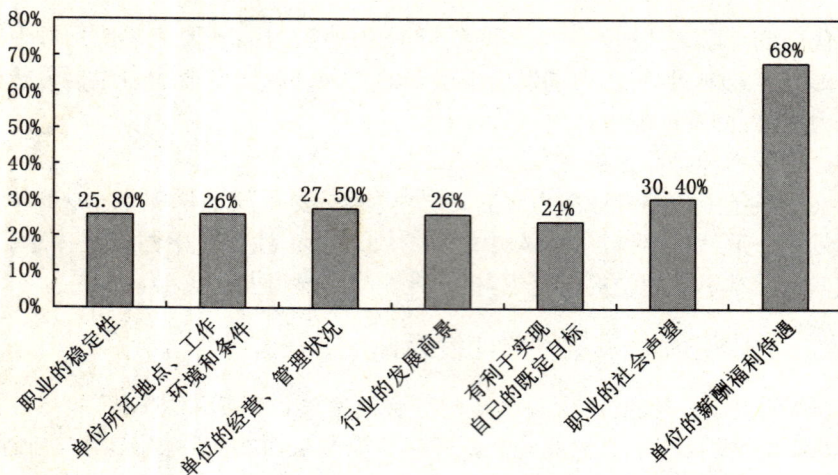

图 26.1　我校 2011 届金融学专业毕业生选择单位的因素

金融机构将会带走客户和资金,损失比较大。因此,上述各个岗位群的职业要求表现出一定的特殊性。

1. 具有持续学习能力、有未来潜力的复合型人才

中国的金融业能否与已经在完全市场化的金融市场上经营了百余年的西方金融大鳄们分食蛋糕,同时还要不断排除与国际活跃银行激烈竞争的干扰,把西方人认为"中国像原子弹的银行系统"变成能化解金融风险、提供有效金融服务的"经济发展的助推器",这就需要树立"以人为本"、"能力本位"的观念,造就一批能经得起风浪考验、能担当重任、持续学习能力强、有未来发展潜力,且对产业知识、相关法律、外语、计算机操作等跨学科领域均有所了解的复合型人才。

2. 具有金融风险意识

金融是一个经营风险的行业,它必须从识别风险、度量风险、管理风险中获取收益,实现风险的承担与收益相匹配,从而促进社会资金的有效流动与配置。当前,国家对经营失败的金融机构的债权承担了过多的风险偿付责任,淡化了人们的风险意识,酿成了极大的道德风险。因此,作为金融从业人员,树立风险意识就显得尤为重要。

3. 对金融机构的忠诚度

金融机构在发展过程中,一方面越来越需要员工对机构的忠诚感,而另一方面员工对机构的忠诚感越来越弱。因此,机构花大力培养的人才流失了,这不但增加了机构的人力成本支出,影响机构正常的工作秩序,往往还出现人力

与资金的双重流失,给机构造成严重损失。

4. 较好的心理素质

金融行业的发展特点,决定了金融从业人员容易面对诱惑,容易遭受挫折,因此需要有良好的心理素质。有研究表明,我国青年一代普遍存在意志薄弱、挫折承受能力脆弱、适应能力差、依赖性强、缺乏自信、骄傲自满、情绪自控能力低、淡漠等心理方面的问题,这在金融从业人员中都有反映。金融业暴露的一些案件、出现的一些风险,与从业人员经不起诱惑、缺乏良好的心理素质有较大关系。

5. 应用性与创造力

金融类二本院校的毕业生主要从事"金融窗口服务"的业务,例如负责银行业客户的开发及需求拓展工作;建立并管理在银行业客户内部的关系网络;策划并执行银行大客户销售活动,完成公司下达的销售指标;分析银行业的市场动态,及时挖掘新业务和需求;充分协调公司内外部资源,完成针对客户需求的解决方案;针对客户需求进行跟踪,并与客户保持长期、稳定的合作关系。由于每天要面对形形色色的客户,这就需要我们的学生具有非常强的解决金融实际问题的能力,努力地创造客户满意度,不仅要用专业知识向不同层次的顾客营销金融产品,吸引顾客走进"金融机构"的大门,而且还要调动身上所有的"情商元素",让千差万别的顾客能够满意地跨出"金融机构"的大门。

(三)政府及高校综合考评指标

包括签约就业率、灵活就业率、专业对口率、升学深造率、申请不就业率、待就业率、自主创业率。

表 26.5　　　　　　　　**毕业生就业质量评价指标体系**

一级指标	二级指标	三级指标
毕业生主观愿望	工作条件	平均工作时间比较固定,以法定的工作时间为标准; 工作地点交通方便,路途耗时较少。
	工作稳定性	劳动合同期限在区域同行中高于同类人员平均水平; 工作岗位比较固定。
	劳动关系	正式工; 如果是人事派遣、合同制也能同工同酬。
	薪酬福利水平	工资薪酬高于区域同行业同类人员平均水平; 基本社会保险按国家规定参保,特种行业补充参保。
	发展空间	职业发展前景良好,有职业晋升参照标准; 有正规或非正规的技术培训计划。
	岗位满意度	所从事岗位比较满意,工作有兴趣; 工作有自主性,富有变化。

续表

一级指标	二级指标	三级指标
用人单位客观需求	持续学习能力	快捷获取工作所需知识的能力; 能够熟练运用专业知识与社会知识的能力。
	金融风险意识	熟悉金融法律法规,对客户资料保密,保全资金; 善于识别风险、度量风险、管理风险。
	对金融机构的忠诚度	认可本职工作,不受外界诱惑的干扰,全身心投入工作; 稳定、持续地为企业创造价值。
	较好的心理素质	每日接触"资金",从业人员要经得起诱惑; 从容面对业绩挫折,宽容客户的不理解与抱怨。
	应用性与创造力	良好的市场开拓意识和商务谈判能力,善于营销金融产品; 解决金融实际问题的能力,创造客户满意度。
政府及高校综合考评	签约就业率	签约就业毕业生数占毕业生总数的比例。
	灵活就业率	灵活就业毕业生数占毕业生总数的比例。
	专业对口率	从事专业有关工作的毕业生数占已就业毕业生数的比例。
	升学深造率	考研、出国留学毕业生数占毕业生总数的比例。
	申请不就业率	因考研、复考等因素而产生的不就业毕业生数占毕业生总数的比例。
	待就业率	有就业意向、就业能力但未找到工作的毕业生数占毕业生总数的比例。
	自主创业率	自主创业毕业生数占毕业生总数的比例。

表 26.6　　我校 2011 届金融学专业毕业生的就业质量主要评价指标状况

岗位条件	日均工作时间	周学习培训	年休假(工作满 1 年但不满 5 年的职工)
时日	8.67 小时	3.39 小时	3 天

第一年月收入	2 000~2 499 元	2 500~2 999 元	3 000~3 499 元	3 500~3 999 元
人数	5	7	3	10
百分比	6.75%	9.45%	4.05%	13.51%
第一年月收入	4 000~4 499 元	4 500~4 999 元	5 000~5 499 元	5 500~6 000 元
人数	12	14	14	9
百分比	16.22%	18.92%	18.92%	12.16%

劳动关系	正式工	人事派遣	合同制
人数	37	8	29
百分比	50%	10.81%	39.19%

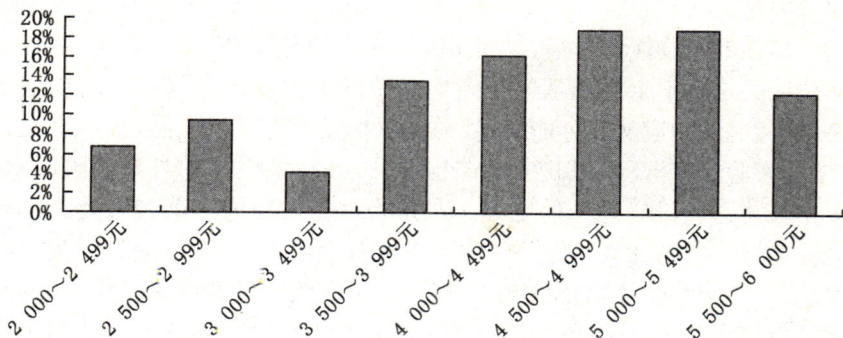

图 26.2　我校 2011 届金融学专业毕业生第一年月收入

四、提高就业质量的主要思路和具体途径

(一)加强教育教学改革,增强毕业生的社会适应性

1. 正确处理专业设置与人才适销对路的关系

2003 年 4 月,教育部出台《促进高校毕业生就业工作的若干意见》,要求高校在发展的过程中,正确处理专业设置与人才适销对路的关系,促使人才资源按社会的需求得到有效的配置,从而减少人才市场的结构性矛盾,提高大学毕业生的就业率。高校院系在论证专业设置时,应当考虑该专业毕业生面对的职业岗位的成功率。在培养上,应进行广泛的市场调研,对每年毕业生就业情况进行分析研究,做好历届毕业生的质量跟踪调查,从中发现人才培养的优势和劣势,并根据市场对人才的需求,指导教育教学改革,及时调整、改造、重组现有专业,优化课程设置,更新教学内容,进而达到"以就业促招生,以招生促教学,以教学促就业"的良性循环。

2. 以学生发展为根本,构建合理的课程结构

课程设置和课程结构的构建应坚持"以学生发展为本"的办学思想,瞄准市场需求,不断增强课程的适应性和综合性。一是使课程结构模式由"学科本位"转为"能力本位",增强通识能力课程(语言能力、运用现代信息技术的能力、心理素质等)、专业能力课程(专业素养、专业知识、专业实践能力、专业方法等)、职业能力课程(职业道德、职业生涯规划、就业力等)、创新能力课程(创新意识、创新技能等);二是关注学生的个性发展,适当减少必修课的比例,增加选修课的比例;三是积极构建"模块化"的课程结构,使各个模块综合在一起,最终形成大学生合理的能力结构;四是增加课程的灵活性,构建多样化的动态网络课程结构,使课程随着就业形势及需求的变化相应地调整各类课程的比例,适时地

增减课程内容。

3.以增强专业技能为目标,提高实践教学水平与效果

实践能力是大学生实现从学校走向岗位的重要基础和保障。高校为了提高学生的实践能力,应从三方面入手:一是课程设置上重视实践,扩大实践课程比例,增加实验操作课程,提高实验课程学分,鼓励学生尽早参与科研课题,加强学生创新能力和科研能力的培养。二是将社会实践内容落到实处。由高校院系就业指导部门与社会实践单位的人力资源部门建立联系,通过学校与单位的直接联系,获取学生的实践情况,并将反馈情况纳入实践能力考核中。同时,高校院系应加强与用人企业的联系,为无法自行解决社会实践机会的学生提供实践机会。三是重视毕业设计。毕业设计是学生在大学阶段综合水平和能力的体现,也是锻炼实践动手能力的重要途径,高校应当增加毕业答辩难度,同时,增加毕业设计的中期考察次数,从而提高毕业设计质量。

(二)建立金融职业发展教育阶梯

金融职业发展教育需要循序渐进,根据大学生四年求学生涯不同时期的不同状况进行阶梯型的层层递进式教育,主要可以分为三个阶段:

1.第一阶段:确立人生目标和职业生涯规划初级阶段

这一阶段的目标是:树立职业意识,确立职业理想。主要内容为:(1)专业介绍。主要介绍金融专业概况、金融专业在社会发展中的地位和作用、金融专业最新的(国际、国内)发展动态和趋势、社会对金融专业学生的需求以及对综合素质和能力要求等内容。使学生在了解金融专业前景和就业去向的前提下,树立自己的专业意识,规划自己的职业生涯,从而激发他们的学习热情,使他们的大学生活起好步、开好头。(2)世界观、人生观、价值观教育。要教育他们树立马克思主义世界观,树立将全民幸福作为人生追求目标的人生观,建立积极进取、乐观向上、厚德载物、自强不息的人生态度。要求大学生学会生存、学会学习、学会创造、学会奉献,最核心的是学会做人,学会做一个有利于社会、有利于人民、有利于国家的人。具体的教育可以通过先进典型实例的剖析以及邀请校友回校开设讲座等方式,使学生不断提高个人的综合素质和树立自己的择业目标。(3)职业生涯规划。主要介绍职业生涯的规划与设计、职业兴趣的测定与职业的选择、学生职业性格与价值取向的测评。通过对职业兴趣、性格与价值取向以及各种职业能力的测定,使学生能够认识自我、评价自我,确定合理的人生定位。(4)通过引导与培训,使学生一入学就能正确树立自己的人生目标,合理规划大学四年的生活,超前规划自己的职业生涯,在期望和追求的动力下,养成良好的学习习惯,练就扎实的专业功底和综合素质,为步入社会打下坚实的基础,实现由"让我学"转变为"我要学"。

2.第二阶段:加强就业技巧培训、提高综合素质和多渠道就业指导阶段

这一阶段的目标为:就业准备,提高素质。主要内容是:(1)对大学生进行综合能力培养。在帮助学生开阔视野,分析自我特长、优势和局限,发现和了解自己的性格、兴趣和专长的基础上,根据自己的特点有目标地培养专业能力,不断提高自己的综合素质。(2)就业技巧培训,主要培训求职的基本文字能力及求职相关材料的准备,培训求职的外在能力(如语言表达、公关礼仪、形象气质、签约面试等)和内在能力(外语及计算机能力、实践动手能力、创新能力和良好品行等)以及就业求职情景模拟测评与演练,也包括自立创业及其他就业方式的指导。(3)通过培养与其职业目标相适应的素质,使大学生提高自身的综合能力,并在此基础上进行自我完善和塑造,进一步确认职业目标。这一阶段的就业指导解决"我该怎么办"和将来"我能干什么"的问题。

3.第三阶段:宣传金融产业政策和就业政策,在就业观念、心态等方面提供指导阶段

主要内容是:(1)宣传金融产业政策、就业政策,分析就业形势,提供政策咨询。主要介绍如何全面、合理地收集、处理、利用就业信息,如何了解就业法律制度及国家有关的就业政策,熟悉相关就业手续的办理。通过就业服务指导,使学生掌握大量的就业信息,并且会科学、合理地利用这些信息。了解就业、签约的基本程序以及双方的权利和义务,知道毕业相关手续的办理程序和国家的有关规定。(2)强化毕业生的角色意识,积极参与社会实践。精心组织好各类招聘会,为毕业生求职创造一个良好的外部环境。学生参与导师的课题研究,了解科研工作的一些基本方法和过程,同时也让学生了解毕业生就业的市场情况,并逐步进行择业技巧的指导。建立就业实习基地,接纳同学前去实习,让学生提前走向社会,参与实践锻炼。(3)就业心理的指导主要通过人才素质测试,引导毕业生客观地进行自我评价,及时修正就业目标,调整就业期望。介绍心理素质对学生就业的影响,以及帮助解决如何才能具备良好的心理素质、学生就业常见心理问题分析、学生就业心理问题的自我调适和如何摆正就业的心态等问题,使学生在了解国家有关政策法规的基础上,树立积极进取、善于务实、敢于竞争、勇于创业的就业心态。正确处理就业观与人生观、价值观、人生目标和自主创业的关系,加强就业的自信心,更快地适应社会,更好地实现角色转换,从而解决"干什么"的问题。

(三)加强学生自身能力建设,提升就业核心竞争力

1.就业核心竞争力的提出

现在大学生求职不易,从表象上看,缺乏实际工作经验是求职不成的主要原因,但其实质是缺乏就业能力所致。毕业生就业能力包括专业知识能力、思

维能力、学习能力、管理能力、社交能力、表达能力、执行能力、解决实际问题的能力等。在调研我校 7 届毕业生就业现状的基础上,总结发现金融机构招聘的我校本科生往往都从事坐席员、前台柜员、操作员等基础职位,而在这些职位上,用人单位更看重的是学生的实干能力以及脚踏实地、持之以恒的工作态度。由此,笔者认为,大学毕业生的核心竞争力是指符合岗位需求特点的以个人特色为核心的知识、能力、素质等各方面的综合体。

2.学生提升就业核心竞争力的自主性

高校毕业生不仅要建立合理的知识结构,培养广泛的兴趣爱好,提高自己的技能水平,还要借助社会实践平台提升自己的合作能力、开拓能力、协调能力、应用性与创造力,培养吃苦耐劳的精神和勇于面对竞争的良好心态。学生自身能够意识到,个人就业核心竞争力是将自己各项基本素质和能力经过提炼、提升和整合而形成的最具竞争优势的素质和能力。要形成自身的就业核心竞争力,就要做到正确地认识自我和评价自我,合理规划设计自我;努力提高自身素质,培养各种能力;学会选择、发展自己的专长;要整合自身优势,不断超越自我。

五、研究结论

(一)关于我校金融学专业毕业生的就业质量

1.就业率比较高

由于学校领导的高度重视,通过就业指导中心、院系部以及学生本人的共同努力,学校毕业生就业率保持了良好的态势。目前金融业的岗位中对应于二本院校金融学专业本科生的岗位主要包括大堂经理、柜面、代理人、营销、信用卡中心、风险催收等。从毕业生就业地区流向来看,我校毕业生就业范围主要由上海逐步遍及全国各地。

2.用人单位对毕业生的评价较高

为进一步了解社会、用人单位对毕业生就业质量的整体评价,学校经常性地开展调研活动。信息反馈表明,用人单位和毕业生对学校的教育教学工作给予较高评价,普遍认为学校在快速发展,各项投入在增加,改革力度在加大,同时,注重培养学生的品德、专业知识和实践能力,为毕业生能顺利就业和今后发展打下基础。

3.高考考生和家长对学校是满意的

从学生家长的反馈情况看,家长对学校的教学工作、校园环境、学风状况、管理制度等表示比较满意。另外,从我校金融学专业的招生情况也可看出考生和家长对我们学校的认可,我校的生源越来越充足,录取分数逐年攀升,金融学专业的班级由 2009 年的 4 个班级扩充到 2010 年、2011 年的 8 个班级。

（二）我校金融学专业毕业生具有的能力素养

对我校 2008 届、2011 届金融学专业抽样的 217 名本科毕业生通过书面问卷、电话、当面访谈、飞信、电子邮件等方式进行调研，分析他们之所以能有机会进入用人单位的个人能力因素，综合起来包括：

（1）在学校期间，曾经任职班委、团学、社团干部，具备良好的表达能力、沟通交流能力、组织协调能力，拥有良好的团队合作精神。在面试及实习时显示了良好的素质，经受住了考验。

（2）累计参加社会实践特别是专业实践的时间较长，丰富了专业知识，增强了理论联系实际的能力，积累了工作经验，深受用人单位青睐。

（3）流利的英语口语和扎实的财务会计知识使得毕业生面对实际岗位信心大增。

（4）拥有比较扎实的金融学专业知识，并能创造性地运用专业知识。

（三）目前金融学专业本科生比较欠缺的职业素养

1. 缺乏做人和做事的原则

学生进入社会，一要做人，二要做事，但对于学习金融专业的人文社会科学的学生而言，除了毕业生成绩单上显示的课程与成绩，也要重视在做人和做事上的原则性。做人是最基本、最底层的建设，而做事是构建在做人的地基上的高楼大厦；做人是灵魂、是血液，做事是身体、是骨干。没有打好地基的高楼大厦经不起风吹雨打，是不牢固的；缺少灵魂的身体就是行尸走肉，缺少血液的身体是贫血的、不健康的。如果不会做人，只会做事，即便掌握了若干知识和技能，也未必能把事做好。

2. 缺乏创新精神、创新意识、创新思维和创新能力

教育部指出，中国高等教育持续发展的重点是提高质量，而提高质量的重点在于培养创新人才，应该以加强创新精神与实践能力为核心，积极推进大学人才培养模式的改革与创新。大学按理是应该培养创造力的，可是到目前为止，上课宣讲义、学生记笔记、考试背笔记的状况依然存在。学生学得好，也不会因此而学会收集信息、查阅资料，更不会动脑筋思考、学会质疑。因此，离创造性很远。

3. 缺乏实干精神

金融机构招聘的大学本科生往往都先从事坐席员、前台柜员、操作员等基础职位，而在这些职位上，用人单位更看重的是学生的实干精神，表现为：对工作不挑三拣四，在得意时埋头苦干，在失意时绝不灰心。只说不做的人，最是要不得，努力、勤奋和较好的心理素质是职场新人所要具备的基本要素。

参考文献

[1]韦勇.新建本科院校毕业生就业质量评价指标体系及其权重测算[J].鸡西大学学报,2009(4).

[2]方明智.提高高校毕业生就业质量之我见[J].就业与保障,2010(12).

[3]柯羽.基于主成分分析的浙江省大学毕业生就业质量综合评价[J].中国高教研究,2010(4).

[4]史淑桃.高校毕业生就业质量专业差异的比较研究[J].黑龙江高教研究,2010(1).

[5]陈韶,何绍彬.高校毕业生就业选题评价系统的建设[J].广东工业大学学报(社会科学版),2010(6).

[6]施炜.大学生就业核心竞争力的内涵与结构分析[J].江苏高教,2010(2).

[7]秦建国.大学生就业质量评价体系探析[J].中国青年研究,2007(3).